제네시스박의
부동산 세금트렌드 2026

일러두기

- 이 책은 2025년 9월 7일 기준 부동산 관련 세법 및 제도를 바탕으로 작성되었습니다.
- 세법은 정책 변화에 따라 수시로 개정될 수 있으므로, 실제 적용 시에는 최신 세법과 시행령을 반드시 확인하시기 바랍니다.
- 앞으로 업데이트될 부동산 관련 세법 및 제도 내용은 〈채널 제네시스박〉에 업로드될 예정입니다. 우측 QR 링크를 통해 자세히 확인하실 수 있습니다.

매년 변하는 부동산 절세 전략 총정리

제네시스박의
부동산 세금 트렌드 2026

박민수(제네시스박) 지음

경이로움

들어가는 말

2026년
'똘똘한 한 채 집중 현상은 세금 정책에서 비롯된 것이다'

2026년 부동산 시장을 한마디로 정리하자면 똘똘한 한 채 집중 현상 강화 그리고 초양극화라 할 수 있다. 여전히 취득세 중과 그리고 다주택자 양도세 중과가 살아있는 상황에서 세금 정책의 중요한 변곡점이 될 수 있는 정권교체가 지난 6월에 있었다. 곧바로 6.27 대출 규제가 나왔으며, 이후 9.7 공급대책이 나왔음에도 중심지 주택 시장 가격은 여전히 불안한 상황이다.

시장에서는 '이제 남은 건 세금 규제뿐'이라는 말이 돌 정도로 좋은 물건은 미리 사두자라는 심리가 커진 듯하다. 특히 9.7 공급대책을 자세히 살펴보면 앞으로 시장 규제가 어떻게 될지를 엿볼 수 있다.

첫째, 규제지역이 추가될 수 있는데 기존 조정대상지역이 아닌 토지거래허가구역이 늘어날 수 있다. 이렇게 될 경우 세를 끼고 사두는 방식이 매우 힘들어지며, 원하는 물건을 매입하고자 할 경우 상대적으로 더 많은 자금이 필요해진다.

둘째, 주택 취급에 있어서 자금조달 및 증여세 조사가 강화될 것이다. 자금출처조사는 곧 증여세 조사다. 소득 대비 지나치게 비싼 주택을 취득한다든지, 그리고 이 과정에서 가족, 친척 등 특수관계자 간 차용이 있다면 특히 더 유의해야 한다. 물론 원칙에 맞게 한다면 별문제는 없을 것이다.

셋째, 세금 규제는 한꺼번에 그리고 더 세게 나올 가능성이 높아졌다. 이는 6월에 있었던 대출 규제 그리고 최근 정부 관계자의 말을 통해 볼 때 어느 정도 유추가 가능하다. 따라서 부동산 세금의 기본기를 더욱 탄탄하게 해야 할 필요성이 커졌는데, 기본이 튼튼해야 응용이 가능하기 때문이다.

2025년
'세금의 복잡성이 심화되었다'

2025년 부동산 세금은 복잡성의 극대화 그리고 실거주자마저 함정에 빠뜨리는 올가미였다. 2017년 8.2 대책 이후 지속된 규제가 2022년 하락기에 일부 완화되었지만, 오히려 이러한 정책들이 혼재하면서 부동산 세금은 더욱 복잡한 난제가 되었다. 특히 2020년 8월 지방세법 개정으로 취득세율이 최대 12%까지 치솟으면서 '똘똘한 한 채' 집중 현상이 가속화되었고, 이는 곧 '얼죽신(얼어 죽어도 신축)' 트렌드까지 만들어냈다.

시장에서는 '이제 세금이 부동산 투자의 핵심 변수'라는 말이 나올 정도로 세금 정책이 시장 구조 자체를 바꿔놓았다. 특히 최근 부동산 세금 트렌드를 자세히 살펴보면 앞으로 어떻게 대응해야 할지 명확해진다.

첫째, 거주 요건의 이중 잣대가 실거주자를 옥죈다. 취득일 기준 2년 거주와 양도일 기준 2년 거주가 각각 다른 혜택에 적용되면서, 10년 보유해도 놓칠 수 있는 함정이 깔려 있다. 이는 1주택자라도 반드시 체크해야 할 생존 전략이 되었다.

둘째, 주택 수에 따른 취득세 폭탄이 시장 판도를 바꿨다. 1%에서 최대 12%까지 치솟는 취득세율로 '똘똘한 한 채' 집중 현상으로 이어졌다. 결과적으로 지방 부동산은 더욱 소외되고 신축 선호현상이 극대화되었다.

셋째, 세법 변화의 속도가 시장 변화를 앞서간다. 규제와 완화가 반복되면서 정책이 혼재하게 되었고, 이제 부동산 투자에서 세금 계산은 선택이 아닌 필수가 되었다. 특히 다주택자의 경우 세금 복잡성이 기하급수적으로 증가했다.

앞서 올해와 작년의 부동산 세금 트렌드를 정리해 보았다. 내용에서 알 수 있듯이 올해 2025년은 부동산 세금 정책에도 큰 변화가 있는 해다. 새 정부가 들어섰고 정책 방향성 자체가 바뀔 수 있다. 다주택자 양도세 중과는 여전히 유예만 되었을 뿐 조만간 시행될 가능성이 높다. 이러한 상황에서 무주택자는, 1주택자는 그리고 2주택 이상 다주택자는 어떻게 대응해야 할지를 진지하게 고민해야 한다.

본서에서는 이러한 부분을 염두에 두고 집필을 했다. 먼저 1장에서는 새 정부 들어 더욱 관심 있게 보아야 할 정책 방향성에 대해 살펴본다. 무릇 단순히 열심히만 해서는 안 된다. 어떤 방향으로 갈지를 체크한 후에 이에 맞게 노력하는 것이 필요하다.

2장에서는 여전히 남아있는 취득세 중과 관련 자주 실수하는 사례에 대해 살펴본다. 또한 향후 가능성이 높은 보유세 강화 시나리오에 대비, 어떻게 하면 보유세를 줄이고 우량자산을 보유할 수 있는지를 살펴본다.

3장은 절세의 핵심 양도세와 비과세 전략이다. 특히 최근 부동산 시장 트렌드는 '상급지 갈아타기'인데, 이때 가장 중요한 것이 바로 양도세 비과세이다. 이걸 놓치면 세후수익률이 낮아지는 것은 물론이고 상급지 이동이 어려워질 수 있다는 점을 꼭 기억하자.

4장은 분양권, 상생임대주택, 그리고 조합원입주권이 있는 상태에서 비과세 전략을 다루었다. 분양권과 조합원입주권은 비슷하긴 하나 완전히 같진 않다. 이 둘을 비교하면서 내게 맞는 자산증식 방법은 무엇인지 체크해 보자. 상생임대주택은 본인이 모르고 넘어간다면 누구도 챙겨주지 않는 일종의 '특별한 권한'이다.

물론 요건을 모두 준수해야 하지만 상대적으로 용이하므로 본인에게 해당하는지 꼭 체크한다.

5장은 증여와 상속으로, 특히 최근 들어 가장 많이 관심을 보이는 영역이다. 아쉽게도 상속세 개편은 올해 세제개편안에 나오지 않았지만 공제금액 상향은 최근 정부에서도 언급한 바가 있으므로 잘 체크해야 한다. 증여는 양도와 비교하면서 무엇이 더 유리한지를 고민해야 하는데, 최근 서울을 중심으로 증여 건수가 급증하고 있다. 그 이유를 살펴볼 것이다.

마지막으로 6장은 사업자편으로 주택임대사업자 그리고 매매사업자에 대해 다루었다. 특히 주택임대사업자의 경우 최근 도입된 '6년 단기임대'를 잘 보길 바란다. 다만 무조건 등록하라는 것은 아니고 재개발 투자와 연계하는 것이 유리하다. 매매사업자의 경우 비조정대상지역에서는 여전히 유용하다.

올해도 많은 분들의 도움으로 이 책이 나오게 되었다. 무엇보다 부족한 글을 잘 엮어주고 편집해주신 출판사 관계자분께 감사의 말을 전한다. 그리고 꾸준하게 네이버 프리미엄콘텐츠를 구독해 주시는 구독자분들, 부족한 글을 늘 응원해 주시는 독자분들께도 감사하다는 말씀을 전하고 싶다. 마지막으로 매번 바쁜 와중에도 늘 묵묵히 지원해 주시는 고향에 계신 부모님 그리고 부족한 저자를 항상 응원해 준 아내 최정희와 아들 경원이에게도 감사의 마음을 전한다.

- 박민수(제네시스박)

차례

들어가는 말 　　　　　　　　　　　　　　　　　　　　　　　　　4

1장　급변하는 정책과 2026 부동산 전망

이재명 정부의 시작, 부동산 세금은 어떻게 될 것인가?　　　　　15
9.7 공급대책과 향후 규제 방향성　　　　　　　　　　　　　　　23
6.27 대출 규제 분석 및 향후 대응 전략　　　　　　　　　　　　34
상속세 개편과 부동산 시장 영향　　　　　　　　　　　　　　　45
규제지역 지정으로 달라지는 부동산 세금 대비 방법　　　　　　55
급변하는 부동산 정책, 좋은 투자와 절세법 3단계　　　　　　　67

2장 똑똑한 보유 전략 – 취득세와 보유세

취득세를 알면 투자전략이 보인다   81
집값 뛴 강남 '보유세 폭탄', 앞으로의 대응 방안   94

3장 절세의 핵심 – 양도세와 비과세 전략

대출 규제에도 1주택 비과세 잘 받는 5가지 방법   113
왜 비조정대상지역인데 거주를 해야 할까?   127
주택 매도 후 3~4개월은 주의해야 하는 이유   139
이월과세와 저가양수도를 활용한 2주택 비과세   151
2주택자들이 가장 고민하는 일시적 2주택 비과세   165

4장 분양권과 특수상황 비과세

상급지 이동을 위한 분양권 비과세의 모든 것	187
분양권을 가지고 있을 때 비과세 전략	200
상생임대주택 비과세, 실수하기 좋은 8가지 사례	214
입주권을 활용한 갈아타기 비과세 완벽 정리	232

5장 자산 승계의 기술 – 증여와 상속

소중한 자산을 지키는 법, 증여 혹은 상속	245
증여 절세법 5가지와 세금납부 재원조달 방법	257
10억 원 아파트를 자녀에게 물려주는 세 가지 방법	269

6장 주택임대사업자와 매매사업자

매매사업자는 하나의 트렌드가 되었다	283
6년 단기임대 부활과 주택임대사업자 활용법	298
주택임대사업자 거주주택 비과세와 고가주택 2주택자 간주임대료 강화	315
주택임대소득 세금과 수익률 최적화 전략	331

1장

급변하는 정책과 2026 부동산 전망

제네시스박의 부동산 세금 트렌드 2026

이재명 정부의 시작,
부동산 세금은 어떻게 될 것인가?

제21대 대통령 선거에서 이재명 후보가 당선되며 정권이 교체되었다. 이에 따라 사회 전반에 걸쳐 다양한 변화가 예상되는 가운데, 특히 부동산 세금 정책에 대한 관심이 높아지고 있다. 현재 필자는 주택임대사업자이자 다주택자이기도 하다. 따라서 보유세가 얼마나 늘어날지, 취득세 중과는 계속 유지될지, 그리고 다주택자 양도세 중과배제 조치가 연장될지 여부가 주된 관심사다. 특히 양도세 중과배제가 예정대로 종료된다면 2026년 6월 10일부터 기존 중과세율이 다시 적용될 수 있기 때문에 더욱 관심을 가져야 한다.

물론 이러한 정책 변화는 예측하기 어렵다. 미래를 정확히 아는 사람은 없기 때문이다. 그러나 불확실한 상황 속에서도 철저히 대응할 수 있어야 한다. '순간의 선택이 10년을 좌우한다'는 말처럼 매수나 매도와 같은 의사결정은 가볍게 다루어서는 안 된다.

출범 직후
확인해야 할 내용

새 정부 출범 직후에는 대체로 부동산 대책이 발표된다. 역대 정권 사례를 보아도 보통 출범 후 1~2개월 안에 정책이 나오는 경우가 많았다. 문재인 정부 역시 출범 40일 만에 첫 부동산 대책을 내놓은 바 있다. 물론 처음부터 강력한 규제책을 발표한 것은 아니었고, 당시 시장 상황을 고려한 조치였다.

　부동산 세금 규제가 강화될 가능성이 있다면 이를 암시하는 징후가 분명 존재한다. 우선, 규제지역이 추가되는지를 주의 깊게 살펴보아야 한다. 대표적인 규제지역으로는 투기지역, 투기과열지구, 조정대상지역, 토지거래허가구역이 있다. 이들로 지정되면 취득세, 보유세, 양도세 등 거의 모든 세목에서 세금 부담이 커지기 때문에 중요한 신호로 간주된다. 실제로 2025년 5월 23일 국토교통부가 개최한 '제16차 부동산 시장 및 공급상황 점검 TF' 회의에서 서울 강남 3구와 용산 등 일부 지역의 주택 가격 변동성이 커지고 있다고 언급하면서 필요 시 규제지역 지정을 검토할 수 있다고 밝힌 바 있다. 만약 2025년 하반기나 2026년 초에 규제지역 추가 지정이 이루어진다면 이는 2026년 5월 9일까지 유예 중인 양도세 중과 제도를 예정대로 종료하겠다는 메시지일 수 있으며 동시에 전반적인 부동산 세금 규제가 재개될 가능성을 시사하는 셈이다.

　두 번째 신호는 다주택자 양도세 중과 유예 조치가 연장되지 않는 경우다. 현재의 양도세 중과배제 조치는 2022년 5월 10일부터 시행되었으며, 매년 1년 단위로 연장되어 왔다. 그러나 정권이 교체되면서 이 조치가 2026년 5월 9일까지만 유지되고 종료될 가능성이 있다. 만약 유예 연장 없이 제도가 종료된다면 2026년 5월 10일부터는 조정대상지역 내 주택을 양도할 때 다시 중과세율이 적용되므로, 다주택자는 이에 대한 철저한 사전 대응이 필요하다. 특히 이 시점과 규제지역 지정 시점이 맞물릴 경우 시장에 미칠 수밖에 없는 영향은 더욱 커질 수밖에 없다.

　세 번째로 주의할 사항은 보유세, 특히 종합부동산세(이하 종부세)의 변화다. 2025년 보유세는 이미 확정되었지만, 2026년 이후의 보유세는 아직 불확실한 상황이다. 보유세 변화는 여러 요인에 의해 결정되므로 이들 요인을 종합적으로 살펴야 한다. 가장 먼저 살펴야 할 것은 공시가격 현실화율이다. 과거 문재인 정부는 공시가격을 시세의 90% 수준까지 끌어올리는 로드맵을 발표했지만, 현재는 시세의 약 70% 수준으로 유지되고 있다. 만약 다시 현실화율을 올리겠다는 정책이 추진된다면 보유세가 증가할 수밖에 없다.

다음으로 중요한 요소는 공정시장가액비율이다. 현재 종부세에 적용되는 공정시장가액비율은 60%로 역대 최저 수준이지만 일반적인 기준은 80%이며, 과거에는 95%까지 오른 사례도 있었다. 이 비율이 다시 원래 수준으로 돌아온다면 다른 조건이 동일하더라도 세금 부담이 커질 수 있다.

마지막으로 종부세 중과세율 대상 범위가 확대될 수 있다는 점도 염두에 두어야 한다. 현재는 3주택자이면서 종부세 과세표준(이하 과표)이 12억 원을 초과해야 중과세율이 적용되지만, 앞으로는 조정대상지역 내 2주택자에게까지 적용 범위가 넓어질 가능성도 있다.

이처럼 부동산 세금 정책은 한순간에 바뀌는 것이 아니라, 여러 신호를 통해 예고되는 경우가 많다. 규제지역 지정, 양도세 중과 유예 종료, 보유세 산정 기준 변화 등은 모두 세제 강화의 전조로 해석될 수 있다. 따라서 이러한 요소들을 꾸준히 체크하고, 이에 맞추어 매도·보유·증여 등 자산 전략을 정교하게 조정할 필요가 있다.

앞으로 부동산 시장은 어떻게 될까?

새 정부가 출범하고 현재 정치적 불확실성은 상당 부분 해소된 국면으로 볼 수 있다. 이러한 시점에서는 새로운 시장 환경을 분석하고, 이에 맞는 대응 전략을 수립하는 것이 중요하다.

여름 휴가철이 지나고 가을 이사철이 시작된 지금, 단기적으로 큰 변동성은 없을 수 있다. 그러나 주요 정치 변수가 사라진 만큼, 이제부터는 새 정부의 부동산 정책 방향을 면밀히 파악하는 것이 투자자 입장에서 가장 중요한 과제가 된다. 특히 가을 이사철이 본격화되면서 시장이 다시 요동칠 가능성이 크다. 전세 수요가 늘어나는 계절적 특성과 더불어 여전히 공급 부족 상황이 해소되지 않았기 때문이다.

이러한 흐름은 전세 시장 불안정으로 이어질 수 있으며, 일부 전세 수요가 매매 수요로 전환될 가능성도 배제할 수 없다. 특히 서울을 비롯한 중심지의 신축 공급은 여전히 부족하고, 중심지 선호 현상은 지속되고 있기 때문에 주요 거주 선호지역을 중심으로 가격 상승이 먼저 시작될 가능성이 높다. 해당 흐름은 2026년 상반기에 본격화될 수 있지만, 빠르면 2025년 연말부터 움직임이 나타날 수도 있다.

중장기적으로는 세제 측면의 규제가 다시 강화될 가능성도 고려해야 한다. 앞서 언급한 대로 규제지역 추가 지정이나 양도세 중과 제도의 재시행 등은 정책 방향에 따라 언제든 재개될 수 있다. 그럼에도 중심지 선호가 계속된다면, 결국 수요는 인근 지역으로 확산되며 풍선효과가 나타날 수 있다. 이는 과거 사례에서도 반복적으로 관찰된 현상이다.

정부 입장에서 보더라도, 2026년 6월 지방선거까지 마무리되면 정치적 리스크가 줄어들면서 본격적인 정책 드라이브를 걸 수 있는 여건이 마련된다. 따라서 2026년 7월 말 발표 예정인 세법개정안은 부동산 투자자라면 반드시 주시해야 할 중요한 분기점이 될 것이다. 다시 강조하지만, 관전 포인트는 올해가 아니라 내년, 즉 2026년 7월에 발표될 개정안이다. 물론 그 이전 혹은 이후 발표될 수 있는 별도의 부동산 대책 또한 시장에 큰 영향을 미칠 수 있으므로 지속적인 모니터링이 요구된다.

그렇다면 지금, 무엇을 해야 할까?

지금 우리가 해야 할 일은 분명하다. 단기적으로는 양도세 중과를 피하고, 중장기적으로는 보유세 증가에 대비하는 것이다. 이번 정권은 '공공' '지역화폐' '추경' '재정지출 확대'라는 키워드를 전면에 내세웠다. 이는 정부 운영 기조가 작은 정부가 아닌, 적극적인 재정 확대를 통한 '큰 정부'를 지향한다는 것을 의미한다. 당연히 이를 뒷받침할 재정이 필요하며 그에 따른 증세는 불가피하다.

부동산 세제로 보자면 단기적으로는 양도세 부담을 피하는 전략이 중요하고, 중장기적으로는 늘어나는 보유세에 대비할 수 있는 방안을 마련해야 한다. 물론 이는 모든 사람에게 일률적으로 적용되지 않는다. 개인이 처한 포지션과 자산 상황에 따라 전략은 달라져야 한다. 다음과 같이 세 가지 경우로 나누어 대응 전략을 정리할 수 있다.

첫째, 무주택자라면 내 집 마련 계획은 빠르게, 그리고 좋은 것 하나에 집중하는 것이 핵심이다. 특히 신혼부부의 경우, 혼인신고를 하고 소득을 합산해 자산을 집중하는 전략이 효과적이다. 종종 혼인신고를 하지 않으면 대출이나 청약에서 유리하다는 의견도 있지만 자금을 분산하게 되면 낮은 가치의 자산을 취득할 가능성이 높고 행정적으로도 번거롭다. 무엇보다 '혼인·출산 증여재산공제 1억 원'이라는 혜택을 활용하기 위해서도 혼인신고는 필요하다.

명의는 부부 공동명의가 바람직하다. 두 사람 모두 소득이 있다면 자금 조달 측면에서 안정적이며, 한 사람이 무소득이라 하더라도 부부 간 증여재산공제 6억 원을 활용하면 큰 문제가 없다. 다만, 이 역시 혼인신고가 전제되어야 한다.

모두가 고가의 강남 주택을 취득할 수는 없다. 그러나 차근차근 전략적으로 움직인다면 서울 중심지 입성도 불가능한 일은 아니다. 중간 단계에서는 비과세 전략을 활용한 갈아타기를 통해 불필요한 주택 수를 줄이고, 취득세 중과를 피하는 것이 중요하다. 국토연구원 자료에 따르면 강남 3구에서 시작된 집값 상승 흐름은 판교, 분당을 거쳐 용인 수지·기흥으로 확산되며, 인근 과천과 목동 등도 유사한 흐름을 보였다. 이 흐름을 따라 전 단계 지역에서 하나하나 올라간다면 중심지 진입도 현실적인 목표가 될 수 있다.

이때 반드시 고려해야 할 것이 양도세 비과세 전략이며 거래비용 절감을 위해 취득세 중과를 피하는 것도 중요하다. 자산을 하나로 집중하고, 부부의 소득을 합쳐 공동명의로 취득하는 것이 실질적인 절세와 자산 증식에 유리하다.

둘째, 이미 1주택을 보유한 경우라면 갈아타기를 서둘러야 한다. 부동산 시장에서 중심지 선호현상은 앞으로 더욱 강해질 것으로 보인다. 당연히 더 좋은 입지의 주택을 보유할수록 자산 가치 상승의 폭도 커진다. 현재 세제 체계가 유지될 가능성이 높은 상황에서는 다주택자 취득세 중과 완화가 쉽지 않다. 그렇기에 갈아타기 시점을 늦추는 것은 오히려 세 부담을 키울 수 있다.

갈아타기 전략은 다음 세 가지로 나눌 수 있다. 첫째, 주택을 매도하고 새 주택을 구입하는 방식. 둘째, 주택과 분양권을 조합하는 방식. 셋째, 주택과 조합원입

■ **조정대상지역과 양도세 중과**

주권을 활용하는 방식이다. 특히 지금은 조정대상지역 인근의 비규제지역, 즉 곧 규제지역으로 전환될 가능성이 높은 지역에 주목할 필요가 있다. 향후 규제가 강화되더라도 이미 선점한 자산의 가치가 상승할 수 있기 때문이다. 대표적인 지역으로는 마포, 강동, 과천, 여의도, 동작, 성동구 등이 있다.

셋째, 2주택 이상 보유한 다주택자는 '각자도생'이 필요한 시기다. 이들은 단기적으로는 양도세 중과에, 중장기적으로는 보유세 인상에 대비해야 한다. 특히 보유 주택이 조정대상지역에 있거나, 인근 지역이 향후 규제지역으로 지정될 가능성이 있다면 더욱 주의가 필요하다.

현재는 '양도세 중과 한시 배제'가 적용되고 있어 중과세율이 붙지 않지만, 이

■ 양도세 중과 적용 후 세 부담

구분	일반과세	2주택 중과(2026.05.10 시행 가정)	3주택 이상 중과 (2026.05.10 시행 가정)
양도가액	10억 원	10억 원	10억 원
(-) 취득가액	7억 원	7억 원	7억 원
필요경비	없다고 가정	없다고 가정	없다고 가정
양도차익	3억 원	3억 원	3억 원
장기보유특별공제	30%(15년 보유)	미적용(양도세 중과)	
= 양도소득금액	2억 1,000만 원	3억 원	3억 원
기본공제	250만 원	250만 원	250만 원
= 과세표준	2억 750만 원	2억 9,750만 원	
세율	38%	38% + 20%	38% + 30%
누진공제		(-) 1,994만 원	
양도소득세 (지방소득세 포함)	6,480만 1,000원	1억 6,787만 1,000원	2억 59만 6,000원

제도는 2026년 5월 9일까지 한시적으로 운영된다. 이후 별도의 연장 조치가 없다면 5월 10일부터 양도세 중과가 다시 시행될 가능성이 크다. 이 경우 두 가지 큰 불이익이 발생한다. 첫째, 아무리 오래 보유해도 장기보유특별공제(이하 장특공) 받을 수 없다. 둘째, 기본세율 외에 중과세율이 추가되면서 세 부담이 크게 늘어난다.

예를 들어, 취득가 7억 원, 양도가 10억 원인 주택을 매도한다고 가정할 때 일반 과세 시 양도세는 약 6,400만 원이지만, 2주택 중과 시 약 1억 6,700만 원, 3주택 이상일 경우 약 2억 원 이상을 부담하게 된다. 이는 중과세율이 적용되고, 장특공이 배제되기 때문이다.

중과를 피하기 위해 "그냥 안 팔면 된다"라고 생각할 수 있지만, 문제는 보유세다. 공시가격, 공정시장가액비율, 공제 항목, 종부세 세율 등이 조정되면 보유세는 언제든지 올라갈 수 있다. 특히 공정시장가액비율이 현행 60%에서 80% 수준으로 상향되거나, 공시가격 현실화율이 올라가면 실질적인 세 부담은 급증한다. 따라서 이러한 세제 변수는 꾸준히 점검해야 한다.

9.7 공급대책과 향후 규제 방향성

정부는 2025년 9월 7일, '주택공급 확대방안'을 발표했다. 휴일인 일요일 오후 시간대에 대책을 발표한 것으로, 우려했던 전방위 규제는 나오지 않았다. 주요 내용은 향후 5년간 수도권에 135만 호를 '착공'한다는 것이다. 실제 입주는 그 이후가 될 예정이며, 규제지역의 경우 추가 대출 규제를 시행하겠다는 방침을 밝혔다.

시장에서 혹시나 했던 세금규제는 이번에 나오지 않았는데, 개인적으로는 차라리 이번 기회에 조금이라도 나왔으면 하는 마음이었다. 다른 이유가 아니라, 오히려 이렇게 세금규제가 나오지 않는다는 것은 향후 부동산 시장 과열 시 한꺼번에 여러 가지 강력한 규제를 내놓을 수 있다는 우려 때문이다. 과거 사례를 살펴보면, 정부가 단계적이고 점진적인 접근보다는 일시적으로 강력한 규제를 선호하는 경향을 보여왔기 때문에 더욱 그렇다. 이러한 급격한 정책 변화는 시장의 예측 가능성을 낮추고 혼란을 가중시킬 수 있다는 점에서 우려스럽다고 말할 수 있다.

그럼에도 불구하고 부동산 세금 관련해서는 꽤 의미 있는 내용들이 포함되어 있었다. 그리고 필자가 생각했던 것 중 하나가 조만간 실현될 수도 있다는 언론 소식도 들린다. 앞으로 예상되는 세금 규제책과 대응방안은 무엇일지에 대해 자세히 살펴보겠다.

부동산 세금 관련해서는 어떤 내용을 봐야 할까?

필자 역시 처음에는 부동산 세금 관련 내용이 없어서 다소 의아했다. 그런데 보도자료 원문을 꼼꼼히 살펴보니 이에 대한 내용이 분명히 있었다. 다만 잘 가려져서 보이지 않았을 뿐이다.

이번에 발표된 내용의 보도자료를 살펴보면, 총 9개의 추진과제가 있다. 그리고 두 가지 내용이 더해지는데, '부동산 시장 거래질서 확립'이고, 우측 하단은 '주택시장 수요관리 내실화'다.

즉 이 두 가지 내용은 9개의 추진과제가 원활히 진행될 수 있도록 지원하는 역할이라고 보면 된다. 여기서 '부동산 시장 거래질서 확립'에는 총 5가지 내용이 있는데, 해당 내용이 거의 모두 부동산 세금과 밀접한 관련이 있다. 그 핵심 내용은 바로 '자금조달 명확화'다.

투자자들이 주목해야 할 이유는 무엇일까? 자금조달의 투명성 강화는 결국 세무조사 강화로 이어질 가능성이 높기 때문이다. 이제 그 5가지 항목을 하나하나 살펴보도록 하겠다.

첫째, 부동산 시장 감독 기능 강화를 위해 신설 조직 설립

민생을 저해하는 부동산 범죄에 적극 대응할 수 있도록 조사 및 수사 관련 조직 신설을 추진한다. 여기에는 국토부는 물론이고 금융위원회, 국세청 그리고 경찰청 등도 참여한다.

관련된 기관이 모두 참여하는 것인데, 그 취지는 당연히 동의하나 이런 조직이 비대해지면 감시 및 규제 기능이 지나치게 커질 수 있다는 점이 우려스럽다. 향후 규제 강화가 더 이루어질 수 있는 중요한 포인트라고 이해해야 할 것이다.

■ **보도자료 인용 (1)**

> ① **부동산 시장 감독 기능 강화**
>
> ❶ **(조직신설)** 민생을 저해하는 부동산 범죄에 적극 대응할 수 있도록 조사·수사 관련 **조직 신설 추진**(국토부·금융위·국세청·경찰청·금감원 등 참여)
>
> ❷ **(처벌근거 마련)** 기획부동산, 허위매물 등 관련 **처벌근거를 마련**하고, 필요시 경찰, 지자체 특사경 등과 공조하여 **합동 단속**
>
>   * 국토부 내 불법행위(가격띄우기, 다운계약 등) 대응을 위한 특사경 설치
>
> ❸ **(조치결과 환류 강화)** 관계기관에 통보된 위법 의심사례에 대한 기관별 조치결과를 정례적으로 공유하여 **환류절차 강화**[*]
>
>   * 기관별 조치결과 분석을 통해 향후 이상거래 조사대상 선별 시 정확도 제고 기대
>
>   · 국토부·국세청 등 MOU 체결을 통해 정례협의회 등을 구성·운영
>
> ❹ **(분석 고도화)** 전세사기 등 부동산 관련 **불법행위 정황·패턴**을 AI를 활용하여 분석하고 선제적으로 선별하기 위한 **시스템**[*] 개선
>
>   * 현재도 '전세사기' 관련 AI 적발 시스템을 갖추고 시범 적용 중

둘째, 주택 매매계약 신고 관리 강화

지금은 공인중개사가 매매계약을 신고하는 경우, 별도 증빙자료 제출 의무가 없다. 이로 인해 일부 자전거래 등 악용 소지가 존재한다는 지적이 꾸준히 제기되어 왔다. 이에 대해 '부동산거래신고법 시행규칙'을 개정하여, 앞으로 주택 매매계약 신고 시에는 계약서는 물론이고 계약금 입금 증빙자료 제출을 의무화한다. 신고 관리 측면에서 필요한 조치라고 판단된다. 다만 실무상 번거로움이 증가할 것은 분명하다.

■ **보도자료 인용 (2)**

> ② 주택 매매계약 신고 관리 강화
>
> □ **(현황)** 공인중개사가 매매계약을 신고하는 경우 **별도 증빙자료** 제출 의무가 없어 자전거래, 실거래가 띄우기 등 악용 소지 존재
>
> □ **(개선)** 공인중개사가 **주택 매매계약을** 신고하는 경우 **계약서 및 계약금 입금 증빙자료 제출** 의무화(「부동산거래신고법 시행규칙」 개정)

셋째, 불법 의심사례 세무조사 강화

■ **보도자료 인용 (3)**

> ③ 불법 의심사례 세무조사
>
> □ **고가주택**(예: 20억원 이상) **신고가 거래, 법인자금 유용 의심거래 집중조사*** 및 **탈세 혐의자에 대한 세무조사 강화**
>   * '25.5~6월 신고분 조사(3차, 예정)부터 추가하여 조사 대상 확대
>
> ○ 취득 자금의 흐름과 원천을 추적하여 가족, 친인척 등에게 **차입금 위장 증여, 법인 자금의 부당 유용 여부** 등 **세금 탈루 검증 철저**
>   * 최근 3년('22~'24) 간 370여건 세무조사를 거쳐 세금을 추징하고, 3,000여건에 대해 채무상환 여부 등 사후관리 중

매우 중요한 내용이다. 고가주택 신고가 거래 혹은 법인자금 유용 의심거래인 경우 세무조사를 강화한다. 특히 가족이나 친인척 등에게 차용한 경우, 실질이 증여인 경우라면 세금 탈루 검증을 더욱 철저히 하겠다는 점이 핵심이다.

따라서 앞으로는 가급적 차용보다는 차라리 현금증여를 받는 것이 나을 수 있

다. 부득이한 경우 차용을 한다면 실질에 맞게 차용증 작성을 하는 것은 기본이고, 이자지급 및 원금상환을 철저히 이행해야 한다. 형식적인 차용은 더 이상 통하지 않을 것이라고 보는 것이 맞다.

넷째, 불법/이상거래 기획조사 및 이용의무 조사 강화

■ 보도자료 인용 (4)

> ④ **불법·이상거래 기획조사 및 이용의무 조사**
>
> ☐ **서울지역 아파트를 대상으로 실시 중인 현장점검·기획조사의 범위를 수도권 과열지역으로 확대하고, 조사기간도 연장**
>   * (1차 조사) '25.1~2월 신고분, (2차 조사) '25.3~4월 신고분 대상으로 기 착수
>   (3차 조사) 5~6월 신고분 신규 착수 예정 / 연말 거래분까지 총 6차 조사 실시 예정
>
> ☐ 국토부·서울시·허가관청 공조로 정밀조사를 실시하여 토지거래허가구역 실거주 의무 이행을 확인하고 필요시 허가취소 검토
>   * 국토부장관 시·도지사 및 허가관청은 청문을 거쳐 허가취소 가능, 취소시 계약은 무효(「거래신고법」)

지금도 서울지역 아파트를 대상으로 실시 중인 현장점검과 기획조사의 범위를 수도권 과열지역으로 확대하고, 해당 조사기간도 당초 계획보다 연장한다는 방침이다. 특히 이번에 사용된 '수도권 과열지역'이라는 용어가 흥미롭다. 구체적으로 어느 지역까지 포함되는지에 대한 명확한 기준이 향후 발표될 것으로 보인다. 이 과정에서 탈세나 편법증여 등 불법 여부가 있는지를 철저히 검증하겠다는 것으로 이해해야 한다. 과세당국의 조사 역량과 인력이 기존 서울에서 수도권 전체로 확산되는 만큼 부동산 투자자들의 각별한 주의가 필요한 시점이다.

다섯째, 자금출처 투명성 제고를 위한 기반 강화

■ 보도자료 인용 (5)

> ⑤ 자금출처 투명성 제고를 위한 기반 강화
>
> ❶ **(자금조달계획서 개정)** 허위·편법 조달 방지를 위해 대출유형을 세분화*하고 금융기관명을 기재하도록 자금조달계획서 양식 개정
> * (現) 주택담보대출, 신용대출, 그 밖의 대출
>   (改) 주택담보대출, 신용대출, 사업자 대출, 해외 금융기관 대출, 그 밖의 대출
>
> 부동산 처분대금 및 주식·채권 등 **자기자금의 항목을 세분화**하고, **임대보증금도 '취득주택'과 '취득주택 외'로 구분**하여 명확화
> * (부동산 처분대금) 주택·토지, 임대보증금(취득주택 외), 기타로 세분화
>   (주식·채권 등) 주식·채권 매각대금 외 가상화폐 매각대금을 추가
>
> ❷ **(제출의무 확대)** 불법 자금조달을 통한 투기 방지를 위해 **토지거래허가구역** 내 주택 거래시 **자금조달계획서·증빙서류** 제출 의무화*
> * (現) 투기과열지구 → (改) 투기과열지구 또는 토지거래허가구역

특히 자금조달계획서 양식을 개정하는데, 이것이 매우 중요할 것으로 보인다. 즉, 앞으로는 대출유형을 사업자대출 혹은 해외 금융기관 대출 등으로 더 세분화하고, 부동산 처분대금 역시 자기자금 항목을 더 명확하게 한다.

또한 주식이나 채권은 물론이고 그 외 '가상화폐 매각대금' 역시 항목에 추가함으로써 자금조달 원천을 명확히 하는 데 집중한다. 가상화폐의 경우 그동안 수익내역은 물론 처음 투자를 할 때 해당 투자금의 원천이 무엇인지를 명확히 밝힐 수 있어야 할 것이다. 그렇지 않을 경우 증여세 이슈가 발생할 수 있다. 최근 가상화폐 투자가 늘어나면서 이를 통한 부동산 취득 사례가 증가하고 있는 상황에서, 과세당국이 선제적으로 대응책을 마련한 것으로 분석된다.

또한, 앞으로는 토지거래허가구역 내 주택 거래를 하는 경우에도 자금조달계

획서 및 증빙서류 제출을 의무화함으로써 자금조달 제출의무를 확대한다. 이는 다시 말하면 앞으로는 토지거래허가구역이 더 늘어날 수도 있다는 점을 의미한다. 기존에는 투기지역이나 투기과열지구에서만 요구되던 자금조달계획서가 토지거래허가구역까지 확대되는 것이다. 이로써 정부의 부동산 거래 감시망이 한층 촘촘해질 것으로 예상된다.

따라서 이상의 다섯 가지를 종합하면, 앞으로는 '자금조달 및 증여세 조사가 강화될 것'으로 보인다. 즉, 지금 당장은 양도세 규제 등 세금 규제가 없어 보이지만 이에 대응하는 방안으로 자금조달 조사가 늘어날 것이고, 이는 곧 증여세 조사가 강화된다고 이해해야 한다.

투자자는 어떻게 대응해야 할까?

이상의 내용을 볼 때 자금조달계획서 작성이 훨씬 더 까다로워질 것으로 보인다. 물론 원칙대로 한다면 큰 문제는 없지만, 혹여 편법증여로 보일 수 있는 가족 간 차용 그리고 출처가 불분명한 대출 등은 이슈가 될 수 있다. 관련하여 몇 가지 팁을 제시해 보겠다.

첫째, 차용보다는 '현금 증여'가 나을 수 있다

가족 간 차용은 굉장히 이례적인 경우다. 일반적으로 가족 간에는 돈을 빌려주기보다는 증여하는 것이 자연스럽기 때문이다. 따라서 과세당국에서도 가족 간 자금거래는 일단 증여로 '추정'한다. 따라서 가급적 현금 증여를 해서 해당 자금을 자녀가 자유롭게 사용하도록 하는 것이 더 좋다. 세무조사 시에도 명확한 증여 사실을 입증할 수 있어 유리하다.

이때 증여재산공제보다 1억 원을 더 증여하는 것도 좋은 방법이다. 예를 들어 성인자녀에게 현금증여를 할 때, 10년간 5,000만 원까지 공제가 가능하다. 즉 5,000만 원을 증여하더라도 증여세는 나오지 않는데, 이때 1억 원을 더 보태어 1억 5,000만 원을 증여하는 것이다.

이 경우 5,000만 원 공제 후 남은 1억 원에 대해 증여세를 부담하는데 최저세율 10%가 적용되어 1,000만 원(1억 원×10%)만 증여세를 부담하면 남은 1억 4,000만 원을 온전히 사용 가능하다. 결과적으로 세금 1,000만 원으로 1억 5,000만 원의 자금을 확보할 수 있는 셈이다.

둘째, 차용을 한다면 관련 '증거'를 꼭 갖추어야 한다

그럼에도 불구하고 증여세 부담이 크고 여전히 자금이 부족하다면 일부 차용이 나을 수 있다. 이때에는 꼭 차용 관련한 '증거'를 철저히 갖추어야 한다.

예를 들어 2억 1,700만 원까지는 무이자 대여가 가능하다고 많이들 알고 있다. 다만 이 경우라도 소액 이자를 지급하거나 아니면 원금을 일부라도 상환함으로써 차용에 해당한다는 증거를 갖춰야 한다. 단순히 말로만 해서는 과세당국이 인정하지 않을 수 있기 때문이다.

해당 금액 이체 시 메모란에 '이자상환', '원금상환' 등 문구를 꼭 남겨야 한다. 통장 거래내역만으로도 차용 관계를 입증할 수 있도록 하는 것이 중요하다. 또한 상환기간도 가급적 5년 이내가 좋다고 본다. 간혹 일부에서는 10년, 20년 등 장기로 상환기간을 설정하기도 하는데, 과거 30년 상환 그리고 무이자로 해서 증여세가 과세된 적이 있으니 유의해야 한다.

셋째, 규제지역 지정 전 취득하는 것이 더 유리할 수 있다

이상하게도 현재 정부는 대출 규제만 계속해서 추가하고 있다. 이쯤 되면 규제지역이 추가 지정되더라도 이상할 일이 아닌데 말이다. 규제지역에는 투기지역, 투기과열지구, 조정대상지역 그리고 토지거래허가구역이 있다. 이 중 토지거래허가구역은 과도한 사유재산 침해 이슈가 있기에 신중하게 접근할 필요가 있는데, 앞으로는 해당 구역이 늘어날 수도 있겠다.

이는 조만간 '부동산 거래신고 등에 관한 법률' 및 동법 시행령 개정을 통해 토지거래허가구역 지정권자를 국토부 장관도 동일 시·도 내에서 지정하도록 개정할 계획이기 때문이다. 더 쉽게 말하자면 서울의 경우, 지자체장인 서울시장을

■ 보도자료 인용 (6)

⑤ 토지거래허가구역 지정권자 확대

□ **(현황)** 동일 시·도 내에서 이상과열이 발생하거나 발생 우려가 있는 경우 과열 확산 전에 선제적 수요 관리가 필요하나,

ㅇ 국토부 장관의 토지거래허가구역 지정 권한이 동일 시·도 내인 경우 공공 개발사업에만 한정되어 있어 적기 대응이 곤란

  * ❶사업주체가 국가, 지자체 및 공공기관이고 ❷지가변동률 등이 급격히 상승할 우려가 있는 경우

토지거래허가구역 제도 현황

✓ (지정권자) ①허가구역이 동일 시·도 내인 경우→ **시·도지사**
②허가구역이 시·도에 걸쳐있거나, 공공개발사업인 경우 → **국토부장관**

✓ (지정효과) 허가대상 면적 초과 토지(주택인 경우 대지지분면적을 의미) 취득을 위한 계약을 체결하고자 할 경우 관할 시·군·구청장 허가 필요

- 허가를 받은 경우 일정 기간 허가받은 목적대로 이용할 의무가 발생하고, 특히 **주거용 토지는 2년 간 실거주용으로만 이용 가능**(매매·임대 제한)

□ **(개선)** 주택 시장 과열 우려 또는 투기성행의 우려가 있는 경우 국토부 장관이 동일 시·도 내에서 허가구역 지정 가능토록 개선*

  * 「부동산 거래신고 등에 관한 법률」 및 동법 시행령 개정

거치지 않고도 국토부에서 곧바로 토지거래허가구역을 지정할 수 있다는 의미다. 중앙정부의 권한이 강화되어 보다 신속한 규제 시행이 가능해진다.

특히 토지거래허가구역의 경우 본계약서 작성 전에 약정서 작성을 해야 하고 담당 공무원의 '허가'를 받아야 한다. 일부이긴 하지만, 이 과정에서 매우 비상식적이고 말도 안 되는 이유로 반려를 당하기도 한다.

풍선효과가 나타날 가능성

개인적으로 그렇게 크지 않을 것으로 본다. 즉 일부 풍선효과가 있겠지만 과거 조정대상지역 지정처럼 곧바로 불이 붙지는 않을 것으로 보인다. 그 이유는 조정대상지역과 토지거래허가구역은 성격 자체가 다르기 때문이다.

먼저 조정대상지역의 경우 주거정책심의위원회를 거쳐 이에 대해 공포를 하면 곧바로 효력이 나타난다. 취득세 중과가 적용될 수 있고 양도세 비과세를 받으려면 보유기간 중 2년 거주도 필수다. 하지만 사전 허가는 필요치 않고, 곧바로 전입해야 하는 의무도 없기에 인근 지역으로 풍선효과가 나타났던 것이다. 과거 문재인 정부 때를 생각해보면 잘 알 수 있을 것이다.

반면 토지거래허가구역의 경우 앞서 말한 것처럼 사전 허가가 필수다. 여기에 곧바로 전입을 해야 한다. 게다가 대출금액 자체도 줄어들기에 조정대상지역 지정만큼의 풍선효과는 어려울 수 있다는 것이 필자의 개인적인 생각이다.

물론 필자의 생각이 틀릴 수도 있다. 그리고 토지거래허가구역 지정이 곧바로 나오지는 않고 더 시간이 지난 후에 나올 수도 있을 것이다. 이에 대해서는 더 상황을 지켜보고 대응하는 것이 중요하지만, 어쨌든 이러한 규제지역이 지정되기 전에 원하는 물건을 선점하는 것이 여러모로 유리하다고 판단된다.

다만 향후 보유세 증가를 대비해서 주택 수는 너무 늘리지 말고, 보유세 인상도 철저히 대비해야 한다. 규제 회피만 생각하다가 보유세 부담으로 인한 현금흐름 악화는 더 큰 문제가 될 수 있기 때문이다.

6.27 대출 규제 분석 및 향후 대응 전략

정부가 예상보다 이르게, 그리고 매우 강도 높게 첫 규제책을 내놓았다. 그것도 단순한 조정 수준이 아닌, 시장에 즉각적인 영향을 줄 수 있는 대출 규제였다. 2025년 6월 27일, 정부는 '긴급 가계부채 점검 회의'를 소집하고 수도권을 중심으로 가계부채 관리를 강화하겠다는 내용을 담은 방안을 공식 발표했다. 당초에는 새 정부의 첫 부동산 정책이 규제가 아닌 완화 중심이 될 것이라는 관측이 많았고, 시기 역시 7월 중순 이후로 예상되어 이번 발표는 시장의 흐름을 뒤흔드는 전환점으로 받아들여졌다.

이번 대출 규제의 핵심은 크게 세 가지로 요약된다. 첫째, 규제의 적용 대상은 수도권과 기존의 규제지역이다. 둘째, 주택 가격에 관계없이 주택담보대출 한도를 6억 원으로 제한했다. 셋째, 대출 실행 후 6개월 이내에 해당 주택에 전입해야 한다는 요건이 추가되었다. 단, 이 규제는 수도권 외 지방에는 적용되지 않는다. 이러한 내용을 종합하면 이번 대출 규제는 예상보다 훨씬 더 강력하고, 전방위적인 성격을 띠고 있음을 알 수 있다.

그렇다면 이런 변화 속에서 우리는 어떤 대응을 해야 할까? 정책은 예측의 대상이 아니다. 언제나 현실에 기반한 '대응의 영역'이다. 예측보다 중요한 것은 발표된 정책에 맞춰 신속하고 유연하게 전략을 조정하는 일이다. 정책이 나오기 전까지는 관망할 수 있지만, 일단 현실이 된 이상 그 흐름을 인정하고 이에 맞추어 움직여야 한다.

강하게 나온
6.27 대책

왜 정부는 이렇게 강한 규제를 예고도 없이 발표한 것일까? 사실 대출 규제가 나올 수 있다는 신호는 여러 차례 있었지만, 실제로 발표된 내용처럼 강도가 높을 것이라고 예상한 전문가는 많지 않았다. 이번 규제의 목적은 단순한 부동산 가격 억제에만 있지 않다. 보다 근본적인 목적은 부동산을 투자 대상으로 삼는 흐름 자체를 억제하고, 자산 시장 내에서 부동산의 상대적 매력을 낮추려는 시도로 보인다.

이재명 대통령은 대출 규제 발표 이후 처음으로 입장을 밝혔다. 7월 1일 국무회의에서 "투자 수단이 주택이나 부동산에만 집중되다 보니, 주택이 투기 수단으로 변질되어 결국 주거 불안정을 초래해 왔다"라고 지적하며, 부동산 투자에 대한 구조적인 문제를 언급했다. 또한 주식이 부동산을 대체할 수 있는 투자 수단임을 강조했고 부동산보다는 주식 등 생산적인 자산으로 자금을 분산할 필요성을 역설했다.

이에 대해 전문가들은 이번 규제가 단순한 부동산 억제책이 아니라, 자산 시장의 재편을 통해 한국 주식 시장의 저평가 현상, 이른바 '코리아 디스카운트(Korea Discount)'를 완화하고자 하는 의도가 담겨 있다고 분석한다. 즉, 집값 안정과 국내 자본 시장의 체질 개선이라는 두 마리 토끼를 동시에 잡으려는 전략이라는 해석이다. 필자 역시 이러한 방향성에는 기본적으로 동의하지만 예고 없는 강력한 규제의 발표는 시장 참여자들에게 상당한 혼란과 불확실성을 불러올 수밖에 없다.

그렇다면 우리는 이번 6.27 대출 규제의 핵심 내용을 정확히 이해하고 향후 시장에 어떤 영향을 줄 수 있을지를 분석할 필요가 있다. 첫째, 규제의 적용 범위는 '수도권'과 '기존 규제지역'이다. 처음에는 '수도권 규제지역'이라는 표현을 단일 개념으로 이해한 사람들이 많았다. 즉, 강남 3구나 용산 등 기존에 규제가 적용

■ **수도권 규제지역 표기, 보도자료**

> (2) 은행권 자율관리조치를 全 금융권으로 확대 시행
>
> 현재 은행별 자율적으로 시행하고 있는 다양한 가계대출 관리조치들을 全 금융권이 공통으로 확대 시행하기로 하였다.
>
> 우선, 수도권 · 규제지역*내에서 2주택 이상 보유자가 추가 주택을 구입하거나, 1주택자가 기존 주택을 처분하지 않고 추가 주택을 구입 하는 경우에는 추가 주택구입 목적 주담대를 금지(LTV=0%)하여 실거주 목적 등이 아닌 추가 주택구입 수요를 차단한다. 1주택자가 기존 주택을 6개월 이내에 처분할 경우(처분 조건부 1주택자)에는 무주택자와 동일하게 비규제지역 LTV 70%, 규제지역 LTV 50%를 적용한다.

된 특정 지역에 국한된 조치로 보았던 것이다. 하지만 발표문을 다시 보면 '수도권, 규제지역'으로 구분되어 있다. 이는 수도권 전역(서울, 경기, 인천)과 그 외 지정된 규제지역, 그리고 향후 추가 지정될 지역까지 모두 포함된다는 의미다. 이렇게 본다면 다음 정책은 수도권이 아닌 지방 부동산을 활성화하는 방향으로 전개될 가능성도 있다. 실제로 이번 대책에서도 지방 부동산 거래에는 규제가 적용되지 않는다.

둘째, 수도권 및 규제지역의 주택담보대출 한도가 6억 원으로 제한된다. 이는 주택의 가격과 관계없이 일괄 적용되며 지방은 제외된다. 6억 원 이내에서 LTV(담보인정비율), DTI(총부채상환비율), DSR(총부채원리금상환비율) 등 다양한 대출심사 기준이 함께 적용된다. 다만 이 한도는 주택 구입 목적의 담보대출에 한해 적용되며, 중도금 대출은 제외된다. 그러나 잔금대출로 전환될 경우에는 동일하게 6억 원 한도가 적용된다. 문제는 이러한 내용이 아직 세부 지침으로 정리되지 않았고, 단지별로 해석이나 적용 기준이 달라질 수 있다는 점이다. 이에 따라 당분간 시장에서는 큰 혼란이 이어질 것으로 예상된다.

■ **수도권, 규제지역 주담대 최대 한도, 보도자료**

	현행	개선 방안	시행 시기
주담대 최대한도	총액한도 없음	수도권·규제지역 **6억원**	'25.6.28일

- ①실제 대출금액은 6억원 한도 내에서 LTV, DTI, DSR 비율 등에 따라 상이
- ②6억원 한도는 주택구입목적 주담대로 한정
  → 다만, 중도금대출은 제외되며 잔금대출로 전환시에는 6억원 한도 적용

물론 6억 원이라는 대출 한도는 일반인에게 상당히 큰 금액이다. 대부분의 경우 이 금액 이하에서 대출이 이루어지기 때문에 당장 크게 체감되지 않을 수도 있다. 그러나 우리가 주목해야 할 것은 대출 한도의 금액이 아니라, 정부가 이 같은 정책을 단행했다는 사실 자체다.

비록 적용 대상은 수도권과 규제지역으로 한정되지만, 수도권 집중이 심화된 한국 부동산 시장의 현실을 고려하면 이는 사실상 전국 대부분 지역에 규제가 적용된 셈이다. 더욱이 주택 가격과 무관하게 대출금 자체에 상한선을 둔 점은 과거의 규제보다 훨씬 더 강력한 조치라고 판단된다. 결과적으로 자금조달 능력이 뛰어난 전문직, 고소득자, 증여가 가능한 이들이 상대적으로 유리해지는 구조가 고착화될 가능성도 있다.

셋째, 생애최초 혹은 주택구입 목적의 주택담보대출(이하 주담대)을 받을 경우, 6개월 내 전입 의무가 생겼다(단, 지방은 제외). 이는 임차인이 있는 상태에서 후순위 대출을 활용해 주택을 매입하는 이른바 '세 낀 물건' 거래를 차단하려는 목적이다. 수도권과 규제지역에서 주담대를 받는 경우에는 반드시 본인이 입주해야 하며, 이 요건은 세법상 조정대상지역 비과세 요건인 2년 실거주와는 별개다. 다시 말해, 비조정대상지역에 있더라도 수도권 내 주택을 주담대로 매입했다면 6개월 내 전입이 필수라는 뜻이다. 따라서 해당 주택은 임대를 줄 수 없다.

- **생애최초 주택 구입 전입 의무, 보도자료**

	현행	개선 방안	시행 시기
생애최초 주택구입시 LTV	全지역 LTV 80% / 전입의무 없음 · 디딤돌대출은 1개월 내 전입의무	수도권,규제지역 LTV 70% + 전입의무 부과 (6개월 이내) / 지방(규제지역外) 현행과 동일	'25.6.28일

* 디딤돌 대출은 현행과 같이 1개월내 전입 의무 유지

- **주택구입목적 주담대 전입 의무, 보도자료**

	현행	개선 방안	시행 시기
주택구입목적 주담대 시 전입의무	全지역 전입의무 없음	수도권,규제지역 6개월 이내 전입 / 지방(규제지역外) 전입 의무 없음	'25.6.28일

    다만 예외는 존재한다. 기존 임차인이 있는 상태에서 매입하는 경우, 즉 세입자가 계약에 따라 거주 중인 물건은 거래가 가능하다. 하지만 이처럼 6.27 대출 규제는 특정 지역만을 제한해 풍선효과를 유발했던 과거 방식과 달리, 수도권 전역에 동일한 조건을 적용함으로써 규제 회피 수단을 원천 차단했다는 점에서 한층 더 강도 높은 규제로 평가된다.

    게다가 대출 가능 금액을 획일적으로 6억 원으로 제한한 것도 핵심이다. 6억 원을 30년 만기, 금리 4%, 원리금균등상환 조건으로 계산하면 매월 상환액은 약 286만 원에 달한다. 결코 적은 부담이 아니다.

    마지막으로, 전입 요건까지 추가된 이번 주담대 규제는 역대급 수준이라고 해도 과언이 아니다.

무엇을 조심해야 하는가?

부동산에서 세금과 대출이 차지하는 비중은 전체의 80% 이상이다. 그만큼 중요도가 높은 두 축인데, 그중 하나인 대출에 대한 초강력 규제가 발표된 만큼 당분간은 시장을 관망하는 자세가 필요하다. 시장을 둘러싼 불확실성이 큰 상황에서는 무리한 매수보다는 자신의 자금 상황과 투자 목적에 맞추어 전략적으로 움직이는 것이 현명하다.

매도자, 즉 보유자의 경우 보유 주택 수와 투자 가치를 기준으로 접근법이 달라져야 한다. 예를 들어 1주택자라면 해당 주택이 갈아타기 대상인지 여부에 따라 전략을 세울 수 있다. 괜찮은 주택이라면 관망하고, 갈아탈 의향이 있다면 '선매도 후매수' 전략이 바람직하다. 반대로 '선매도 후매수' 전략은 기존 주택의 매각이 지연될 수 있고, 정책 변화에 따른 리스크가 크기 때문에 피하는 것이 좋다.

또한, 주담대를 받는다면 6개월 내 전입 의무를 충족해야 한다. 즉, 실거주할 수 있는 집을 매입해야 하며, 임대를 줄 수 없다. 만약 실거주 여력이 없다면 세입자가 있는 주택, 이른바 '세 낀 물건'을 사두는 방식이 현실적 대안이 될 수 있다.

2주택자의 경우에는 일시적 2주택 비과세 요건을 점검하는 것이 좋다. 여차하면 기존 주택을 정리하고 하나로 갈아타는 전략을 취할 수 있기 때문이다. 이때도 마찬가지로 실거주가 가능하거나, 세입자를 둔 상태로 매입 가능한 주택을 선택해야 한다.

다만 '세 낀 물건'을 매입할 경우에는 다음 두 가지에 유의해야 한다. 첫째, 향후 보증금을 반환하기 위해 활용할 수 있는 '전세퇴거자금대출'은 1억 원 한도로 제한될 가능성이 높다. 언론 보도에 따르면, 전세퇴거자금대출 역시 생활안정자금으로 간주되어 1억 원 한도를 적용받을 것으로 보인다. 실거주 전환을 고려 중인 경우라면 자금 계획을 반드시 사전에 점검해야 한다.

둘째, 단순 보유 후 매각하는 것에서 절세 효과를 누리려면 취득 시점에 물건이 '비조정대상지역'에 해당하면서 양도가액이 12억 원 이하인 조건을 충족해야 한다. 예컨대 "주담대 전입 요건이 있으니 그냥 세 낀 물건을 사두고, 나중에 팔자"는 전략을 택할 수 있는데, 취득 당시 비조정대상지역이었다면 2년 보유 시 비과세가 가능하다. 양도가액 12억 원 이하라면 세금 없이 매각도 가능하다. 반면, 취득 시점에 조정대상지역에 해당한다면 실거주 요건을 충족하지 못해 비과세가 불가능하다.

또 하나 주의할 점은 비조정대상지역이라 해도 추후 매각 시 양도가액이 12억 원을 초과하면 고가주택으로 간주되어 양도차익 중 12억 원 초과분에 대해 장특공 적용이 어렵다. 물론 비과세는 가능해 세 부담을 어느 정도 줄일 수 있지만, 양도가액이 12억 원을 훌쩍 넘을 경우에는 부담이 커질 수 있다. 장특공은 1세대 1주택 고가주택 비과세에 적용되며, 최대 10년 거주 시 80%까지 공제가 가능하다. 최근 일부 투자자들 사이에서 "장특공 혜택이 축소된다는 말이 있다"는 이야기가 들리지만, 적어도 현재까지는 관련된 변경 사항은 없다. 그런 일이 없기를 바라는 마음이다.

양도세 일시적 2주택 처분 기한을 줄인다는 게 사실일까?

최근 자주 접하는 질문 중 하나가 "양도세 일시적 2주택 비과세 요건 중 처분 기한이 현재 3년인데, 이것도 줄어드는 것 아니냐"라는 질문이다. 결론부터 말하자면, 현재는 변동이 없지만 앞으로 변경 가능성은 충분히 있다고 판단된다. 그 이유는 두 가지다.

첫째, 과거 문재인 정부 시절에도 종전 주택 처분 기한을 줄인 전례가 있다. 처음에는 3년이던 처분 기한이 2년으로 줄었고, 이후 다시 1년으로 더 줄어들었으며, 신규 주택에 1년 내 전입해야 한다는 요건도 함께 도입되었다. 특히 전입 요건을 제대로 이행하지 못해 비과세 혜택을 놓친 사례가 상당히 많았다. 따라서 현재의 3년 기준 역시 줄어들 여지가 있다고 보는 것이다.

둘째, 최근 국정기획위원회(이하 국정위) 내부에서도 이에 대한 검토가 진행 중인 것으로 보인다. 한 언론 보도에 따르면, 국정위 핵심 관계자가 일시적 2주택 비과세 요건 중 3년 처분 기한에 대해 "이해할 수 없는 혜택"이라고 밝히며, 이 기준을 과거처럼 1년으로 되돌리는 방안을 검토 중이라고 전했다. 민주당 정책위원회 관계자 역시 "세금 문제는 민감해서 신중하게 접근하겠지만, 충분히 검토 범위에 들어 있다"라고 언급했다.

아직 구체적으로 확정된 내용은 없지만, 현재 정부가 3년 처분 기한을 '혜택'으로 바라보고 있다는 점에서 규제 강화 가능성은 실재한다. 필자는 이 같은 논의가 진행되는 상황을 안타깝게 생각하지만, 지금 시점에서는 정책 발표를 기다리는 수밖에 없다.

한 가지 주의할 점이 있다. 만약 처분 기한이 단축된다면 적용 기준일은 종전 주택을 양도하는 '양도일'이 될 가능성이 높다는 점이다. 즉, "나는 미리 매수했으니 괜찮다"라고 단정해서는 안 되며, 새로운 규제가 시행되면 정확한 요건을 반드시 확인해야 한다.

세금 규제가
계속될 가능성이 있는가?

세금 규제는 매우 민감한 주제다. 특히 문재인 정부 시절, 취득-보유-양도 전 단계에서 세 부담이 급격히 증가했던 기억이 여전히 생생하기 때문에 더욱 그렇다.

괜한 예측이 현실이 될 수 있다는 점에서 조심스러우나, 앞으로의 대응에 도움을 드리고자 다음과 같이 몇 가지 가능성을 제시한다.

첫째, 취득세 중과는 당분간 변화가 없을 것으로 보인다. 다만 완화가 이루어진다면 수도권이 아닌 지방 부동산에 한해 적용될 가능성이 높다.

둘째, 보유세는 단기적으로 소폭 상승하고, 중장기적으로는 종부세의 인상 가능성이 높다. 올해 상반기 서울과 수도권의 부동산 가격 상승세가 상당했던 만큼, 2025년 공시가격이 오를 것이다. 공시가격이 오르면 보유세는 자동적으로 증가한다. 여기에 현재 60%로 유지 중인 '공정시장가액비율'을 80%까지 올릴 가능성도 있다. 이 비율은 최소 60%에서 최대 100%까지 유동적이지만, 일반적으로는 80% 수준에서 조정된다. 공시가격 인상과 공정시장가액비율 상향만으로도 보유세, 특히 종부세 부담은 증가할 수밖에 없다.

셋째, 양도세 중과는 2027년 5월 9일 이후 다시 시행될 가능성이 높다. 현재 중과배제 유예기간은 2026년 5월 9일까지다. 이후 양도세 중과가 시행될 경우, 다주택자에 대한 양도세 부담은 다시 크게 늘어난다. 정치적 일정까지 고려해 보면, 2026년 6월 지방선거를 앞두고 한 차례 더 유예될 가능성도 있다. 유예가 되면 2027년 5월 10일부터 중과세가 적용될 것으로 보인다. 단, 이는 조정대상지역 내 주택을 매각하는 세대 기준 다주택자에게만 해당된다. 따라서 조정대상지역 추가 지정 여부를 반드시 체크해야 하며, 보유 주택 수가 많은 경우 일부는 사전 매각이나 증여를 고려할 필요가 있다.

넷째, 주택임대사업자 제도는 여전히 보수적으로 유지될 것으로 보인다. 특히 아파트 신규 등록은 매우 어렵다. 현 정부는 다주택자를 바라보는 시선이 긍정적이지 않다. 대출 규제 흐름을 보면, '세 낀 물건'조차 실거주가 어렵게끔 설계되어 간접적인 임대공급을 차단하려는 의도를 확인할 수 있다. 주택임대사업자 제도 대신 이를 대체하는 다른 정책 수단이 도입될 가능성이 더 크다.

지금 상황에서
꼭 체크해야 할 것들

지금 혹은 추후에 부동산 정책의 불확실성이 팽배한 시기에는 몇 가지 핵심 체크 포인트를 반드시 짚고 가야 한다. 향후 시장 흐름을 파악하고 본인의 투자 및 자산 전략을 수립하기 위해 다음 네 가지는 반드시 확인해 둘 필요가 있다.

첫째, 국토교통부 장관 인선을 반드시 확인해야 한다. 국토교통부 장관은 향후 부동산 정책 전반의 방향성을 결정하는 핵심 키맨이다. 누가 장관으로 임명되느냐에 따라 규제 강화, 공급 확대, 세제 조정 등 정부 기조가 구체화될 수 있으므로 정책 변화의 출발점이 될 수 있다.

둘째, 규제지역 추가 지정 여부를 주의 깊게 관찰해야 한다. 만약 규제지역이 추가 지정된다면, 이는 단순한 행정 조치가 아니라 사실상 보유세 강화 및 양도세 중과의 사전 포석이라고 이해해야 한다. 즉, 2026년 5월 9일 중과 유예 종료 후 연장 없이 바로 양도세 중과가 시행될 수 있다는 신호일 수 있다. 그렇게 되면 전략적인 선택지는 크게 세 가지다. 일부 주택을 매각하거나, 증여로 사전 정리하거나, 보유세를 감내하며 버티는 것이다.

셋째, 매수자라면 지금 '급매' 혹은 '12억 원 이하' 매물을 찾아야 한다. 다주택자 중 일부는 주택 수를 줄이기 위해 시장에 급매를 내놓는 경우가 있다. 6.27 대출 규제 발표 이후 실제로 몇몇 수도권 지역에서 호가가 눈에 띄게 하락한 사례가 발생했다. 이럴 때, 주택 가격이 10억 원에서 12억 원 사이에 있는 매물은 검토해볼 만하다. 이 가격대는 대출 규제를 감안해도 현실적인 자금 조달이 가능하며, 시장이 다시 반등할 가능성을 고려할 때 전략적 진입 지점이 될 수 있다.

다만, 주택담보대출(이하· 주담대)을 활용할 경우 반드시 실거주 요건을 충족해야 한다는 점을 잊지 말아야 한다. 실거주가 어렵다면 차라리 세입자가 있는 '세 낀 물건'을 고려하되, 이 경우에도 임대만 주고 매각할 것인지, 추후 실입주 계획을 세울 것인지에 대한 명확한 판단이 필요하다.

넷째, 다주택자라면 매각 또는 증여 계획을 지금부터 구체화해야 한다. 특히 조정대상지역이나 그 인근(예: 마포, 강동 등)에 여러 채의 주택을 보유한 경우, 보유세 부담과 양도세 중과 적용 가능성 때문에 고민이 깊을 것이다. 이 경우, 보유 주택의 투자 가치를 다시 평가해야 한다. 만약 투자 가치가 높다면 세금을 감수하고 보유를 지속하거나 자녀에게 증여하는 방안이 있다. 반대로, 향후 투자 가치가 낮다면 일반과세 구간에서 매각하는 것을 고려할 필요가 있다.

상속세 개편과
부동산 시장 영향

정부는 현행 상속세를 기존의 '유산세'에서 '유산취득세' 방식을 도입하겠다는 방안을 내놓았다. 물론 당장 바뀌는 것은 아니며, 관련 법 개정을 거쳐 이르면 2028년부터 이를 시행하겠다는 계획안이다. 시행 여부 등은 조금 더 지켜보아야 하지만 현재 여야에서 논의중인 공제액 상향은 물론 과세 방식을 아예 바꾸는 것인만큼 정부안대로 개편이 된다면 자산 시장에 꽤 많은 영향을 줄 것으로 보인다.

이번 내용에서는 정부가 발표한 유산취득세 방식이 유산세 방식과 무슨 차이가 있으며, 유산취득세 도입 방안이 무엇이고 이게 시행될 경우 실제 상속세 부담은 어떻게 변하는지, 그리고 향후 부동산 시장에 미치는 영향 등은 무엇인지를 문답형식으로 살펴보겠다.

유산취득세란 무엇인가?

가장 먼저 눈에 뜨는 건, '유산취득세 도입'이라는 용어다. 이는 상속인들이 취득한 각 상속재산별로 과세하겠다는 의미로, 각자 받은 재산에 따라 세금이 결정되는 방식이다. 즉, 각자 받은 재산에 대해 과세되기 때문에 과세형평이 개선되지만 상속인별 취득한 재산 현황 파악은 물론 관련 과세정보 관리에 있어 행정부담이 추가된다는 단점이 있다.

그에 반해 현행 '유산세' 방식은 사망한 피상속인의 전체 유산을 기준으로 과세하는 방식이다. 따라서 전체 유산 규모만 파악하면 과세가 가능하기에 과세당국이 이를 집행하는 것이 상대적으로 용이하다는 장점이 있다. 그에 반해 상속인 입장에서는 각자 받은 재산에 관계없이 내야 하는 전체 세금이 결정된다는 특징이 있다.

특히 유산세 방식의 경우 피상속인의 전체 유산을 기준으로 과세하기에 재산 크기가 크다. 따라서 초과 누진세율을 적용할 경우 세 부담이 커진다는 단점도 있다. 그에 반해 유산취득세로 개편되면 상속인이 받는 만큼만 세금을 부담하면 되므로 '응능부담 원칙(납세자의 부담능력에 맞게 공평 과세해야 한다는 조세원칙)'에도 더 적합하다고 볼 수 있다.

참고로 상속세가 있는 OECD 국가 중 일본, 프랑스, 독일 등 20개국의 대부분 국가는 유산취득세를 채택하고 있으며 우리나라, 미국, 영국 등은 유산세 방식을 채택해 운영 중이다.

■ 유산세(현행) vs 유산취득세(개정), 보도자료

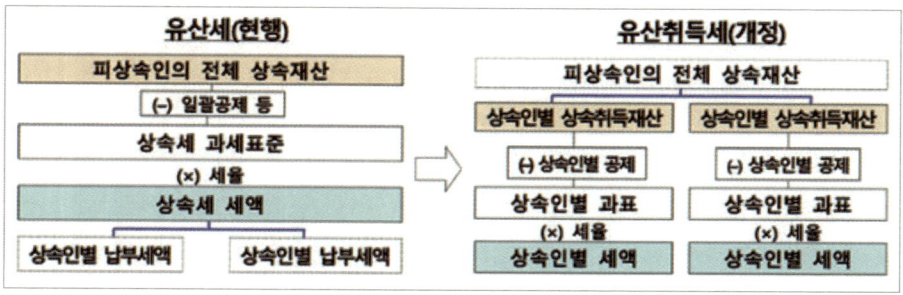

유산취득세로 전환 시 좋은 점

과세형평 개선이 큰 장점이다. 물려받은 유산 규모가 같다면 내야 하는 세금도 같기 때문에 과세형평에 부합한다. 하지만 현 제도는 사망자의 전체 유산을 기준으로 상속세가 과세되므로 상대적으로 높은 세율이 적용된다.

예를 들어 자녀 1인이 10억 원 상당의 상속재산을 물려받는 경우(1번)와 자녀 5인 가구가 상속재산을 50억 원을 물려받는 경우(2번, 각각 10억 원씩 물려받았다고 가정)를 비교해 보겠다. 각자 받은 유산은 10억 원으로 동일하지만, 2번의 경우가 약 4배 더 상속세를 부담해야 한다.

또 다른 장점으로는 공제 실효성 개선이다. 상속인들이 받은만큼만 세금을 낼 수 있다면 본인과 직접 연계된 공제를 활용하기가 용이해진다. 따라서 실효성 역시 개선된다.

그리고 현행 증여세는 이미 받는 자, 즉 수증자 관점에서 과세되는 방식이지만 상속세는 주는 자, 즉 피상속인 입장에서 과세가 되기에 피상속인 외에 제3자에게 증여한 재산 역시 상속세 과세대상에 포함되어 세 부담이 커지는 문제가 있다. 따라서 상속세 역시 증여세와 마찬가지로 취득자 기준으로 과세기준을 일치시킴으로써 과세범위를 보다 합리화할 수 있다.

예를 들어 A 기업 창업주는 사망 전 임직원에게 25억 원을 기부했고, 자녀 1인에게 15억 원을 상속했다. 이때 과세대상은 현행 상속세의 경우 상속재산 15억 원은 물론, 사전증여재산 25억 원이 합산된다. 5억 원 공제된다고 가정할 경우 상속인은 전체 과세대상 40억 원(=상속재산 15억 원+사전증여재산 25억 원)에서 5억 원을 차감한 35억 원이 되고, 이는 50% 세율구간이 적용되어 재산의 거의 절반에 가까운 금액을 상속세로 부담해야 한다.

그에 반해 유산취득세로 개편되면 상속인은 본인이 받은 상속재산 15억 원만

■ 유산취득세 관련 사례, 보도자료

◆ 【사례】 A기업 창업주는 사망 전 임직원에게 25억원 기부, 자녀(1인)에 15억원 상속

	현 행	개 정
과세대상	40억원 (상속재산 15억원 + 사전증여재산 25억원)	15억원
공제	5억원(가정)	
과세표준	35억원(공제: 5억원 차감후)	10억원
세율	50% 세율 구간	30% 세율 구간

과세되고, 5억 원 공제 차감 후에는 10억 원, 30% 세율 구간에 해당하는 세금만 부담하면 된다.

자녀 공제는 늘어날 것인가?

유산취득세를 도입할 경우 인적공제 효과를 당사자가 직접 받기 때문에 이러한 상속인의 개별적인 인적 특성과 상황을 면밀히 고려해 제도를 재설계할 필요가 있다. 그리고 이러한 전환 과정은 관련 법령 개정과 시행령 마련, 그리고 다양한 이해관계자들과의 협의 등을 거쳐야 하므로 상당한 시간이 걸릴 것으로 예측된다.

우선 자녀공제의 경우 현재는 기초공제 2억 원과 추가공제를 받을 수 있는데 해당 금액이 보통 일괄공제 5억 원 이하에 해당하는 경우가 대부분이다. 이는 자녀 1인당 공제금액이 5,000만 원에 불과하기 때문이다. 즉 자녀 수가 1명이든 6명이든 공제액은 5억 원으로 동일하다는 의미다. 이렇게 일괄공제를 하면 상속인이 미성년, 장애인 등의 경우 추가공제를 받을 수 있는 방법이 막히는 문제가

있다.

따라서 이번 개편안에서는 이를 더욱 현실화하고 상속인, 수유자(유증 등을 받은 사람) 별로 공제액을 별도로 하고자 한다. 즉, 상속인이 직계존비속이라면 5억 원, 형제 등 기타 상속인은 2억 원으로 하며 수유자 역시 직계존비속은 5,000만 원, 기타 친족은 1,000만 원으로 구분한다.

이렇게 바뀔 경우 미성년자 자녀 2인이 상속을 받으면 현재는 일괄공제 5억 원 밖에 되지 않지만, 정부안대로 개편될 시 14세인 자녀A는 기본공제 5억 원에 추가공제 5,000만 원(미성년자 공제 5년×1,000만 원)을 받아서 5억 5,000만 원을 공제 받고, 9세인 자녀B는 역시 기본공제 5억 원에 추가공제 1억 원(미성년자 공제 10년×1,000만)을 받아서 총 11억 5,000만 원을 공제받을 수 있다.

이렇게 될 경우 일단 자녀가 많을수록 공제금액이 커지기 때문에 간접적으로나마 저출산 대책에도 일부 영향을 줄 것으로 보인다. 또한 기존에는 일괄공제안에 묻혔던 추가공제 역시 보다 더 현실적으로 적용받을 수 있으니 상속인 입장에서도 세 부담을 줄일 수 있을 것이다.

■ 미성년자 자녀 2인 상속 사례, 보도자료

◆ 【사례】 미성년자 자녀 2인이 상속받는 경우		현 행	개 정
자녀A	14세	일괄공제 5억원	기본공제 5억원 + 추가공제 0.5억원* * 미성년자 공제 5년 × 0.1억원
자녀B	9세		기본공제 5억원 + 추가공제 1억원* * 미성년자 공제 10년 × 0.1억원
합계		5억원	11.5억원

배우자 상속세 폐지 가능성

먼저 구분해서 알아야 할 내용이 있다. 지금 우리가 살펴보고 있는 건 정부의 상속세 개편안이고, 배우자 상속세 폐지는 정부가 아닌 국회에서 언급되고 있는 내용이다. 물론 이들을 함께 알아야 되겠지만 일단 정부 개편안에 집중해 본다.

정부 개편안은 기본적으로 유산취득세 취지에 맞게 배우자가 실제 상속받은 재산에 대해 공제해 주겠다는 것이다. 다만 최대한도는 현행과 동일하게 법정상속분과 30억 원 중 낮은 금액으로 하되, 만약 법정상속분이 10억 원 이하인 경우라면 법정상속분과 관계없이 전액 공제가 가능하다. 이는 현행 상속세의 경우 일괄공제 5억 원과 배우자공제 최소 5억 원을 적용 시 최소 10억 원은 공제가 된다는 점을 반영한 것으로 보인다. 구체적인 사례를 보겠다.

배우자, 자녀 3인 그리고 상속재산은 18억 원이라고 가정한다. 이때 배우자 법정상속분을 알아야 하는데, 별도 유언 등이 없다고 가정 시 배우자는 1.5, 자녀는 각각 1.0이 되므로 배우자의 법정상속분은 1.5/4.5가 되고 상속재산 18억 원을 적용하면 6억 원(=18억 원×1.5/4.5)이 된다.

실제 상속재산이 배우자 9억 원, 그리고 자녀 셋은 각각 3억 원씩을 받았다고 할 경우 현행 상속세를 적용하면 배우자공제는 6억 원이 적용되고(5억 원 초과시 법정상속분 한도), 일괄공제 5억 원이 적용되어 총 11억 원 공제가 된다. 즉 초과되는 7억 원(18억 원-공제되는 11억 원)에 대해서는 상속세를 부담해야 한다.

반면 개정된 안으로 보자면 배우자가 실제 받은 상속재산이 9억 원이므로 비록 법정상속분은 6억 원이라고 하더라도 10억 원 이하이므로 9억 원 전액 공제가 된다. 자녀의 경우 앞에서 보았듯이 직계존비속 기본공제 5억 원이 적용되므로 각자 받은 3억 원에 대해서는 전액 공제, 그 결과 총 18억 원이 공제되어 상속세는 부담하지 않아도 되는 것이다.

■ **배우자+자녀 3인 가구 사례, 보도자료**

「상황1」	실제 상속재산	공제액	
		현 행	개 정
배우자	9억원	배우자공제 6억원* * 5억원 초과시 법정상속분 한도 일괄공제 5억원	배우자공제 9억원
자녀A	3억원		기본공제 3억원
자녀B	3억원		기본공제 3억원
자녀C	3억원		기본공제 3억원
합계	18억원	11억원	18억원

◆ 【사례】 배우자+자녀 3인 가구, 상속재산: 18억원*
* 법정상속분= 배우자 6억원 + 자녀 3인 각각 4억원

여기에 현행 상속세라도 최저 10억 원까지는 공제된다는 점에 착안, 이번 정부 개편안에서는 인적공제 합계가 10억 원 미만인 경우에는 그 미달액을 직계존비속인 상속인에게 추가 공제해 인적공제 최저 10억 원으로 설정하고자 한다.

'배우자+자녀 1인 가구 사례' 보도자료에서 확인되는 것처럼 배우자 그리고 자녀 1인 가구, 상속재산은 10억 원인 경우 현행 상속세에서는 배우자공제 5억 원과 일괄공제 5억 원을 적용하며 총 10억 원을 공제받을 수 있다.

정부 개편안으로 기준으로 하면 배우자가 실제 받은 3억 원에 대해 공제하고(법정상속분 6억 원이나 실제 받은 재산이 3억 원이므로 3억 원만 공제), 자녀 1인에 대해 5억 원을 공제하면 총 공제금액 8억 원이 되어 기존 10억 원 보다 더 낮아지는 문제가 발생하게 된다. 따라서 이 경우에는 그 미달액을 직계존비속인 상속인, 즉 사례에서는 자녀에게 추가 공제함으로써 최소 10억 원은 공제가 가능하도록 한 것이다.

■ 배우자+자녀 1인 가구 사례, 보도자료

◆ 【사례】 배우자+자녀 1인 가구, 상속재산: 10억원

	실제 상속재산	공제액	
		현 행	개 정
배우자	3억원	배우자공제 5억원 일괄공제 5억원	배우자공제 3억원
자녀A	7억원		기본공제 5억원 + 최저한 추가 공제 2억원*
합계	10억원	10억원	10억원

* 인적공제 합계액 8억원(= 배우자공제 3억원 + 기본공제(자녀) 5억원) < 10억원
→ 미달액인 2억원(=10억원-8억원)을 자녀A에게 추가 공제

서울에 집 한 채가 있다면 상속세를 내지 않아도 될까?

2025년 2월, 서울 아파트 평균 실거래가격은 14억 3,895만 원으로 집계되었다(전용면적 $84m^2$ 기준, 직방).

앞서 본 것처럼 현행 상속세가 유지될 경우, 서울에 집 한 채만 가지고 있어도 상속세를 내게 생겼다는 말이 나오는 이유다. 이렇게 될 경우 조세저항이 상당해질 수 있기에 어떤 방식으로든 상속세 부담을 줄이는 방식으로 개편이 되지 않을까 예측해 본다.

다만 그 방식이 정부가 제시한 유산취득세 도입으로 대대적인 개편이 될지, 아니면 현재 여야가 논의중인 공제금액 상향 방식으로 될지는 두고 볼 일이다. 이 책을 읽고 있는 독자분들은 어떤 방식이 더 합리적이라고 생각하는가?

그렇다면 일단 상속세 걱정을 덜어도 될까? 그렇게 생각해도 되겠다. 어지간한 경우, 집 한 채 가지고 있다고 해서 상속세가 나오는 경우는 많지 않을 것이다. 다

만 부의 무상이전이라는 관점에서 상속 외에 증여도 있는데 이에 대한 개편도 함께 고민되었으면 한다. 즉, 부모 입장에서는 사후 상속을 통해 자산을 물려주는 경우도 있겠지만 본인이 살아 있을 때 그리고 자녀가 한 살이라도 더 어릴 때 일정 수준의 자산을 물려줌으로써 자녀의 경제적 자립을 도와주고자 하는 욕구도 상당히 클 것이다.

그런데 이번 개편안은 오로지 상속세 관련된 내용만 있을 뿐, 증여에 대한 내용은 전혀 없다. 당장 2024년 7월에 있었던 정부 세법개정안만 보더라도 상속세 및 증여세율에 대한 개편 시도가 있었으나 당시 야당의 '부자감세'라는 비판에 무산되었다. 물론 최고세율 폐지는 그렇게 볼 수 있겠으나 최저세율 10%에 적용되는 과표 구간을 1억 원에서 2억 원으로 상향하는 정도는 개정이 되었다면 좋지

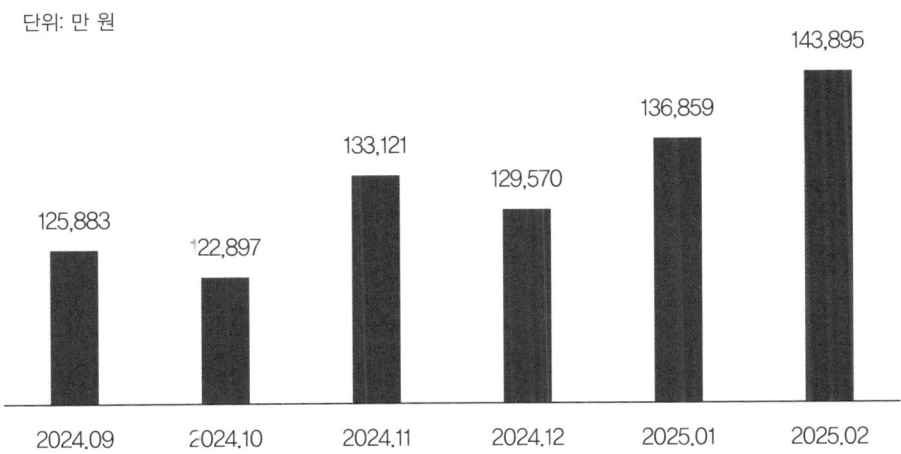

■ 서울 국평아파트 월별 평균 매매 거래가격

단위: 만 원

- 2024.09: 125,883
- 2024.10: 122,897
- 2024.11: 133,121
- 2024.12: 129,570
- 2025.01: 136,859
- 2025.02: 143,895

* 국토교통부 실거래가 공개시스템 자료, 2025.03.13. 집계 기준.
* 취소거래 제외, 자료집계 이후 거래 신고 등에 따라 변동될 수 있음.
* 국민평형은 전용25평형 범위의 전용면적 83m²~86m²형으로 정의함.

출처: 직방

않았을까 하는 바람이 있다.

또한 증여재산공제 현실화에 맞게 개정되어야 한다. 상속세 역시 현재 자녀공제가 1인당 5,000만 원에 불과하기에 일괄공제 5억 원을 받는 경우가 대부분이라고 말했는데, 증여 역시 성년자녀에게 적용되는 증여재산공제가 수십 년간 5,000만 원에 머물러 있다. 이 역시 물가상승률 등을 반영해 개선되어야 하는 것이 맞다고 본다.

규제지역 지정으로 달라지는 부동산 세금 대비 방법

정부는 추가 규제지역 지정 가능성에 대해 언급했었다. 2025년 5월 23일 '제16차 부동산 시장 및 공급상황 점검 태스크포스(TF)' 회의를 열고 "최근 용산, 강남 3구 등 서울지역 주택 가격 변동성이 소폭 확대되었다"며 "필요 시 조정대상지역, 투기과열지구, 토지거래허가구역 추가 지정 등 시장안정 조치를 강구하겠다"라고 밝힌 것이다.

특히 국토부와 서울시는 '집값 띄우기' 등 부정 거래 단속을 강화하겠다고 발표했다. "불법 행위가 확인되면 무관용 원칙으로 엄정 대응할 계획"이라며, 토지거래허가 대상 아파트의 실거주 의무 위반 여부를 확인해 위반자에게는 실거래가의 최대 10%에 해당하는 이행강제금을 부과할 예정이라고 한다. 실거래가 20억 원의 아파트라면 최대 2억 원의 이행강제금을 물어야 한다는 뜻이니, 결코 가볍게 넘길 수 없는 수준이다.

그렇다면 정말 규제지역이 추가 지정될까? 만약 지정된다면 부동산 세금 정책은 어떻게 바뀌는 걸까? 필자가 생각하기에 이번 정부 발언은 단순한 경고가 아닌 실질적 조치의 전단계로 보인다. 실제로 과거 정부 패턴을 보면, TF 회의에서 이런 언급이 나온 후 대부분 몇 달 내에 실제 조치가 이어졌다. 이번에는 만약 규제지역으로 지정된다면 예상되는 규제 내용, 그리고 이에 대한 대처법에 대해 차근차근 살펴보겠다.

규제지역이 무엇인가?

규제지역에 해당하는 지역은 매우 다양하다. 크게 투기지역, 투기과열지구, 조정대상지역 그리고 토지거래허가구역이 있는데, 각각의 규제 강도와 적용되는 제한 사항이 다르다. 이 중에서 부동산 세금 및 대출 규제와 가장 밀접한 관련이 있고 실질적인 영향력이 큰 지역은 바로 '조정대상지역'이다. 조정대상지역으로 지정되면 양도세 중과, 취득세 중과, 그리고 주택담보대출 규제 등 다양한 제한이 적용되기 때문에 투자자들이 가장 주의 깊게 살펴봐야 하는 규제 지역이라고 할 수 있다.

예를 들어볼까? 해당 다음 '규제지역 지정 효과'라는 보도자료는 지난 2023년 1월 초에 나왔던 보도자료로, 규제지역을 대거 해제했을 때 발표된 자료다. 당시 윤석열 정부 출범 이후 부동산 규제 완화 정책의 일환으로 전국 대부분 지역이 규제에서 해제되었다. 보이는 것처럼 투기지역은 금융규제만 해당하는데 현재는 사실상 무의미해졌으며, 투기과열지구와 조정대상지역이 그 중심이다.

그리고 조정대상지역보다 투기과열지구 규제가 더 심하다. 가령 표에 있는 것처럼, 조정대상지역의 경우 가계 대출이 무주택, 1주택자인 경우 LTV 50%까지인 반면, 투기과열지구는 같은 경우라도 LTV 40%까지 내려간다. DTI 규제도 마찬가지다. 조정대상지역은 60%인데(서민 및 실수요자 10%p 우대) 투기과열지구는 DTI 40%로 더욱 까다롭다. 그래서 조정대상지역은 '약간 매운 맛', 투기과열지구는 '매운 맛'이라고 이해하면 된다.

하지만 여기서 중요한 포인트가 있다. 중간에 있는 '세제' 부분을 보면 투기과열지구의 관련 내용이 전혀 없고, 조정대상지역일 때 관련 내용이 상당하다. 이게 바로 핵심이다. 조정대상지역으로 지정되면 양도세 중과, 종부세 중과, 취득세 중과 등 각종 세금 부담이 크게 늘어나기 때문이다.

■ 규제지역 지정 효과, 보도자료

참고 규제지역 지정효과

구분		투기지역(금융규제만 해당)·투기과열지구	조정대상지역
금융	가계대출	• LTV : 무주택·1주택 세대 50% • 서민·실수요자 : 9억원 이하 70%(20%p 우대) • DTI : 40% • 서민·실수요자 : 60%(20%p 우대) • 2주택이상 보유세대는 주택신규구입을 위한 주담대 금지(LTV 0%) • 일시적 2주택자 주담대 시 종전주택 처분기간 부여 (규제지역: 2년, 비규제지역: 없음) • 중도금대출발급요건 강화(분양가격 10% 계약금 납부, 세대당 보증건수 1건 제한)	• LTV : 무주택·1주택 세대 50% • 서민·실수요자 : 8억원 이하 70%(20%p 우대) • DTI : 50% • 서민·실수요자 : 60%(10%p 우대)
	사업자대출	• (일반사업자) 주택 구입 목적의 주택담보대출 신규 취급 금지 • (임대사업자) 주택담보대출 취급 전면 금지 • 주택임대업 개인사업자대출 RTI (=임대소득/이자비용) → 1.5배 이상 • 민간임대매입(신규) 기금융자 중단	• 주택임대업 개인사업자대출 RTI → 1.25배 이상 -
	세제	-	• 2주택 이상자 취득세 중과 • 다주택자 양도소득세 중과(2주택 +20%p, 3주택 +30%p)·장기보유특별공제(최대 30%) 배제 • 양도세 비과세 위한 일시적 2주택자의 종전주택 양도기간 강화(조정지역:2년, 비조정지역:3년) • '18.9월 이후 신규 등록한 매입임대사업자에게 양도세 중과배제, 종부세 합산배제 혜택 미적용
	전매제한	• 주택 분양권 전매제한 (소유권이전등기일까지, 최대 5년) • 오피스텔 분양권 전매제한(소유권이전등기일 or 사용승인일로부터 1년 중 짧은 기간)	• 주택 분양권 전매제한 (소유권이전등기일까지, 최대 3년)
	청약	• 청약 1순위 자격요건 강화 / 해당지역 거주자 우선 공급 • 민영주택 가점제 적용비율 (85㎡ 이하 100%, 85㎡ 초과 50%) • 재당첨 제한(10년) • 분양가격 9억원 초과 주택 특별공급 제한 • 오피스텔 건설지역 거주자 우선 분양 (100실 이상 분양분의 10~20%이하/100실 미만 분양분의10% 이하)	• 민영주택 가점제 적용비율 (85㎡ 이하 75%, 85㎡ 초과 30%) • 재당첨 제한(7년) -
	정비사업	• 재건축사업 조합원당 재건축 주택공급수 제한(1주택) • 재건축사업 조합원 지위 양도제한 (조합설립인가 후 소유권이전등기시까지) • 재개발사업 조합원 지위 양도제한 (관리처분계획인가 후 소유권이전등기시까지) • 정비사업 분양주택 재당첨 제한(5년)	-
	기타	• 주택 취득 시 자금 조달 및 입주계획 신고 의무 + 증빙자료 제출	• 주택 취득 시 자금 조달 및 입주계획 신고 의무

그렇다고 너무 염려하지는 않아도 된다. 보통 투기과열지구라면 이미 '매운 맛'이기 때문에 조정대상지역으로 함께 지정하고, 반대로 조정대상지역으로 지정된다면 이후 추가 규제가 필요 시 투기과열지구를 추가 지정하는 등으로 정부는 단계적으로 규제를 더해간다. 마치 요리에서 간을 맞추어 가는 과정과 같다.

아주 예외적으로 과거 대구 수성구는 투기과열지구였지만 비조정대상지역을 유지한 때가 있었다. 2018년 당시 대구 수성구가 바로 그런 케이스였다. 따라서 당시에는 여러 금융 규제를 받았지만 세금 관련 규제는 전혀 받지 않았던, 아주 특이했던 시기가 있었다. 하지만 이후에는 대구 수성구 역시 조정대상지역으로 지정되었고 현재는 규제지역에서 모두 제외된 상태다.

결론적으로, 부동산 세금 관련해서는 조정대상지역 지정 여부가 매우 중요하다. 만약 보유한 부동산이 조정대상지역으로 지정되면 양도소득세율이 기본세율에서 최대 30%p까지 추가로 중과될 수 있기 때문이다. 1주택자라도 2년 거주 의무를 충족하지 못하면 중과세를 피할 수 없다.

마지막으로 토지거래허가구역이 있다. 특히 최근에 해제되었다가 다시 재지정되면서 많은 관심을 받았는데, 토지거래허가구역은 말 그대로 토지거래를 할 때 관할 지자체의 허가를 받아야 한다. 즉 사전에 미리 이에 대한 지자체의 동의가 필요하다. 서울의 경우 강남구, 서초구, 송파구가 토지거래허가구역으로 지정되어 있다.

이는 해당 지역 개발 등 토지가격 상승이 예상되는 곳에 투기수요를 미리 차단하고 억제하겠다는 취지다. 하지만 아이러니하게도 토지거래허가구역으로 지정된 지역이 오히려 더 많은 관심을 받고, 실제로도 해당 지역의 토지, 아파트 가격은 계속해서 상승하기도 한다. 어찌 보면 '프리미엄 지역'이라는 인식을 심어주는 역설적 효과를 낳고 있는 셈이다. 물론 토지거래허가구역에도 예외사항은 있다. 반드시 기존 집을 모두 처분해야 하는 것은 아니고, 지자체마다 대처 방식이 조금씩 다르다.

조정대상지역으로 지정되면
무엇이 달라지나?

앞서 부동산 세금 관련해서는 조정대상지역 여부가 매우 중요하다고 말씀드렸다. 그렇다면 현재 비조정대상지역인데 만약 조정대상지역으로 지정된다면 관련 세금이 어떻게 바뀔까? 취득-보유-양도 단계로 나누어 차근차근 살펴보겠다. 이 차이 하나로 세금이 수천만 원 혹은 수억 원이 달라지기에 꼭 체크해야 한다.

첫째, 취득세의 경우 2번째 취득하는 조정대상지역 주택은 8% 취득세율

예를 들어 현재 1주택자인 경우 추가로 주택을 하나 더 취득했는데 만약 해당 지역이 조정대상지역이라면 8%의 취득세를 부담한다. 10억 원짜리 아파트라면 8,000만 원, 15억 원이라면 1억 2,000만 원의 취득세를 내야 한다는 뜻이다. 비조정대상지역이라면 1~3% 세율이 적용되어 1,500만 원에서 4,500만 원 수준인데, 조정대상지역은 이보다 2배에서 5배 이상 높은 부담을 지는 것이다.

다만 곧바로 8%를 내는 것은 아니고 만약 종전주택을 3년 내 처분한다면 여전히 1~3% 기본세율만 적용해 취득세를 부담할 수도 있는데 이를 '취득세 일시적 2주택'이라고 한다. 하지만 여기서 주의할 점이 있다. 3년 안에 기존 주택을 팔지 못하면 차액을 소급해서 추징당한다는 것이다. 즉, 나중에 5,000만 원에서 1억 원 가까운 추가 세금이 나올 수 있다.

물론 불확실성이 팽배한 시장 상황에서는 2주택을 보유하는 것도 부담이기 때문에 1주택자가 주택을 하나 더 추가하는 경우는 많지 않을 것으로 보인다. 다만, 조정대상지역인데 비조정대상지역으로 오인해서 취득하는 경우, 혹은 주택 분양권을 취득했는데 도중에 전매가 되지 않아서 잔금을 해야 하는데 하필 조정대상지역이라서 취득세 8%를 부담해야 할 수도 있을 것이다.

특히 분양권의 경우를 자세히 살펴보자. 2년 전 분양권을 계약했을 때는 해당

지역이 비조정대상지역이었는데, 입주 시점에 조정대상지역으로 바뀐다면 어떻게 될까? 이때는 잔금 납부일을 기준으로 판단하기 때문에 8% 취득세가 적용될 수 있다.

여기에서 중요한 점은 계약일에는 비조정대상지역이었는데 잔금일에 조정대상지역으로 지정되면 어떻게 되느냐는 것이다. 주택의 취득일은 계약일이 아닌 '잔금일'이다. 따라서 잔금 시 조정대상지역인지를 원칙으로 규제지역으로 보고 세법을 적용해야 하나 선의의 피해자를 막기 위해 '예외적으로' 계약일을 기준으로 해서 적용을 하기도 한다.

다만, 계약 당시 계약서 작성을 반드시 해야 하고, 계약금을 지급하되 계좌이체 내역 등 증빙을 갖추어야 한다. 그렇지 않을 경우 사후에 거짓으로 계약서 작성을 하는 등 이를 악용할 수도 있기 때문이다. 현금으로 계약금을 주고받았다면 이를 증명하기 어려워 혜택을 받지 못할 수 있다.

그럼에도 불구하고 조심해야 하는 이유는 이러한 조치는 예외적으로 적용되는 것이지 무조건 그렇게 편의를 봐주는 것은 아니기에, 만약 규제지역 추가 지정이 된다면 관련 보도자료는 물론 법 개정이 어떻게 되는지를 반드시 잘 확인하고 계약을 진행해야 한다.

둘째, 조정대상지역 소재 주택에 대한 보유세 중과가 적용

보유세는 재산세와 종부세, 이렇게 두 가지다. 재산세는 큰 부담이 아니지만, 종부세는 국세로 부담이 상당하다. 현행 종부세는 지역 상관없이 3주택 이상이고 종부세 과표 12억 원(시세 약 40억 원 내외)을 초과할 때 중과세율이 적용된다.

하지만 과거에는 조정대상지역 2주택을 보유하는 경우에도 종부세 중과세율을 적용했다. 그 결과 서울 마포와 송파, 이렇게 2주택만 보유했음에도 5,700만 원 상당의 종부세를 부담한 적도 있다. 당시 각 주택의 공시가격이 15억 원, 12억 원 수준이었는데 연간 종부세만 5,700만 원이 나왔으니 실질 세율이 2% 가까이

■ 현행 종부세 세율

구분	2023년 이후	
과세표준	2주택 이하 (조정 2주택 포함)	3주택 이상 (지역 불문)
3억 원 이하	0.5%	
3억 원 초과~6억 원 이하	0.7%	
6억 원 초과~12억 원 이하	1%	
12억 원 초과~25억 원 이하	1.3%	2%
25억 원 초과~50억 원 이하	1.5%	3%
50억 원 초과~94억 원 이하	2%	4%
94억 원 초과	2.7%	5%
법인	2.7%	5%

되었던 셈이다.

이렇게 상당한 종부세가 나오게 된 이유는 두 가지를 들 수 있다. 첫째, 조정대상지역 2주택 보유자도 종부세 중과가 적용된 점이고, 둘째, 종부세 중과의 경우 과표 금액 상관없이 곧바로 적용된 점이다. 다만 현재는 규제지역 여부와 상관없이 주택 수로 종부세 중과가 적용되며, 종부세 과세체계를 당시 국회에서 여야가 합의한 결과이므로 이 정도 수준에서 그칠 가능성도 있다. 하지만 정부가 부동산 시장 안정을 위해 보유세 강화 카드를 다시 꺼낼 가능성을 배제할 수는 없다.

그럼에도 불구하고 보유세 부담을 올린다면 규제지역을 중심으로 세 부담이 올라갈 가능성이 높기에 보유 중인 주택을 매각하거나 가족 등에게 증여를 고려해야 한다. 뒤에서 자세히 다루겠지만 증여의 경우 증여세 공제 한도(자녀 기준 5,000만 원)를 활용하면 세금 부담 없이 주택 수를 줄일 수 있다.

셋째, 다주택자 양도세 중과를 조심해야 한다

사실 조정대상지역 지정 시 가장 유의해야 하는 부분이 바로 이 '다주택자 양도세 중과'다. 다주택자 양도세 중과가 적용되면 세 부담이 급격하게 올라간다. 흔히 말해서 '팔면 남는게 없을 정도로' 세금이 올라가는 것이다.

구체적인 세금 부담을 살펴보자. 양도차익이 5억 원이라고 가정할 때, 일반적인 양도세는 약 1억 6,000만 원 정도가 나오지만 3주택 중과가 적용되면 3억 5,000만 원으로 크게 올라간다. 양도차익이 10억 원이라면 일반과세는 양도세 약 3억 원, 반면 3주택 중과는 약 7억 5,000만 원 정도가 된다. 물론 공동명의 여부, 필요경비, 장특공 등에 따라 세금 차이는 달라지는데 확실한 것은 양도세 중과가 적용되면 세 부담이 너무 커진다는 점이다.

그렇다면 양도세 중과는 왜 이렇게 세금이 올라가는 것일까? 두 가지 이유가 있다. 하나는 장특공을 적용하지 않아서다. 아무리 오랜 기간을 보유 혹은 거주해도 장특공을 하나도 받지 못한다. 일반적으로 3년 이상 보유하면 연 2%씩, 최대 30%까지 공제받을 수 있는데 중과 적용 시에는 이 혜택이 완전히 사라진다. 이로 인해 양도세 과표가 올라가고 그 결과 적용되는 양도세 세율이 올라간다.

또 다른 이유는 양도세 기본세율에 가산세율이 붙기 때문이다. 양도세 기본세율은 2년 이상 보유한 주택에 대해 적용이 되는데 최저 6%에서 최대 45%까지 적용된다. 여기에 20%포인트(2주택) 또는 30%포인트(3주택 이상)이 추가되어 최고 75%(=45%+30%) 세율이 적용되고 지방소득세까지 더하면 82.5%의 세율이 적용되는 것이다.

이러니 팔 수 있을까? '다주택자 양도세 중과 예시 (1)' 자료로 예를 들어보겠다. 5억 원에 취득한 주택을 10억 원에 매각한다고 가정해 보자(필요경비 1,000만 원, 10년 보유). 일반적인 경우의 양도세는 지방세 포함 약 1억 4,000만 원이 나온다. 하지만 해당 지역이 조정대상지역으로 지정되고 별도의 양도세 중과배제 사유가 없다면 양도세 중과가 적용되는데 만약 3주택 중과라고 가정 시 1억

■ 다주택자 양도세 중과 예시 (1)

구분	일반과세	양도세 중과(3주택)
양도가액	10억 원	10억 원
(-) 취득가액	5억 원	5억 원
(-) 필요경비	1,000만 원	1,000만 원
양도차익	4억 9,000만 원	4억 9,000만 원 ✓
(-) 장기보유특별공제	20%(10년 보유)	미적용 ✓
양도소득금액	3억 9,200만 원	4억 9,000만 원
(-) 기본공제	250만 원	250만 원
= 과세표준	3억 8,950만 원	4억 8,750만 원
세율	40%	40% + 30% ✓
누진 공제	(-) 2,594만 원	(-) 2,594만 원
양도세	1억 2,986만 원	3억 1,531만 원
총부담세액(지방세 포함)	1억 4,284만 6,000원	3억 4,684만 1,000원

4,000만 원의 양도세는 3억 4,000만 원 정도로 두 배 이상이 된다. 이는 앞서 이야기한 것처럼 장특공을 받을 수 없고, 기본세율에 30%포인트 가산세율이 붙기 때문이다. 10년을 보유했다면 본래 20%의 장특공을 받을 수 있었는데, 이 혜택이 사라지면서 과표가 그만큼 늘어난 것이다.

양도차익이 클 경우 세 부담은 당연히 더욱 커진다. '다주택자 양도세 중과 예시 2'와 같이 10억 원, 양도가 20억 원인 경우를 가정하고 계산해 보면, 일반과세 대비 무려 4억 원 정도를 더 부담해야 한다.

■ 다주택자 양도세 중과 예시 (2)

구분	일반과세	양도세 중과(3주택)
양도가액	20억 원	20억 원
(-) 취득가액	10억 원	10억 원
(-) 필요경비	5,000만 원	5,000만 원
양도차익	9억 5,000만 원	9억 5,000만 원
(-) 장기보유특별공제	20%(10년 보유)	미적용 ✓
양도소득금액	7억 6,000만 원	9억 5,000만 원
(-) 기본공제	250만 원	250만 원
= 과세표준	7억 5,750만 원	9억 4,750만원
세율	42%	42% + 30% ✓
누진 공제	(-) 3,594만 원	(-) 3,594만 원
양도세	2억 8,221만 원	6억 4,626만 원
총부담세액(지방세 포함)	3억 1,043만 1,000원	7억 1,088만 6,000원

양도세 중과를 피할 수 있는 방법

양도세 중과는 어지간하면 피하는 것이 상책이다. 필자가 정리한 회피 방법들을 하나씩 살펴보자.

첫 번째 방법은 다주택 자체를 피하는 방법이다. 아무리 규제지역에 주택을 보유하고 있더라도 1주택이면 양도세 중과에 해당하지 않는다. 오히려 1세대 1주택 비과세를 받기가 용이해진다. 이를 보더라도 '똘똘한 한 채' 선호현상이 왜 갈수록 심해지는지 이해가 될 것이다.

■ 양도세 중과와 회피법

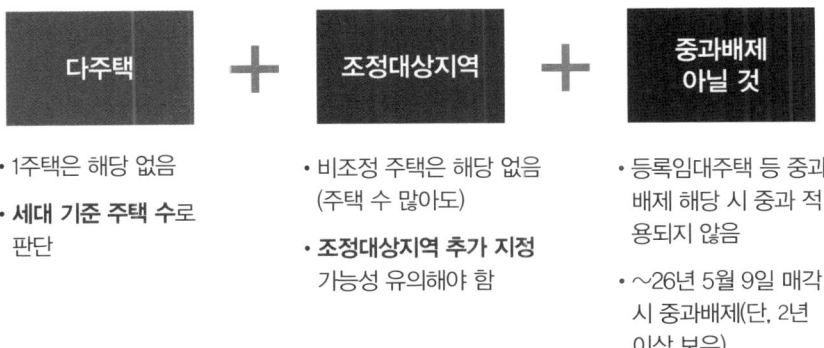

다만 이때 주택 수는 '세대 기준 주택 수'다. 따라서 함께 살고 있는 가족의 주택 수를 모두 고려해야 한다. 예를 들어 본인은 1주택을 보유하고 있지만 배우자나 자녀가 추가로 주택을 소유하고 있다면 세대 전체로는 다주택자가 되는 셈이다.

두 번째 방법은 조정대상지역이 아닌 비조정대상지역에 위치한 주택을 매각하는 것이다. 이때 주택 수는 전혀 문제가 되지 않는다. 아무리 여러 채를 보유하고 있더라도 비조정대상지역에 위치한 주택을 매각할 때에는 양도세 중과에 해당하지 않는다.

다만, 앞서 살펴본 것처럼 정부는 언제든지 조정대상지역을 추가로 지정할 수 있고, 양도세 중과는 취득일 기준이 아닌 '양도일 기준'으로 적용된다는 점을 유의해야 한다. 현재 다주택 상태에서 비조정대상지역 주택을 매각하려 했는데 해당 지역이 갑자기 조정대상지역으로 묶인다면 다주택자로 간주되므로 양도세 중과가 적용된다. 이렇게 되면 양도차익의 상당 부분을 세금으로 부담해야 한다는 점을 잊어서는 안 된다.

세 번째는 중과배제 사유에 해당할 경우 양도세 중과가 적용되지 않는다는 것이다. 2026년 5월 9일까지 정부가 양도세 중과를 한시적으로 배제했는데, 만약 이러한 사유가 있다면 양도세 중과는 적용되지 않을 수 있다. 하지만 양도세 중과배제 연장 여부는 현재로서는 불투명한 상황이다.

    이 외에 양도세 중과배제가 가능한 경우가 있다. 가령 임대주택으로 등록한 주택의 경우에는 관련 요건을 모두 준수할 경우 양도세 중과에 해당하지 않는다. 그렇다면 이런 주택은 차라리 양도세 중과가 적용될 때 매각하는 것이 더 유리할 수 있다. 다른 주택들은 양도세 중과 때문에 가격을 높게 책정해 매각해야 하는데 본인 주택은 그렇지 않음에도 불구하고 상대적으로 높게 매각할 수 있으니 더 유리하기 때문이다.

급변하는 부동산 정책, 좋은 투자와 절세법 3단계

매주 금요일 발표하는 KB부동산 주간시계열은 2015년 투자를 시작한 이래로 꾸준히 즐겨보는 대표적인 통계 자료다. 시장의 흐름을 파악하는 데 매우 유용하기 때문이다. 매매가격 기준으로 한 주간 상승률 상위 10곳을 살펴보면 강남 3구(강남구, 서초구, 송파구)와 용산구가 모두 포함되어 있다. 이는 전통적인 선호 지역의 강세가 여전히 지속되고 있음을 보여준다. 그 외 상승률 순위로 보면 과천시, 강동구, 양천구, 성동구, 광진구 그리고 유일하게 서울이 아닌 성남 분당구가 들어가 있다.

여기서 특히 놀라운 죔은 상승률 최소치가 0.57%(성남 분당구)라는 점이다. 필자가 부동산 투자를 공부했던 기준으로는 주간 상승률이 0.3% 이상이면 '현장에 꼭 가봐야 할 정도로 상승 분위기가 뜨겁다'라고 배웠는데, 상위 10곳 모두 그 기준을 훨씬 상회하고 있다. 특히 1위가 절대 가격이 이미 높은 강남구라는 사실이 새삼 놀랍다. 절대 금액이 아닌 상승 비율이기 때문에 더욱 의미가 있고, 시장의 열기를 실감할 수 있다.

이런 급격한 상승 국면의 상황에서 앞으로 어떻게 투자를 이어나갈지, 그리고 이때 필요한 절세법은 무엇인지 면밀히 살펴보는 것은 투자자 입장에서 꽤 중요하고 의미가 있을 것이다. 특히 세 부담이 커지는 시점이기에 절세 전략은 더욱 중요해진다.

1단계: 나만의 강남+
대출+공동명의

현재 부동산 시장에서는 '첫 단추'를 잘 꿰어야 한다. 즉, 첫 집을 매수할 때부터 가급적 좋은 매물을(여력이 되는 선에서), 감당 가능한 수준의 대출을 받고 세금 측면에서는 '부부공동명의'를 하는 것이 가장 좋다. 그 이유는 다음과 같다.

첫째, 취득세 중과 때문이다. 2020년 8월 지방세법 개정으로 주택 취득세는 최저 1%에서 최대 12%로 크게 증가한다. 다주택자일수록 취득세 중과가 적용되는데, 이때 주택 수는 '세대 기준'이다. 따라서 함께 살고 있는 가족의 주택 수 사전 체크는 물론, 매수 시 가급적 '좋은 것 하나'를 매수하는 것으로 끝내는 게 좋다. 과거처럼 자금을 분산해서 2채, 3채 매수할 메리트가 크게 사라진 셈이다. 이러한 이유로 현재의 양극화가 커지고 있다고 필자는 생각한다. 선택권이 '하나'로 줄어들었기 때문이다.

둘째, 스트레스 DSR 3단계 때문이다. 2024년도에는 2단계 시행 시기를 조금 늦추기는 했지만 올해는 그렇지 않다. 또한 계속해서 '규제 강화'와 같은 이야기들이 언론에 나오고 있다. 실제 금융당국이 은행 관계자를 직접 소집, 대출 관리 상황을 점검했었다. 이런 상황에서 매수 움직임이 더욱 빨라진 것도 영향을 줄 것이다.

셋째, 1주택자라면 공동명의하는 것이 절세에 매우 유리하다. 특히 1주택자일 때는 부부공동명의가 가장 좋다. 취득세, 재산세는 절세 효과가 없지만 종부세와 양도세에 있어서는 공동명의가 매우 유리하다.

다만 자금출처에 따른 증여 이슈(특히 고가주택 구입 시), 본인 소유한 지분의 재산세 과표 9억 원 초과 시 피부양자 자격 박탈과 같은 주의해야 할 내용이 있기는 하다. 그럼에도 불구하고 현재는 보유주택이 1채 혹은 2채 이내이므로 공동명의로 설정하는 것이 가장 좋다. 따라서 1단계에서는 다음과 같이 진행하면 된다.

1. 여력이 되는 선에서 가장 좋은 것 하나를 장만하고,
2. 대출은 적절하게 활용하되,
3. (부부)공동명의를 하면 된다.

참고로 '나만의 강남'을 찾을 때에는 무조건 비싼 집이 아닌 내 여력이 되는 선에서 최선의 선택을 해야 한다. 그것이 어떤 사람은 강남이 될 수도 혹은 분당 도는 용인 수지가 될 수 있는 것이다.

올해 '국토연구원'에서는 과거 상승장 때 집값이 오르는 세 가지 패턴을 제시했다. 아래는 그 내용을 필자가 지도로 표현한 것인데 세 가지 패턴 중 어떤 패턴이 가장 좋아 보이는가?

■ **상승장 때 패턴 1**

■ 상승장 때 패턴 2

■ 상승장 때 패턴 3

세 가지 패턴 중 어떤 것이 더 좋다라는 '정답'은 없다. 다만 필자가 오프라인 강연을 가면 항상 이에 대해 "하나를 고른다면 어떤 패턴을 고르실 건가요?"라고 묻는데, 가장 손을 많이 든 쪽은 '패턴 1'이었다. 상대적으로 패턴 1에 사람들 관심이 많다는 것인데, 이런 경우라면 패턴 1을 고르는 것이 좋다.

그리고 이 중에서 본인 상황에 맞게 기흥에서 가장 좋은 곳 혹은 판교에서 가장 좋은 아파트, 이런 식으로 '나만의 강남'을 찾아야 한다. 굳이 남들과 비교하면서 불필요한 스트레스를 받지 않기를 바란다.

2단계: 가성비 좋은 재개발에 투자하기

나만의 강남을 1번 주택으로 설정했다면 일부 투자자를 제외하고는 계속해서 상급지 갈아타기를 하려고 할 것이다. 이때 필요한 것은 당연히 '자금'인데, 내가 가고자 하는 상급지는 상대적으로 가격이 더 오르기 때문이다.

게다가 실제 갈아타기를 해본 사람들은 알겠지만 갈아타기를 하려면 본인 물건을 먼저 매각하는 경우가 많다. 매각 계획을 세우면서 '내 거 비싸게 팔고, 갈아타려는 물건 급매 잡아야겠다'라고 생각하지만 실전에서는 완전히 그 반대다. 즉 본인 물건은 싸게 혹은 급매로 팔고, 가고자 하는 상급지 물건은 추가 비용을 얹어서 매수하는 것이 일반적이다. 따라서 이 과정에서 추가 자금이 필요하게 된다.

그렇다면 이때 필요한 추가 자금을 어떻게 마련할 수 있을까? 고소득자라면 본인 근로소득 혹은 사업소득으로 충당이 가능하겠지만 보통은 말처럼 쉽게 되지 않는다. 따라서 추가 투자가 필요한데, 이 경우 재개발 투자가 더 유리하다고 판단한다.

물론 1번으로 나만의 강남을 취득하고 2번으로 적당한 갭투자를 해도 된다. 당연히 2번은 비조정대상지역에서 취득을 해야 취득세 부담이 없다. 투자 방법도 상대적으로 쉽다. 세 낀 상태로 매수하면 되기 때문이다. 다만 갭투자의 경우 최소 3년에서 4년 정도는 기다려야 하고(임차인의 계약갱신청구권 사용 시), 상대적으로 더 많은 자금이 들어갈 수 있다는 단점이 있다. 그에 반해 재개발 투자의 경우 비록 관련 공부는 정말 많이 해야 하지만 상대적으로 소액으로 투자가 가능하고, 사업 단계마다 수익률이 점프하는 경향이 있으며, 만약 중상급지 이상의 재개발 물건을 보유하고 추후 신축 아파트를 얻는다면 상당한 시세차익을 얻을 수도 있다.

실제 필자 주변에는 상대적으로 소액투자를 진행해 한남3구역, 성수전략정비구역을 매수함으로써 상당한 시세차익을 본 것은 물론, 정말 소액으로 미래 새아파트를 얻을 수 있는 물건들을 매수한 경우도 꽤 많다. 다만 재개발 투자는 목적이 명확해야 한다. 중간에 매도할지, 계속 가져갈지를 정해야 한다.

예를 들어 앞서 살펴본 패턴 1에 따라 용인 수지를 취득하고, 이후 판교로 넘어간다고 가정해 보자. 이때 필요한 자금을 얻기 위해 재개발 투자를 한 경우라면, 투자한 재개발 물건이 추후 서울 신축이 되는 그런 물건일 시 끝까지 가져갈 만하다(서울 신축이 판교보다 더 선호되기 때문이다).

다만 그 정도까지는 아니고 재개발 사업기간도 매우 길 것으로 판단된다면 적당히 재개발 물건을 먼저 매각한 후(이때는 양도차익에 대해 과세), 추후 용인 수지를 비과세를 받고(1주택 비과세), 해당 자금을 합해서 더 상급지인 판교 물건을 잡아야 한다. 이 패턴을 반복하면 생각보다 빠르게 상급지로 이동이 가능하다.

물론 재개발 공부는 앞서 이야기했듯이 많이 해야 하고, 특히 "이런 빌라 하나 사두면 나중에 자식들이 새아파트 받는 거예요"라는 말만 듣고 투자했다가는 꽤 위험해질 수 있다(차라리 갭투자를 하라). 참고로 재개발 물건 매도 타이밍은 1) 정비구역 지정, 2) 조합설립인가, 3) 사업시행인가, 4) 관리처분계획인가 등을 기준

■ 재개발사업 추진 절차 및 주요 매도 타이밍

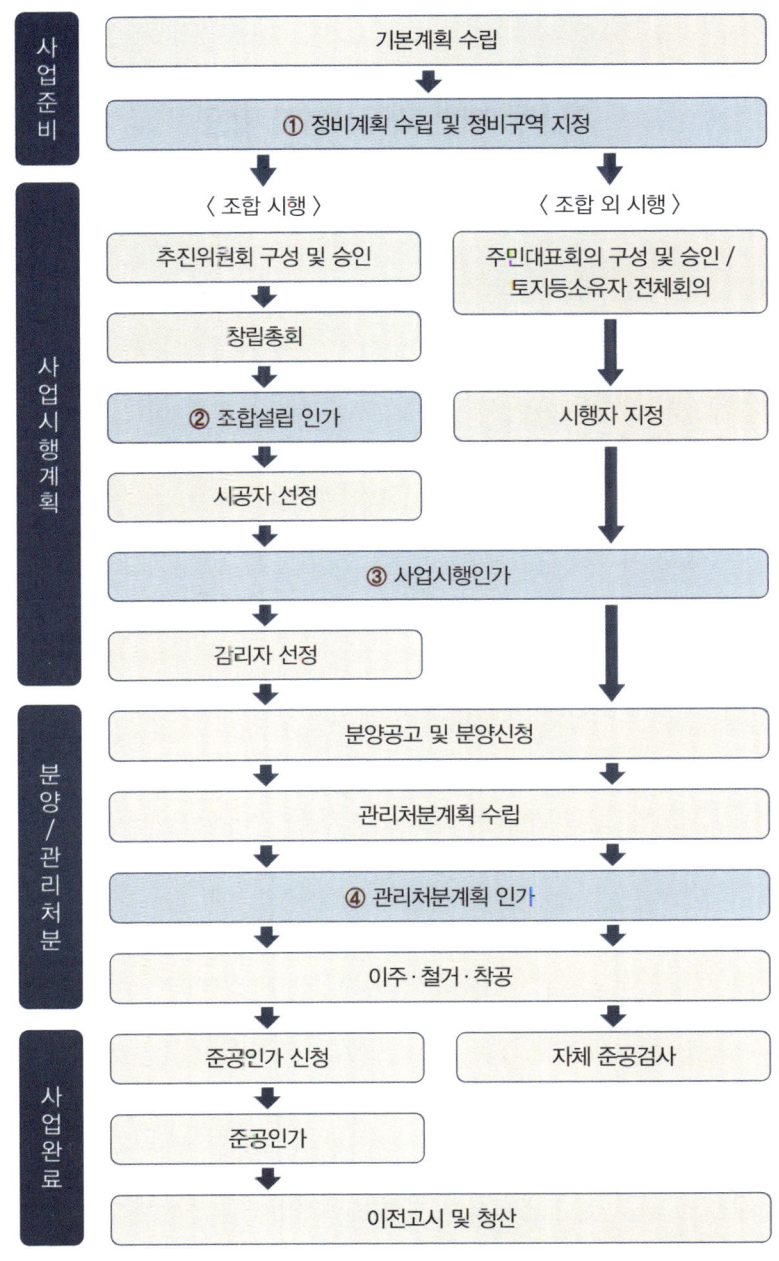

출처: 찾기쉬운 생활법령정보

으로 조금씩 다르다. 다시 강조하지만 충분한 공부를 한 후 진행하기 바란다.

3단계: 개인 매매사업자 활용 단기 차익 만들기

먼저 1단계로 여력이 되는 가장 좋은 것 하나를 구입한다. 이후 2단계를 통해 추가 자금을 마련할 물건을 취득한다. 갭투자도 좋고 재개발도 좋다. 필자는 재개발에 관심을 가져보라고 권유한다. 이 두 가지 단계를 계속 반복해서 더욱 상급지로 이동한다. 앞에서 본 '패턴 1'을 참고해 설명하자면 용인 기흥에서 수지를 거쳐, 분당과 판교 그리고 강남 3구로 입성하는 것이다.

그런데 부동산 시장에 직접 뛰어 들어가 보면 알겠지만 초반에는 이런 거래를 많이, 자주 해야 한다. 자산을 빨리 불려야 하기도 하지만, 보유한 물건이 '상대적으로' 좋은 물건은 아니기 때문에 그렇게 오래 끌고 가면 안 되기 때문이다. 즉, 이런 매물은 빨리 회전시켜 주고 더 좋은 물건을 먼저 잡는 것이 유리하다. 같은 시간이라도 상급지 가격 오름폭이 더 크기 때문이다.

이후, 어느 정도 시간이 지나면 적당한 수준에서 1번 나만의 강남과 2번 적당히 괜찮은 재개발로 설정이 될 수 있다. 예를 들어 향후 압구정이나 반포로 넘어가고 싶은데, 현재 잠실과 금곡 정도의 재개발 물건을 가지고 있다고 가정해 보자. 솔직히 이 정도만 되더라도 충분히 훌륭한 조합이다. 다만 이럴 때는 자주 거래하기가 쉽지 않다. 신중해야 하기 때문이다. 그런데 사람 욕심은 끝이 없고, 당사자는 더 노력해서 최상급지를 가고 싶은 마음이 있다고 하자. 게다가 가만히 있으니 딱히 할 것도 없는 것 같다는 생각이 들 수도 있다.

이럴 때는 꼭 하고 싶다면 필자는 개인 매매사업자를 권한다. 개인 매매사업자는 6장에서 더 자세히 설명하겠지만 개인명의로 매매사업자를 등록하고 취득한 주택을 '판매용'으로 활용하는 것이다. 즉 주택을 취득해서 전세나 월세로 임대주는 것이 아닌, 약간의 차익을 남기고 판매하는 목적으로 취득하는 것을 의미한다.

방금 예시와 접목해 보면 1번 주택과 2번 재개발을 보유한 상태에서 3번 매매사업자 판매용 재고주택을 취득한다. 다만 매매사업자라고 해서 취득세 중과를 피할 수는 없기 때문에 2번 재개발 물건이 주택 상태로 있다면 3번 주택은 최소 취득세가 8%이다. 만약 2번 재개발이 입주권이고 건물이 멸실된 상태라면 3번 주택이 비조정대상지역인 경우 1%에서 3% 기본세율이 적용된다.

그리고 만약 2번 재개발 물건을 '소형주택'으로 취득한다면 해당 소형주택은 취득세 주택 수에서 제외(2027년 12월까지 한시적 적용)되기 때문에 3번 매매사업자 주택이 취득세 기준으로는 2번 주택이 되어 취득세 중과를 피할 수도 있다.

매매사업자를 통해 단기 차익을 내려면 반드시 '낮은 가격'에 매수해야 한다. 따라서 이를 제대로 활용하려면 반드시 경매나 공매를 결합시키는 것이 중요하다. 매수할 때부터 일정 부분 차익을 보고 들어가야 하기 때문이다.

■ 경매, 공매가 필요한 이유

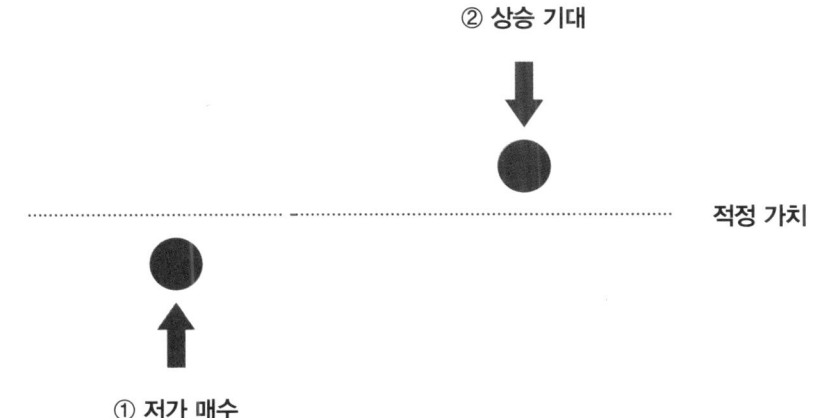

부동산을 매수한 후, 추후 양도 시 차익을 남긴다면 두 가지에 주목해야 한다. 1) 처음부터 싸게 사거나, 혹은 2) 오를 때까지 기다렸다가 나중에 파는 것이다. 물론 운이 좋으면 1)번과 2)번을 모두 가져갈 수 있겠지만, 현실에서는 이 중 하나만 챙기더라도 성공한 투자가 된다.

이중 매매사업자는 철저하게 1)번 위주로 해야 한다. 즉 해당 물건의 적정 가치보다 낮게 매입해서 단기간에 적정 가치와 근접한 가격에 매도해야 한다. 예를 들어 시세 약 1억 7,000만 원, 취득가 1억 3,000만 원 정도가 된다면 취득세, 양도세(정확하게는 매매사업자 종합소득세) 등을 제외하고 약 2,000만 원 정도 수익이 남게 된다. '말도 안 된다'라고 할지 모르겠지만 실제 진행되고 있는 것들이다.

금액이 커지면 수익도 더 날 수는 있겠지만 그렇다고 모두 그런 것은 아니다. 수강생들 사례와 경매 강사님의 의견을 종합하면 매매가 4억 원에서 6억 원대가 가장 매력적인 구간이 아닌가 싶다. 1년에 2회에서 3회만 거래를 성사시키더라도 1억 원 연봉 근로소득자와 유사하게 수익을 가져갈 수 있으니 이에 대해서도 꼭 관심을 가져보기 바란다.

내 집 마련을 처음 할 때에는 사실 세금 공부할 것이 많지 않다. 하지만 여기에서 갈아타기를 하면 갈아타기 자체 난이도도 올라가지만 알아야 할 세금도 늘어난다. 그리고 이를 잘 활용한다면 보이지 않던 방법도 보이게 된다.

2장

똑똑한 보유 전략 – 취득세와 보유세

제네시스박의 부동산 세금 트렌드 2026

취득세를 알면
투자 전략이 보인다

2020년 8월 12일에 개정된 취득세 중과는 부동산 시장에 상당한 영향을 미쳤다. '세대 기준 주택 수'에 따라 1~3% 하던 취득세율이 최대 12%까지 올라가게 되므로 상당한 부담을 느낄 수밖에 없기 때문이다. 가령 매매가액 5억 원의 주택을 취득할 때의 취득세율은 1%이므로 500만 원을 부담하면 되는데(농특세 등 제외), 만약 다른 가족이 주택을 보유하고 있어서 해당 주택이 4번째 취득하는 주택이라면 12% 취득세율이 적용되므로, 이 경우의 취득세는 6,000만 원에 달한다.

언뜻 보면 '투기 수요를 억제해야 하니 이 방법이 맞다'라고 생각할 수 있겠으나, 이로 인해 발생하는 부작용도 상당하다. 가령 주택 수를 줄이는 것이 중요하기에 다주택자가 보유 중인 임대주택은 사라지면서 전월세 가격은 올라가게 된다. 또한 이렇게 주택을 처분한 후 결국 한 채 정도만 보유하는 것이 유리하기에 이왕이면 좋은 물건에 집중하게 되는데, 이것이 '똘똘한 한 채' 선호 현상이 심화되는 이유다.

또한 앞에서 설명했듯이 취득세는 지방세에 해당해 소득세법 중 하나인 양도세와 과세 원리가 전혀 다르다. 즉 우리가 알고 있던 양도세 비과세 특례, 그리고 비과세 판단에 있어서 주택 수 제외와 같은 논리가 취득세에서는 적용이 안 될 수 있다. 결론적으로 양도세 따로, 취득세 따로 이렇게 공부를 해야 한다.

그렇다고 언제까지 현행 취득세율 체계에 대해 비판만 하고 있을 수는 없다. 자칫 잘못할 경우 현행 제도가 더 오래 지속될 수도 있기 때문이다. 이런 상황에서 최선의 투자 전략은 무엇인지 살펴보겠다.

조정대상지역에서 내 집 마련을 노려라

현행 취득세율을 보면 왜 첫 번째 주택으로 좋은 곳을 사야 하는지를 알 수 있다.

다주택자 및 법인 취득세 중과의 내용처럼 개인의 경우 주택 수가 늘어날수록 취득세율이 최저 1%에서 최고 12%까지 올라가는데, 여기서 중요한 점은 조정대상지역과 비조정대상지역으로 이를 구분한다는 것이다. 반복해 설명하지만, 두 번째로 취득한 주택이 조정대상지역에 있으면 8%(단, 3년 내 종전주택 처분 시 기본세율 적용), 비조정대상지역이라면 1~3% 기본세율이 적용된다.

따라서 처음 매수하는 주택은 규제지역 상관없이 1~3% 기본세율 적용이므로 이를 최대한 활용하는 것이 유리하다. 참고로 법인의 경우 주택 수, 지역 상관없이 무조건 12% 취득세율이 적용된다. 따라서 현재 법인으로 신규주택 취득을 고려 중이라면 다시 생각해 보는 것이 좋다.

■ **다주택자 및 법인 취득세 중과**

기존		
개인	1주택	주택가액에 따라 1~3%
	2주택	
	3주택	
	4주택 이상	4%
법인		주택가액에 따라 1~3%

현행			
개인	1주택	1~3%	
		조정	비조정
	2주택	8%*	1~3%
	3주택	12%	8%
	4주택 이상	12%	12%
법인		12%	

* 단 일시적 2주택은 1주택 세율 적용(1~3%)

두 번째 주택은
어느 위치가 좋을까?

그래도 최소 2채 정도는 보유해야 자산을 불릴 수 있을 것이다. 1채만 가지고 있을 경우 해당 주택 가격이 올라도 현실적으로 이를 매각하는 것이 힘들기 때문이다. 그래서 1채는 실거주, 다른 1채는 자산 가격 상승에 따른 위험분산을 위해 2채 정도를 보유하는 경우가 많다. 그렇다면 이때 활용할 수 있는 전략은 어떤 것일까? 취득세를 고려하면 답은 쉽게 찾을 수 있다. 즉 처음 취득할 1번 주택은 조정대상지역(가급적 중심지), 2번 주택은 비조정대상지역에 위치한 물건을 취득하는 것이다.

■ 취득 순서에 따른 취득세율, 2주택 모두 보유 가정

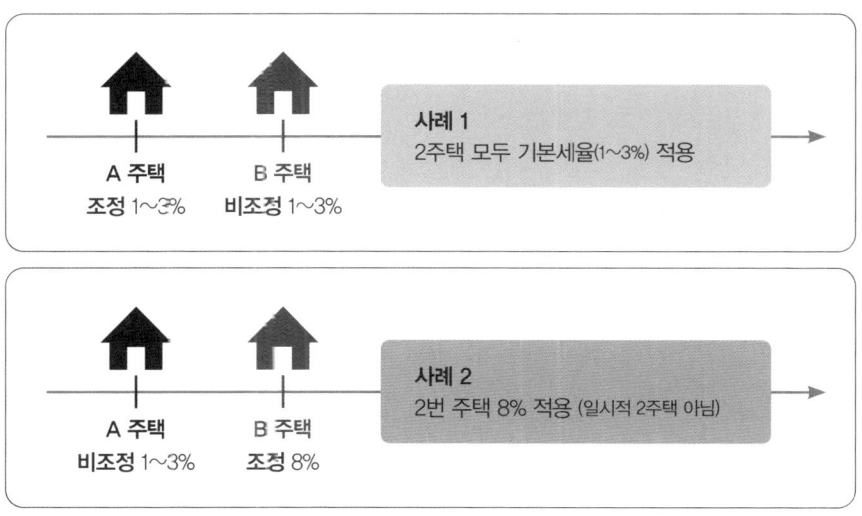

세 번째 주택 취득 시 고려할 점, 취득세율 최소 8%

부동산 투자를 해본 사람들은 잘 알겠지만 1채보다는 2채가, 2채보다는 그 이상이 더 유리하다는 사실을 잘 안다(물론 잘 매수했을 때 이야기다). 필자 역시 주택임대사업자를 활용해 짧은 기간 안에 상당한 자산을 불릴 수 있었다. 그렇기에 3주택 이상을 고려하는 사람들도 분명 일부 있을 것이다. 이 경우 앞서 살펴본 것처럼 3번째 주택 취득세율은 최소 8%(조정대상지역은 12%)인데, 이때는 두 가지를 고려해야 한다.

첫째, 취득세 8%를 부담하더라도 추후 매각 시 이득이 되는지 따져야 한다

투자라는 것은 관련 거래비용보다 더 많은 수익이 나면 된다. 다만 주택 취득세의 경우 취득세율 8%, 12% 등으로 인해 상당한 자금을 매수할 때 곧바로 부담해야 한다. 양도세처럼 별도 분납도 없으니 꽤 큰 부담이 될 수 있다. 간혹 "취득세는 필요경비로 공제받으니 괜찮지 않나요?"라고 필자에게 문의하는 경우가 있는데 '취득세 중과와 실제 세 부담' 표로 정리한 내용을 보기 바란다.

취득가액 5억 원, 양도가액 10억 원에 매각한 사례이며 하나는 취득세 일반과세(6억 원 이하, 1%)이고 다른 하나는 취득세 중과세율 12%가 적용된 경우다. 취득세는 취득원가를 구성, 필요경비에 산입되는데 그 결과 양도차익을 줄여주므로 분명 양도세를 줄여주는 절세 효과가 있기는 하다. 다만 그렇다고 해서 모든 취득세를 돌려받을 수 있는 것이라 생각하면 안 된다.

먼저 일반과세 1%인 경우는 양도차익 5억 원에 총부담세액이 1억 8,816만 6,000원이다. 반면 취득세 중과 12%인 경우 동일한 양도차익 5억 원이라 하더라도 총부담세액은 1억 6,396만 6,000원으로 분명 더 작다.

이 차액은 2,420만 원인데, 이는 취득세 차액 5,500만원에서 적용되는 세율

40%에 지방소득세 4%를 더한 값과 동일하다(=5,500만 원×44%=2,420만 원). 즉 양도차익이 클수록 취득세 절세 효과가 더 있는 것이다.

그렇다고 해서 추가로 더 낸 취득세 5,500만원을 모두 돌려받는 것은 아니다. 방금 사례의 경우 취득세 추가 부담분은 5,500만 원이지만 이로 인한 절세액은 2,420만 원이므로 결과적으로 3,080만 원을 더 부담한 것은 변하지 않는 사실이다.

■ 취득세 중과와 실제 세 부담

구분	취득세 일반과세 (1%)	취득세 중과(12%)
양도가액	10억 원	10억 원
(-) 취득가액	5억 원	5억 원
(-) 필요경비	500만 원	6,000만 원
양도차익	4억 9,500만 원	4억 4,000만 원
(-) 장기보유특별공제	-	-
양도소득금액	4억 9,500만 원	4억 4,000만 원
(-) 기본공제	250만 원	250만 원
= 과세표준	4억 9,250만 원	4억 3,750만 원
세율	40%	40%
누진 공제	2,594만 원	2,594만 원
산출세액	1억 7,106만 원	1억 4,906만 원
총부담세액(지방세 포함)	1억 8,816만 6,000원	1억 6,396만 6,000원

취득세 5,500만 원 더 부담 → 총부담세액 2,420만 원 절세 →
결과적으로 3,080만 원 추가 부담

둘째, 취득세가 부담된다면 취득세 '틈새 상품'을 노려야 한다

예를 들어 2주택을 보유한 경우(1번은 조정대상지역, 2번은 비조정대상지역 등) 추가 부동산으로 주택을 매입하고자 하면 최소 8% 취득세를 부담해야 한다. 따라서 다른 부동산을 고려해 볼 수 있다. 예를 들면 다음과 같다.

- 토지 → 4%
- 오피스텔 → 4%
- 상가 → 4%
- 멸실된 입주권 → 4%

모두 지방세 등을 제외한 것으로 실제로는 4.6%라고 이해하면 된다. 다만 해당 자산을 취득하는 목적이 분명해야 한다. 가령 토지라면 해당 토지 위에 건물을 올려 이용하거나 추후 개발 호재에 따른 차익을 기대해 볼 수 있다. 오피스텔이라면 반드시 월세 수익률이 어느 정도 나와야 하며 이로 인해 현금 흐름에 관심을 두어야 한다. 그런데 오피스텔은 주거용, 비주거용이 혼재되어 사용 가능하므로 이로 인해 놓칠 수 있는 특별한 과세 체계를 매우 조심해야 한다.

상가 역시 마찬가지다. 기본적으로 수익형 부동산이므로 일반임대사업자, 부가가치세 등 관련 세금 정보를 알아두어야 한다. 멸실된 입주권은 재개발, 재건축과 같은 정비사업 투자와 밀접한 관계가 있다. 특히 주택 중심으로 투자를 한다면 향후 신축 아파트를 얻을 수 있는 입주권이 좋은 투자처가 될 수 있다. 다만 입주권의 경우 곧바로 건물이 철거되는 것이 아니므로 취득세를 줄이고 싶다면 멸실 확인 후 매입하는 것이 중요하다.

만약 2주택을 보유 중이라고 가정 시, 향후 신축이 될 입주권까지 보유한다면 장기적 관점에서 유리할 수 있다. 게다가 신축 아파트에 대한 선호도가 높다면, 당연히 재건축이나 재개발에 대한 관심도 올라갈 것이다. 그리고 투자금이 상대

■ 2주택+1입주권인 경우

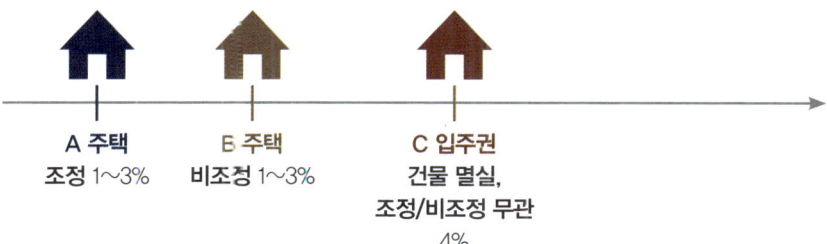

* A, B는 적당히 보유 후 매각 (B 선매각 가능성 높음)
* 이후 남은 1주택과 C 임주권 사이, 일시적 2주택 비과세 전략
* 그 결과, A, B 중에서 1채 비과세, 이후 C 역시 비과세 가능

적으로 적게 들어가고 수익률이 높은 재개발에 대한 관심이 더 높아질 것인데, 결과적으로 '2주택+1 입주권인 경우' 그림 자료와 같은 모습이 나올 수 있다.

주택 취득세 부담, 법인과 비주거용 부동산 활용하기

하지만 주거용 부동산을 계속해서 취득하는 것은 결국 취득세뿐만 아니라 종부세에 있어서도 부담이 될 수 있다. 게다가 보유 주택 수가 많아지면 매도 전략도 매우 복잡해지기 때문에 양도세 계산에서도 실수할 가능성이 높아진다. 특히 다주택자의 경우 양도 순서에 따라 세 부담이 크게 달라질 수 있어 신중한 계획이 필요하다.

따라서 주택은 적당히 1~2채로 하고(이 역시 똘똘한 한 채 심화 현상), 추가 부동산은 비주거용으로 부동산을 매입하되 법인으로 취득하는 것도 좋은 방법이다. 법인 취득의 경우 개인과 달리 다주택자 중과세 대상에서 제외되어 세 부담을 크게

■ 개인명의+법인명의 활용법

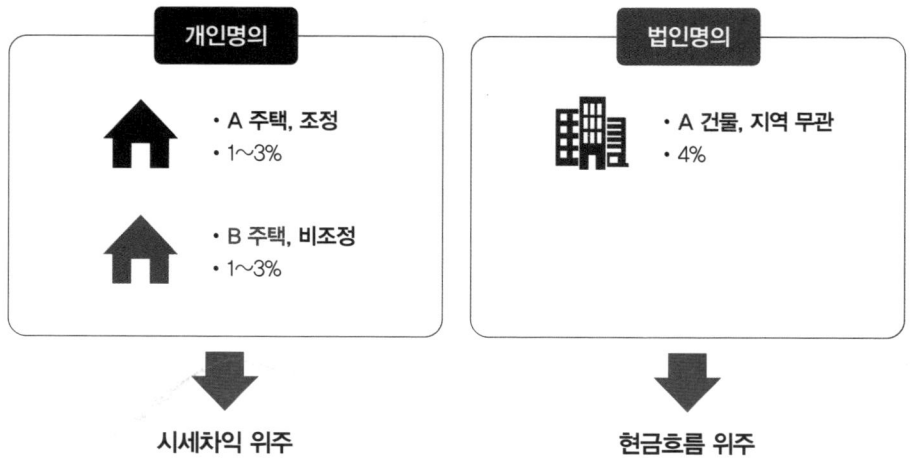

줄일 수 있다.

법인 취득 방법이 좋은 이유는 명의를 완벽히 분리할 수 있고, 그에 따라 용도에 맞게 이를 활용할 수 있어서다. 법인에 쌓인 임대소득은 추후 급여나 배당 등으로 개인명의로 가져오거나 법인 자체에서 경비처리하는 것이 좋다. 법인의 경우 개인과 달리 다양한 비용 처리가 가능해 실질적인 세 부담을 더욱 줄일 수 있다.

개인명의로는 중심지 위주의 주택을 1~2채 정도만 보유함으로써 보유세 부담도 줄이고 여차하면 비과세 전략이 가능하도록 한다. 이로 인해 부동산 자산 시장 상승기 때 시세차익을 얻는 것이 목적이다. 1세대 1주택 비과세 혜택을 최대한 활용하되, 2주택까지는 장특공 혜택도 받을 수 있어 전략적으로 유리하다.

반면 법인명의로는 상가, 건물 등 비주거용 부동산에 집중해서 취득세 중과를 피한다. 물론 수도권 과밀억제권역 밖에 법인 본점 소재지를 두거나 혹은 과밀억제권역 소재라면 설립 후 5년이 지난 법인으로 취득을 해야 한다. 이는 취득세법상 법인 설립 목적과 소재지에 따른 세율 차등 적용 때문이다.

실사용보다는 임대가 주가 되기 때문에 현금흐름 위주로 활용하는 것이 좋고, 법인 비주거용 부동산의 경우 개수에 따른 제한이 없으므로 본인 상황에 맞게 활용하기 바란다. 비주거용 부동산은 주택 수 계산에서 제외되어 다수 보유해도 중과세 부담이 없다는 점이 핵심이다.

필자 역시 이런 모습으로 자산 포트폴리오를 구성 중인데, 개인명의 똘똘한 한 채로 이전하는 것은 진행 중이며, 법인명의로는 비주거용 월세 현금흐름 만드는 것에 집중하고 있다.

임대주택등록을 통한 취득세 감면

간혹, "임대주택등록하면 취득세 주택 수에서 제외된다고 하던데?" 하고 문의하는 분들이 계신다. 결론부터 말하면, "그렇지 않다"다. 이는 많은 투자자들이 오해하고 있는 부분 중 하나로, 정확한 이해가 필요하다.

특히 임대주택등록을 하면 '주택 수 제외'라는 말은 너무나도 그 범위가 광범위하고 모호하고 그렇기 때문에 조심해야 한다. 언론 보도나 일반적인 설명에서 이 부분이 혼재되어 전달되는 경우가 많아 주의가 필요하다.

대주택으로 등록하면 주택 수가 제외되는 것처럼 보이는 기사가 많다. 물론 그렇지 않고 제대로 설명을 한 내용도 있지만 얼핏 보면 '주택 수가 제외되니 유리하구나'라고 생각할 수 있으므로 특히 조심해야 한다. 이러한 오해는 세무 전략 수립에 치명적인 오류를 가져올 수 있다.

결론적으로, 양도소득세 비과세 판단에 있어서는 등록임대주택이 제외될 수 있다. 이를 '주택임대사업자 거주주택 비과세 특례'라고 한다. 즉, 주택임대사업자가 거주하고 있는 주택을 양도할 때 요건을 갖춰 등록한 임대주택에 대해서는

■ 임대주택 주택 수 제외 관련 기사

"특례 혜택 기대했는데 세폭탄"…주택임대사업자, 함부로 덤볐다간 [알부세]

오피니언 > 사내칼럼 뉴스: ㉓주택임대(하·세제 특례) 등록 주택임대사업자가 다양한 세제 혜택을 받을 수 있다는 것은 상식에 가깝습니다. 세제 지…

2024. 6. 16.

소형 주택수 제외 2027년까지 연장…지방 미분양 사면 1주택 특례

(세종=뉴스1) 전민 기자 = 소형주택을 구입할 경우 세금 산정 시 주택 수에서 제외하는 규제 완화가 2027년까지 2년 더 연장된다. 또한 지방의 미분양…

2024. 8. 8.

[8·8 주택대책] 소형주택 구입시 세제 혜택 확대…비아파트 시장 정상화

빌라로 대표되는 소형 비아파트에 대한 세제 혜택이 확대되고, 청약 시 무주택으로 인정되는 비아파트 범위도 늘어난다. 정부가 8일 발표한 '국민주거…

2024. 8. 8.

"아파트는 안 됩니다"… 빌라 사서 6년 단기임대 등록하면 '1주택' 특례

[내돈내산] - 제외혜택,세금혜택,정부대책,단기임대,단기임대등록,생애최초빌라,비아파트,등록제도,6년임대,1주택자.

1개월 전

주택 수 제외가 되어 거주주택 비과세가 가능하다. 하지만 요건 중 하나라도 어기면 비과세 불가이고, 간혹 비과세를 받지 않는 것이 유리할 수 있다. 임대사업 등록 기간, 임대 의무기간 등 까다로운 조건들이 있어 신중히 검토해야 한다.

그렇다면 취득세에 있어서도 등록임대주택이 주택 수 제외가 될까? 이에 대해서는 취득세를 다루는 지방세법에 관련 내용이 전혀 없다. 따라서 유의해야 한다. 양도소득세와 취득세는 서로 다른 세목으로 적용 기준이 다르다는 점을 명확히 이해해야 한다.

다만 신규주택이면서(최초 등기) 공동주택인 경우, 그리고 전용면적 60m² 이하라면 취득세 감면 혜택이 있다. 하지만 주택 수 제외는 아니니 유의하라. 이는 단순한 세율 감면 혜택일 뿐 주택 수 계산에는 포함된다.

소형 신축
주택 수 제외 여부

일부는 취득세 주택 수에서 제외되는 것이 있는데, 그것은 바로 '소형주택'이다. 이는 현행 지방세법상 명시된 예외 규정으로, 일정 요건을 만족할 때만 적용된다.

소형주택은 다시 소형신축과 소형기축으로 나뉘는데, 소형기축은 앞서 말한 대로 취득 후 60일 이내 임대주택으로 등록을 해야 하니 넘어가기로 한다. 소형기축의 경우 임대등록 의무가 있어 실제 활용도가 낮은 편이다. 반면 소형신축은 취득세 주택 수에서 제외는 되지만 완벽하게 모두 되는 것은 아니고, 소형신축을 취득하기 전 주택 수를 기준으로 취득세율이 결정된다.

즉 1주택인 상태에서 소형신축을 취득하면 소형신축 역시 1주택을 기준으로 취득세율이 결정되므로 유리할 수 있다. 반면 3주택 상태에서 소형신축을 취득하면 3주택 취득세율이 적용되므로 불리할 수 있다. 기존 보유 주택 수가 많을수록 소형신축 혜택이 제한적이라는 점을 명심해야 한다.

게다가 소형신축이 취득세 주택 수에서 제외되는 것은 앞으로 3년간이다. 이후에는 어떻게 될지 정해진 바가 없으므로 유의 바란다. 현재 한시적 특례 조치이므로 장기적 관점에서는 불확실성이 존재한다.

지방세법 시행령 제28조의4 제2항을 보면 '(취득)세율 적용의 기준이 되는 1세대의 주택 수는 주택 취득일 현재 취득하는 주택을 제외하고'라고 표현되어 있다. 이는 법령상 명확한 근거 조항이다. 따라서 가령 현재 4주택을 보유하고 있는 상

■ **취득세 주택 수 제외 관련, 시행령**

> **지방세법 시행령**
>
> [시행 2024. 9. 15.] [대통령령 제34881호, 2024. 9. 10., 타법개정]
>
> □ **제28조의4(주택 수의 산정방법)** ① 법 제13조의2제1항제2호 및 제3호를 적용할 때 세율 적용의 기준이 되는 1세대의 주택 수는 주택 취득일 현재 취득하는 주택을 포함하여 1세대가 국내에 소유하는 주택, 법 제13조의3제2호에 따른 조합원입주권(이하 "조합원입주권"이라 한다), 같은 조 제3호에 따른 주택분양권(이하 "주택분양권"이라 한다) 및 같은 조 제4호에 따른 오피스텔(이하 "오피스텔"이라 한다)의 수를 말한다. 이 경우 조합원입주권 또는 주택분양권에 의하여 취득하는 주택의 경우에는 조합원입주권 또는 주택분양권의 취득일(분양사업자로부터 주택분양권을 취득하는 경우에는 분양계약일)을 기준으로 해당 주택 취득 시의 세대별 주택 수를 산정한다.
>
> ② 제1항 전단에도 불구하고 법 제13조의2제1항제2호 및 제3호를 적용할 때 다음 각 호의 어느 하나에 해당하는 주택을 취득하는 경우 세율 적용의 기준이 되는 1세대의 주택 수는 주택 취득일 현재 취득하는 주택을 제외하고 1세대가 국내에 소유하는 주택, 조합원입주권, 주택분양권 및 오피스텔의 수를 말한다. <신설 2024. 3. 26., 2024. 5. 28.>

태에서는 제 아무리 요건을 갖춘 소형신축을 취득한다 하더라도 4주택 기준 취득세율이 적용되므로 12%의 취득세율이 적용된다. 유의 바란다. 다주택자일수록 소형신축 혜택이 현저히 줄어든다는 점을 반드시 기억해야 한다.

똘똘한 한 채 선호현상이 심화되는 이유

이상의 내용을 보고 어떤 생각이 드는가?

- 처음 취득하는 주택은 이왕이면 좋은 것을 구입
- 불필요하게 주택 수를 늘리는 것은 현재로서는 금물

- 만약 보유중인 주택의 가치가 떨어지고 주택 수가 많은 경우라면, 일부 정리하는 것도 방법
- 개인명의로는 1~2채로 비과세 전략을, 법인명의로는 비주거용 부동산을 사는 것이 유리

이런 생각이 들었다면, 필자가 전달하고자 하는 바가 어느 정도는 잘 전달이 된 것 같다. 결국, 현재 부동산 자산관리에 있어서 핵심 포인트 중 하나는 '취득세'다. 특히 다주택자 중과세 정책이 강화되면서 취득세 부담은 투자 전략의 핵심 변수가 되었다.

이로 인해 중심지 물건은 더욱 올라가고 그에 따라 대응할 수 있는 전략이 달라질 수 있다. 따라서 현재 자신이 보유 중인 물건의 포트폴리오를 잘 보고, 이후 추구하는 전략은 무엇인지도 세심하게 보기 바란다. 포트폴리오 재편은 시장 상황과 개인의 재정 여건을 종합적으로 고려해 진행해야 한다.

최근에도 고향친구와 만나 식사를 하면서, 이제는 기존 구축 한 채 매도하고 조금이라도 더 신축 그리고 상급지에 있는 매물을 잡아야겠다고 말을 하더라. 불과 2년 전 봐두었던 10억 원 초반 물건이 현재는 10억 원 중반을 넘어 후반대로 가는 것을 보고 다음을 굳힌 듯하다. 더 일찍 했으면 좋았겠지만, 지금이라도 원하는 결과를 얻길 바란다. 이처럼 똘똘한 한 채 전략은 이미 많은 투자자들 사이에서 현실적 대안으로 자리잡고 있다.

집값 뛴 강남 '보유세 폭탄', 앞으로의 대응 방안

반갑지 않은 '불청객'이 있으니 그것은 바로 '재산세 부과'다. 재산세는 보유세 중 하나로 7월에는 건물분 재산세를, 9월에는 토지분 재산세를 부담한다. 또한 고가주택을 보유하거나 주택 수가 많은 경우, 보유하는 주택의 공시가격이 9억 원 혹은 12억 원(1주택 단독명의)을 초과할 때에는 종부세를 내야 한다. 참고로 종부세는 11월 말에 부과되어 12월 15일까지 납부한다.

문제는 보유세의 부담 정도다. 올해 2025년 보유세는 얼마나 올랐을까? 안타깝지만 서울 강남권 등 상급지 아파트 보유자들의 세 부담이 2024년보다 상당히 오를 것으로 보인다. 이는 보유하고 있는 주택의 가격이 오르면서 덩달아 '공시가격'이 올랐기 때문이다. 반면, 비강남권의 경우에는 그 오름폭이 상대적으로 소액이거나 혹은 작년과 유사할 것으로 보인다. 결국, 집값 상승 정도에 따라 해당 주택의 공시가격 상승폭이 결정되고 그에 따라 보유세가 결정되는 구조다. 이번에는 이와 관련한 내용을 살펴보도록 하겠다.

2025년 보유세, 얼마나 내야 하나?

앞서 설명한 것처럼 보유세는 재산세와 종부세로 나뉜다. 그리고 이중 재산세는 주택을 소유하고 있다면 모두 부담해야 하고, 종부세는 해당되는 경우만 납부한다. 몇 가지 사례를 보자.

우선 고가주택부터 보겠다. 잘 알려진 래미안 원베일리의 경우 흔히 말하는 '국평(국민평형)' 전용 85m²의 경우 2024년 보유세는 재산세와 종부세를 더해 1,340만 원이었지만 올해 2025년도에는 1,820만 원에 이를 것으로 보인다.

이것이 의미 있는 이유는 원베일리의 경우 작년에는 공시가격이 공개되지 않아서 시가표준액을 기준으로 과세되었지만, 올해는 처음으로 공시가격이 적용되었기 때문이다. 이는 신축 아파트에서 흔히 볼 수 있는 경우다.

무엇보다 작년 대비 약 40% 가까이 보유세가 인상되었는데, 이는 해당 주택의 공시가격이 상승했기 때문이다. 지난번에도 살펴보았지만 올해 공동주택 공시가격은 전년 대비 평균 약 3.6% 상승했고, 이중 서울은 7.86%가 올랐다. 특히 강남 3구의 상승폭이 두드러졌는데, 서초구 11.6%, 강남구 11.2%, 송파구 10.0% 등 모두 두 자릿수 상승률을 기록했다.

강남구 압구정동에 있는 신현대 9차 전용 111m²의 경우 올해 공시가격이 34억 7,600만 원으로 책정되었으며 그 결과 재산세는 694만 원에서 733만 원으로 39만 원 증가, 종부세는 633만 원에서 1,115만 원으로 증가할 것으로 보인다.

잠실 엘스 전용 84m²의 경우 공시가격은 18억 6,500만 원으로 재산세는 379만 원에서 402만 원으로 증가, 종부세는 99만 원에서 177만 원으로 증가한다. 아현동에 있는 마래프(마포래미안푸르지오) 전용 84m² 역시 공시가격은 13억 1,600만 원으로 증가, 그 결과 재산세는 244만 원에서 260만 원으로, 종부세는 작년 2024년도에는 없었지만 올해 2025년도에는 27만 원을 부담해야 한다.

이처럼 최근 집값 상승이 높았던 지역의 주요 단지는 보유세가 모두 올랐는데, 특히 고가주택일수록 종부세 상승분이 클 것으로 보인다. 반면 작년 대비 집값 상승 정도가 작았거나 비슷한 곳들은 보유세 인상 폭이 그리 크지 않았다.

가령, 노원구 공릉동에 있는 풍림아파트 전용 84m²의 경우 공시가격이 5억 800만 원에서 5억 2,400만 원으로 올랐으며 그 결과 재산세는 63만 원에서 66만 원으로 3만 원 상승했고 종부세는 부과되지 않는다. 이는 종부세 공제금액이 최소 9억 원이기 때문이다.

도봉구 방학동에 있는 현대아파트(전용 84m²), 강북구 미아동에 있는 두산위브 트레지움(전용 84m²) 역시 올해 재산세가 각각 62만 원, 65만 원으로 2024년과 같거나 소폭 인상되었다. 물론 종부세는 해당되지 않는다. 보는 것처럼 같은 서울이라고 하더라도 해당 주택의 가격, 더 정확하게는 공시가격에 따라 보유세 정도는 천차만별이다.

다만 앞으로 보유세는 계속해서 상승할 것으로 보인다. 왜 그럴까? 그리고 우리는 어떻게 대응해야 할까?

보유세 계산의 시작은 '공시가격'이다

우선 보유세 계산과정을 확인해 보자. 계산 과정을 잘 이해해야 절세 포인트도 쉽게 찾아낼 수 있다. 보유세 계산의 시작은 해당 자산의 '공시가격'이다. 우리가 알고 있는 기준시가와 엄밀히는 다르지만 큰 틀에서는 별 차이가 없다고 보면 된다.

보유세 과세체계에서 알 수 있는 것처럼 재산세와 종부세 계산구조에서 그 시작은 '공시가격'이다. 공시가격은 정부에서 매년 발표하는 가격인데 시세의 대략 70% 내외로 책정된다. 이때 시세 대비 공시가격이 차지하는 비율을 '공시가격 현실화율'이라고 하는데, 예를 들어 시세 10억 원짜리 아파트의 공시가격이 7억 원이라면 공시가격 현실화율은 70%(7억 원÷10억 원×100)가 된다.

과거 문재인 정부에서는 이러한 공시가격을 '시세의 90%'에 맞추려고 했다. 이후 윤석열 정부에서는 다시 이를 시세의 약 70%에 맞추고 문 정부 때의 공시가격

■ 보유세 과세체계

현실화율 로드맵을 폐지하려 했으나 무산되었다. 그리고 다시 이재명 정부로 정권이 교체되었으나 올해 2025년도 공시가격 현실화율은 윤석열 정부 때와 비슷

한 시세의 69%로 책정했다. 그럼에도 불구하고 서울 주요 상급지 일대에서 시세가 급등했기에 앞에서 정리한 결과가 나온 것이다.

하지만 현 정부는 이러한 공시가격에 다시 새로운 가이드 방안을 부여할 가능성이 높다. 현재, 시세의 약 70% 정도에 해당하는 비율을 올리면 집값은 그대로라고 하더라도 보유세는 무조건 올라가게 되어 있다. 서울 주요 상급지가 아니더라도 관심을 가져야 하는 이유다.

참고로 이때 공시가격은 '인별' 보유한 주택의 공시가격이다. 즉, 취득세 및 양도세는 '세대 기준 주택 수'가 그 기준이 되었지만 보유세는 세대가 아닌 개인이 보유한 주택의 공시가격을 합해 계산한다. 본인이 보유한 주택의 공시가격을 다 더해서 그것을 기준으로 보유세를 계산하는 것이다. 이 둘을 잘 구분해야 한다.

이러한 구조적 차이는 매우 중요한 의미를 가진다. 예를 들어 부부가 각각 주택을 1채씩 보유하고 있다면 취득세나 양도세 계산 시에는 세대 기준으로 2주택자가 되지만, 보유세 계산 시에는 각각 1주택자로 계산된다. 따라서 보유세 절세를 위해서는 이러한 계산 방식의 차이를 반드시 이해하고 활용해야 한다.

현 종부세는 3주택 이상+ 과세표준 12억 초과 시 중과된다

한때 종부세 중과가 큰 이슈가 되었던 적이 있다. 서울 대부분 지역이 조정대상지역이었던 당시, 아파트 2채 정도만 보유를 하더라도 종부세가 수천만 원이나 나왔던 적이 있었으나 지금은 그러한 종부세 중과세율이 많이 사라졌다. 다만 완전히 없어진 것은 아니고 3주택 이상이면서 종부세 과표가 12억 원을 초과하는 경우에는 종부세 중과세율이 적용된다.

현행 종부세 세율에 따르면 개인이 보유한 주택 수가 3채 이상이고(지역 불문,

일부 지분도 하나로 간주), 공시가격 합에서 공제금액 9억 원을 차감하고 공정시장가액비율을 적용한 종부세 과표가 12억 원을 초과하는 경우에는 여전히 종부세 중과세율이 적용된다(시가로는 약 40억 원 내외). 또한 법인은 주택 수, 지역 상관없이 개인 세율 중에서 가장 높은 세율을 곧바로 적용하며, 개인에 적용되는 기본공제금액이 없기에 종부세 부담이 상당하다. 따라서 현 상황에서 법인명의로 주택을 신규 취득해 임대하는 것은 가급적 자제하는 것이 좋고, 이미 보유하고 있는 주택이 있다면 이를 얼마나 더 보유할지에 대한 대비가 반드시 있어야 한다.

참고로 시가 5억 원, 공시가격 3억 5,000만 원(공시가격 현실화율 70%)인 주택 1채를 보유 중인 법인이 부담해야 할 종부세는 무려 640만 원 정도에 이르고, 재산세 58만 원 정도까지 더한다면 1년 부담하는 보유세만 700만 원에 육박한다. 법인명의 주택은 가급적 피하는 것이 좋다.

다시 개인 종부세로 돌아와서, 현재는 3주택 이상이면서 종부세 과표 12억 원을 초과하면 중과세율이 적용된다. 이는 윤석열 정부 때 여야가 합의해서 결정된 내용이므로 당장 크게 바뀌지는 않을 것 같다. 그럼에도 불구하고 과거 조정대상지역 2주택에 대해 중과를 한 점, 최근 초고가주택 가격 상승에 대해 대출 규제 등 정부도 예의주시하고 있다는 점을 감안하면 이에 대한 변화 가능성도 주목해야 한다.

올해 공시가격이 올랐는데, 내년에는 어떻게 될까?

지금까지 본 것처럼 보유세 계산의 시작은 공시가격이며, 한때 큰 부담이었던 종부세 중과는 현재는 많이 부담이 줄어든 것이 사실이다. 그럼에도 초고가주택의 보유세는 상당하다. 이는 공시가격 상승 때문인데, 그렇다면 내년도 보유세는 어

■ 공시가격 확정과 보유세 과세기준일

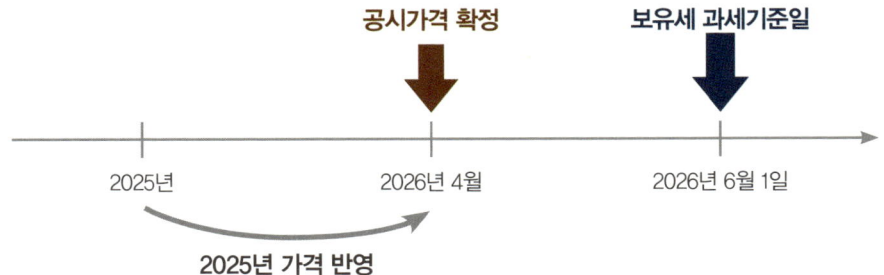

떻게 될까? 이것을 예측하려면 역시 공시가격이 어떻게 될지 알아야 한다.

'공시가격 확정과 보유세 과세기준일'에서 보는 것처럼 공동주택공시가격은 매년 3월 말 정도 가안이 발표되고, 이후 의견접수 및 조정 등을 거쳐 4월 말에 확정된다. 이때를 기준으로 최종 공시가격이 확정된다고 보면 되는데, 앞서 설명한 대로 공시가격은 시세의 일정 비율만큼 정해진다. 이때 기준이 되는 시세, 즉 2025년도 가격이 반영되어 결정된다. 판단하기에는 이르지만 2025년도 부동산 시장은 상반기만 보더라도 상급지의 경우 가격 상승이 상당했기에 내년 2026년도 공시가격은 올해보다 올라갈 가능성이 높다. 물론 지역에 따라 다를 것이고, 이제 올해 절반 정도가 지났기에 하반기 가격 변동 변수가 남아 있음을 인지해야 한다.

그렇다면 이재명 정부에서는 이러한 공시가격 현실화율 관련해서 어떤 계획을 가지고 있을까? 아직까지 이에 대해 나온 것은 없지만, 가장 최근 나온 기사를 살펴보면 과거 문재인 정부에서 추진했던 시세의 90% 수준에 맞추는 로드맵은 하지 않겠다고 선을 그었다. 그러나 윤석열 정부에서 다루었던 시세의 70% 수준도 따르지 않을 것으로 보인다. 결국, 이 중간 어느 지점에서 될 것으로 보이는데, 그럼에도 불구하고 시세의 70% 수준보다는 다소 올라갈 것으로 보이니 이에 대한 대비를 해야 할 것으로 보인다.

개인적으로는 이재명 정부가 시세의 75%에서 80% 수준까지는 현실화율을 높일 가능성이 있다고 본다. 이는 과거 문정부의 90% 목표에는 못 미치지만, 현재 70% 수준보다는 상당히 높은 수치다. 만약 이렇게 된다면 실제 시세 변동이 없더라도 공시가격 상승으로 인한 보유세 증가는 피할 수 없을 것이다.

보유세 절세 노하우 1: 보유세를 결정짓는 단 하루

취득세는 해당 부동산을 취득한 후 60일 이내 납부해야 한다. 양도세는 부동산을 처분일이 속하는 달의 말일로부터 2개월 이내 신고 납부를 해야 한다(약 2개월). 그런데 보유세는 단 하루만 보유를 하더라도 1년치 보유세를 부담해야 하는데, 그 날은 바로 매년 '6월 1일'이다. 따라서 매수, 매도 시 이 날을 살짝 피한다면 상당한 보유세를 아낄 수도 있다.

가령 매수자라면 주택을 취득할 때 매수 잔금일을 6월 1일 지나게 하는 것이 좋다. 매도자라면 반대가 유리하다. 예를 들어 2025년 2월 매수 계약서를 작성하

■ 보유세 과세기준일

는 경우라면 계약서 작성 시 중도금과 잔금일을 정한다. 이때 중도금은 선택사항이며, 잔금일은 상호 협의하에 결정하는데 보통은 2개월에서 3개월 정도 후로 한다. 따라서 2월 계약 → (중도금 없음) → 5월 매수 잔금으로 한다면 6월 1일 기준으로는 매수자가 소유자가 되기 때문에 당해연도 보유세를 모두 부담해야 한다. 그렇다면 어떻게 해야 이 방법을 활용할 수 있을까?

첫째, 잔금일을 길게 잡아서 6월 1일 지나서 정하는 것이다. 하지만 이럴 경우 반대로 매도자가 싫어할 것이다. 이때 중요한 것은 보유세 자체를 줄이는 것보다, 누구에게 협상력이 더 있느냐는 것이다. 가령 거래가 잘 되지 않고 하락기인 상황에서는 매수자가 원하는 대로 계약서를 작성할 확률이 높다. 따라서 이런 상황에서 매수자라면 잔금일을 길게 잡는 것이 좋다. 반대의 상황이라면 매도자에게 유리하도록 일찍 잔금일을 잡는 것이 좋다. 즉 이것은 상황에 따라 다르다.

둘째, 날짜 조정이 힘들다면 가격 조정을 하는 것이다. 예를 들어 매도자도 급하게 처분을 해야 하고 매수자 역시 일찍 매입하는 것이 목적이라면 매수자 입장에서 약간의 가격 조정을 제시해볼 수 있다. 물론 매수자에게 협상력이 있을 때 이야기다.

가령 상승기 시장에서는 물건을 보유한 매도자의 협상력이 압도적으로 높기 때문에 이런 제안은 받아들여지기는커녕 오히려 매도자가 아예 매물을 안 팔겠다고 할 수도 있다. 수요가 공급을 초과하는 상황에서는 매도자가 굳이 양보할 이유가 없기 때문이다. 반면 하락기나 보합세 시장에서는 매수자의 협상력이 상대적으로 높아진다.

따라서 시장 상황에 맞게 이를 활용하되, 매수자라면 일단 좋은 물건을 취득하는 것에 집중하는 것이 좋다. 그리고 날짜 조정으로 보유세를 줄일 수 있다면 일종의 '보너스'라고 생각하는 것이 바람직하다.

보유세 절세 노하우2: 단독명의, 공동명의

부동산 절세 관련해서 필자가 자주 강조하는 내용이 "1주택자는 공동명의 하라"다. 그렇다면 2주택은 어떨까? 이때도 공동명의가 유리할까? 3주택 상황에서는 어떨까? 명의 분산에 따라 절세효과가 있는지 살펴보는 가장 좋은 방법은 대략적으로라도 '미리 계산' 해보는 것이다.

우리는 취득세와 재산세는 단독명의든 공동명의든 총합이 동일함을 알고 있다. 즉 공동명의에 따라 총부담세액이 줄어들지는 않기 때문에 명의분산에 따른 절세효과는 없다. 그러나 양도세는 공동명의가 '무조건' 유리하다. 소득금액을 분산해서 더 낮은 세율 적용이 가능하며, 인별 기본공제 250만 원이 적용되기 때문이다.

문제는 종부세다. 이것을 차근차근 살펴보자. 먼저 1주택자다. 이 경우는 공동명의가 무조건 유리하다.

■ 1주택 종부세 공동명의

1세대 1주택

- **[단독명의] 12억 원 공제+세액공제**
  – 장기/고령자 세액공제

- **[부부공동명의] 1인당 9억 원, 총 18억 공제**
  – 별도 세액공제는 없음. 단, 단독 특례 선택 가능

공동명의인 경우, 단독 또는 공동 중 선택 가능
(1주택이라면 종부세는 공동명의가 유리)

종부세에서는 1세대 1주택이면서 단독명의를 '1세대 1주택자'로 정의한다. 이 경우에는 공시가격에서 기본적으로 12억 원 공제를 하고 이후 5년 이상 장기보유 또는 만 60세 이상일 때 추가 세액공제를 한다. 일종의 '특례'라고 이해하면 된다. 1세대1주택 공동명의라면 인별 종부세를 구하기 때문에 각각 9억 원 공제가 이루어지기에 공시가격 총 18억 원까지는 종부세가 없다.

또한 공동명의인 경우 1주택 단독명의 종부세 특례 신청이라는 선택권이 있다. 단독명의는 그 반대로 선택권이 없기 때문에 1주택자는 공동명의로 하는 것이 종부세에 있어서도 유리하다고 볼 수 있다.

1주택인 경우 보유세 부담액을 보면 1주택자라면 공동명의가 보유세 부담액이 작다. 무엇보다 부부합산 공시가격 18억 원까지는 종부세가 부과되지 않는다.

물론 여기서는 고령자 혹은 장기보유에 따른 추가세액공제 특례는 없다고 가정했다. 따라서 5년 이상 보유했거나 60세 이상이라면 추가세액공제를 적용해 단독명의일 때 종부세가 더 줄어들 수도 있다. 하지만 앞서 본 것처럼 1주택 공동명의는 이러한 특례를 매년 9월에 신청할 수 있기 때문에 무조건 유리하다. 반대

■ **1주택인 경우 보유세 부담액**

구분		단독명의 (괄호는 종부세)	공동명의 (부부 5:5 가정, 괄호는 종부세)
시세	공시가격 (70% 가정)		
10억 원	7억 원	100만 원 (-)	100만 원 (-)
15억 원	10.5억 원	217만 원 (-)	217만 원 (-)
20억 원	14억 원	361만 원 (46만 원)	315만 원 (-)
25억 원	17.5억 원	546만 원 (133만 원)	412만 원 (-)
30억 원	21억 원	775만 원 (264만 원)	569만 원 (59만 원)

로 단독명의는 공동명의처럼 종부세 특례 적용을 할 수 없다.

그렇다면 2주택인 경우는 어떻게 될까? 편의상 공동명의인 경우 같은 수준의 공시가격을 보유하고 있다고 가정한다. 또한 2주택이므로 단독명의인 경우 장기나 고령자 추가세액공제는 없다.

2주택 역시 공동명의가 보유세도 유리하다. 왜 그럴까? 종부세 중과가 3주택부터 적용되기 때문인데, 즉 2주택까지는 조정대상지역 여부 상관없이 일반세율이 적용되기 때문이다. 무엇보다 1인당 공제금액 9억 원이 적용되는데 단독명의는 1명이니 9억 원, 공동명의는 2명이니 18억 원까지 적용되는 것이 크다.

구체적으로 단독명의로 2주택을 보유한다면 공제금액이 기존 1세대 1주택 세액공제 단독명의 12억 원에서 9억 원으로 내려간다. 그래서 '2주택인 경우 보유세 부담액'에 정리한 것처럼 공시가격 5억 원인 집을 2채 보유하면 공시가격 합은 10억 원이다. 이때 9억 원을 초과하는 1억 원에 대해 종부세가 부과된다. 게다가 1주택 단독명의에 적용되었던 추가세액공제(장기나 고령자) 역시 사라진다.

반면 공동명의는 총 공시가격 합이 18억 원까지는 과세가 되지 않기 때문에 상대적으로 유리하다. 이것을 잘 구분해야 한다.

■ 2주택인 경우 보유세 부담액

구분		단독명의 (괄호는 종부세)	공동명의 (부부 5:5 가정, 괄호는 종부세)
1채당 공시가격	2채 공시가격 합		
5억 원	10억 원	245만 원 (24만 원)	220만 원 (-)
7억 원	14억 원	483만 원 (113만 원)	368만 원 (-)
10억 원	20억 원	935만 원 (342만 원)	630만 원 (36만 원)
15억 원	30억 원	1,882만 원 (917만 원)	1,218만 원 (252만 원)
20억 원	40억 원	3,020만 원 (1,683만 원)	1,964만 원 (626만 원)

물론 공동명의로 취득을 할 때 고가주택이라면 자금조달에 대한 소명 그리고 증여 이슈가 발생할 수 있다. 따라서 이에 대해서는 별도로 살펴보아야 한다. 그 외 3주택, 5대5가 아닌 다른 지분 등 여러 경우가 있을 것이다. 미리 대략이라도 계산을 해보고 의사결정하면 좋겠다. 참고로 보유세 부담액 정리 내용은 국세청 홈택스 '세금모의계산'을 활용했으며, 단순 참고용임을 알린다.

보유세 절세 노하우3: 경비처리

그럼에도 불구하고 보유세가 많이 나와서 부담이 되는 분들은 이 방법을 활용해 보면 좋겠다. 실제로도 많은 분들이 활용한 방법이므로 종합소득세를 신고할 때 해볼 만하다. 다만 몇 가지 조건이 있다.

예를 들어 어떤 사람이 직장인인데 주택 수가 3채라고 하면 최소 두 가지 소득이 발생하는데, 하나는 근로소득(급여) 그리고 사업소득(임대소득, 전세나 월세 등)

■ 보유세 경비처리

- 부부합산 3주택 → 월세, 간주임대료 과세대상 (2주택이라면 월세 과세대상)
- 2번, 3번 주택은 세무서 등록 대상 (지자체는 선택사항)
- 근로소득+임대소득 → 종합소득세 신고(5월) → 임대주택 보유세 경비처리 → 일부 근로소득 공제 가능

이다. 주택 수가 3채이므로 월세 및 간주임대료에 대해 임대소득 수입금액이 발생하고 이 금액이 연간 2,000만 원 이하라면 분리과세 또는 종합과세 중 선택, 2,000만 원 초과라면 전액 종합과세가 된다.

그리고 이것을 5월 종합소득세 신고 시 연말정산과는 별개로 해야 하는데(회사에서 따로 알 수는 없다), 만약 고소득자이고(근로소득이 높고) 보유세가 높은 경우라면 해당 임대소득이 손실이 날 수 있고 이러한 임대소득 손실을 근로소득과 합산해 전체 세 부담을 줄일 수 있다.

편의상 수입금액은 1,000만 원, 관련 필요경비는 4,000만 원 가정 시(3주택 종부세 중과로 종부세가 상당히 많이 나왔다고 가정) 주택임대소득(사업소득)은 마이너스 3,000만 원이 나온다.

■ **보유세 경비처리 내용 정리**

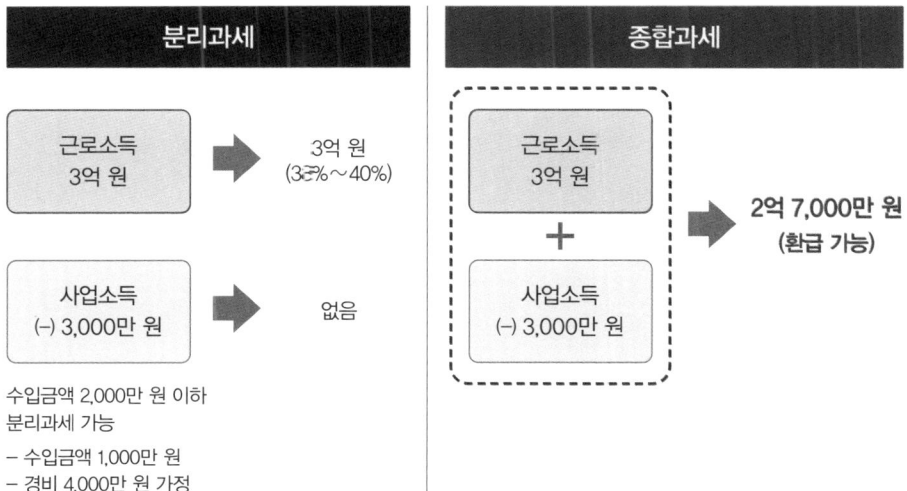

하지만 이를 분리과세 또는 종합과세할지는 경비 제하기 전인 '수입금액'으로 하는 것이고, 2,000만 원 이하 1,000만 원이니 아마도 대다수는 '그래, 근로소득도 높은데 분리과세하자' 이렇게 생각할 수 있다. 만약 이렇게 분리과세를 하면 근로소득 따로, 사업소득(주택임대) 따로 계산을 하기 때문에 손실이 발생한 사업소득을 활용할 수 없다. 하지만 이를 종합과세를 하면 두 소득이 합산이 되고 그 결과 전체 소득금액은 2억 7,000만 원으로 줄어들기 때문에 오히려 환급을 받을 수도 있다.

실제 이 방법으로 과거 소득신고분을 경정청구해(5년치까지 가능하다), 수천만 원의 세금을 돌려받은 경우가 있다. 물론 다른 소득이 높아야 하고(가령 고액연봉자), 주택임대에서는 손실이 나야 한다. 또한 같은 임대소득이라도 주택임대가 아닌 상가, 사무실 같은 일반임대는 위 방법을 활용할 수 없다(대상이 아니라 그렇다).

이러한 손익통산을 활용할 때 주의해야 할 점들이 있다. 첫째, 필요경비로 인정받을 수 있는 항목들을 정확히 파악해야 한다. 보유세, 관리비, 수선비, 대출이자 등이 주요 항목이지만 각각의 인정 기준이 다르다. 둘째, 임대소득이 손실이라고 해서 무조건 종합과세가 유리한 것은 아니다. 본인의 소득 구조와 세율을 종합적으로 검토해야 한다.

3장

절세의 핵심 -
양도세와 비과세 전략

제네시스박의 부동산 세금 트렌드 2026

대출 규제에도 1주택 비과세
잘 받는 5가지 방법

6.27 대출 규제 효과가 상당하다. 서울을 중심으로 주택 거래량은 급감하고 있으며 상승폭 역시 현저히 줄어들고 있다. 특정 자산 시장에 흘러가는 유동성이 줄어들면 해당 자산 가격 상승은 제한적일 수밖에 없다는 것이 경제학의 기본 원리다. 다만 이러한 대출 규제 효과가 얼마나 지속될지는 의문이다. 과거 문재인 정부 당시에도 대출 규제 효과는 약 6개월 정도에 그쳤는데, 이를 보면 시장을 완전히 이기는 규제책은 없다고 판단된다.

또한 대출 금액 한도를 6억 원으로 제한함으로써 역설적으로 12억 원 이하 주택의 경우에는 오히려 그 나름의 키 맞추기가 진행되고 있다. 대출 규제 영향을 받고 있는 수도권에서는 6억 원 이하 아파트가 점차 줄어들고 있고, 서울에서는 실거래가 9억 원 내외 아파트, 특히 준신축이면서 역세권 그리고 20평대가 높은 인기를 보이고 있다.

이를 종합해 보면 서울과 수도권에서도 특정 가격대의 인기 아파트는 계속해서 거래가 될 것이고 이 과정에서 갈아타기는 여전할 것이다. 그리고 늘 강조하지만 세후수익률의 핵심이 되는 양도소득세는 더더욱 중요해진다.

예를 들어 양도차익이 1억 원 정도라면 양도세는 약 2,000만 원 정도가 나온다. 양도차익이 3억 원이라면 양도세는 약 1억 원, 5억 원이면 거의 2억 원에 육박하며 그 차익이 10억 원이라면 양도세는 대략 3억 원 정도가 나온다(모두 단독명의 가정).

그런데 이 세금을 한 푼도 내지 않을 수 있다면 정말 좋을 것이다. 이를 가능케

하는 게 바로 양도세 비과세다. 우리 세법은 이러한 비과세를 아주 특별한 경우에만 허용한다. 불필요한 세수 손실을 막고 조세 회피를 방지하기 위함이다.

하지만 당사자인 우리 매도자는 그렇게 생각하지 않는다. "1주택 비과세는 당연한 것 아닌가?"라고 생각하는 것이다. 바로 이 생각의 차이에서 세금사고가 발생하게 된다.

이번 내용에서는 1주택 비과세를 받기 위한 필수 체크사항 5가지를 제시한다. 이 다섯 가지만 제대로 파악하더라도 세금 폭탄이 비과세로 바뀔 수 있을 것이다. 반대로, 이 다섯 가지를 놓쳤다면 매각 전 다시 한 번 진지하게 "이것을 꼭 팔아야 하나?"하고 생각해 보기 바란다.

첫째, 주택 수는 '세대 기준'이 핵심이다

세대란 무엇일까? 우리 세법에서는 "거주자 및 그 배우자가 동일한 주소 또는 거소에서 생계를 같이하는 가족과 함께 구성하는 하나의 세대"라고 정의한다. 이때 거주자란 조정대상지역에서 말하는 거주 요건이 아니고, 대한민국에서 생활하는 일반적인 거주자를 의미한다. 즉 비과세는 외국에서 주로 생활하는 비거주자 등에게는 적용되지 않는다.

다음으로 가족이란 개념이 매우 중요한데, 이때 가족은 본인과 배우자의 직계존비속(그 배우자 포함) 및 형제자매를 의미한다. 예를 들어, 부모, 조부모, 자녀, 손자녀는 물론 장인, 장모나 시부모, 사위와 며느리는 당연히 가족에 해당한다.

형제자매는 본인뿐만 아니라 배우자의 형제자매도 포함되는데 형제자매의 배우자는 포함되지 않는다. 남자라면 처남, 처제와 처형, 여자라면 시아주버니, 시동생, 시누이는 가족에 포함되나 형수, 제수, 매형, 매제나 형부, 제부, 올케, 동서는 가족에 포함되지 않는다.

꽤 복잡하다고 생각할 수 있다. 이렇게 상세한 설명을 하는 이유는 이러한 가족에 해당되는 사람이 함께 생계를 유지하면 이를 같은 세대로 보며, 그 세대 구성원이 보유한 주택은 모두 카운트해 1주택 비과세 여부를 판단하기 때문이다.

따라서 주택을 보유하고 있는 가족이 있는데 특정 주택을 매각해서 비과세를 받으려면 반드시 매각 전 세대 분리를 해야 한다. 이때 세대 분리란, 1) 주민등록 분리는 물론이고, 2) 실제 생계 여부를 아예 달리해야 한다는 의미다.

■ 세대 분리 관련 기사

다주택 자녀와 함께 살다 양도세 8억 '폭탄'... 법원 "과세 정당" -

2주택자 자녀가 세대 분리 후에도 부모와 함께 거주 법원 "1주택자 판단 기준은 서류 아닌 실제 동거 여부". 정현진 기자. 입력 2023.01.15. 17:04.

2023. 1. 15.

1주택인데 양도세 폭탄?...法 "함께 거주하면 세대분리 인정 안돼"

세대 분리를 했더라도 함께 거주하는 가족 소유의 부동산은 세대 보유로 봐야 한다는 법원 판단이 나왔다. 서울 송파구 롯데월드타워 서울스카이에서...

2023. 1. 15.

다주택 아들과 함께 살다 양도세 8억 '폭탄'... 법원 "과세 정당"

세대 분리한 다주택자 자녀가 부모와 함께 거주했다면 부모도 다주택자로 봐야 한다는 법원 판단이 나왔다. 15일 법조계에 따르면, 서울행정법원...

2023. 1. 15.

다주택 자녀와 세대분리 후 함께 살다 양도세 폭탄...취소소송, 결국 패소

서류상 자녀와 세대분리를 했지만 한 집에서 살던 시민이 보유주택 합산으로 거액의 부동산 양도소득세를 물게 되자 소송을 냈으나 패했다.15일...

2023. 1. 15.

그렇다면 양도하기 전, 언제 이러한 세대 분리를 해야 비과세가 가능할까? 이 시기는 따로 정해져 있지는 않지만, 불필요한 오해를 방지하기 위해 최소 수개월 전에는 실질적인 세대 분리를 하고 매각하기를 권한다. 가장 많이 실수하는 사례가 주민등록만 분리하고 실제로는 함께 거주해서 비과세를 놓친 경우다.

실제 사례를 이야기해 보겠다. 2023년도 초에 나왔던 판례에 대한 내용으로, 부친 1주택, 자녀 2주택 상태에서 주민등록만 분리하고 실제로는 함께 거주함으로써 3주택이 되어 비과세를 받지 못한 사례다. 더 큰 문제는 매각한 주택이 서울시 서초구, 즉 조정대상지역에 있는 물건으로 양도세 중과에 해당되어 당초 납세자가 부담할 예정이었던 1억 9,000만 원에서 8억 원으로 올라간 경우다.

매각 전 자녀를 실제 세대 분리만 했더라도 충분히 비과세가 가능했다. 하지만 그에 대한 대가는 무려 6억 원을 넘으니 정말 조심해야 한다. 그런데, 주민등록표는 물론이고 실제 생계를 달리하더라도 세대 분리가 인정되지 않는 경우가 있다. 어떤 경우일까?

둘째, 세대 분리는 세대를 구성할 수 있는 능력이다

세대 분리는 말 그대로 각각 세대를 구성해서 이를 분리한다는 의미다. 따라서 세대를 구성할 수 있는 능력 자체가 되지 않는다면 세대를 구성할 수 없고, 그 결과 당연히 세대 분리도 불가능하다.

우리 세법은 세대를 구성할 수 있는 기본 단위로 본인과 배우자를 기준으로 한다. 따라서 부부는 주민등록을 분리해서 별도 세대주로 등재하더라도 언제나 1세대로 본다. 즉, 원칙적으로 배우자가 없는 단독세대는 세대로 인정하지 않는 것이다. 하지만 여기에는 예외 사항이 있다. 즉 다음 경우에는 배우자가 없더라도 별도 세대로 인정한다.

첫째, 나이가 만 30세 이상일 것
둘째, 혼인을 하였으나 배우자가 사망하거나 이혼한 경우일 것
셋째, 소득 수준이 '일정 수준 이상'으로 주택 또는 토지를 관리, 유지하면서 독립된 생계를 유지할 것

참고로 소득에서 그 정도가 일정 수준 이상이라는 의미는 기준중위소득의 40% 이상(2024년도 1인 가구 기준 약 90만 원 이상)을 의미하며 해당 소득은 근로, 사업소득 또는 기타소득 중 강연료, 저작권료 등 계속적, 반복적으로 발생하는 것이어야 한다. 따라서 부모가 1년 치 소득에 해당하는 1,000만 원 내외의 금액을 증여했다고 해서 곧바로 독립된 세대로 인정받을 수 있는 것은 아님을 유의해야 한다.

그렇다면 부모 1주택, 자녀 1주택인데 이를 비과세 받기 위해 해당 주택 매각하기 수개월 전, 주민등록을 분리하고 실제 생계를 달리한다 하더라도 세대 구성 능력이 있는지 확인해야 한다. 부모의 경우 본인과 배우자가 있으니 당연히 세대 구성이 가능하다. 문제는 자녀다. 가령 자녀가 배우자가 없다고 하더라도 직장을 다니면서 별도 소득수준이 있다면 그때는 문제 되지 않는다. 부모와 따로 살기만 하면 된다.

그런데 자녀가 비록 미성년자는 아니지만 20대 대학생이고 별도 소득이 없다면 이때는 세대 구성 능력 자체가 없는 것이기에 세대 분리가 불가능하다. 따라서 자녀명의 주택은 부모가 있는 세대에 포함이 되고 이는 1세대 2주택이 되므로 둘 다 비과세는 불가능하다(물론 1채 매각 후 남은 1채는 비과세 가능). 따라서 다음 내용을 꼭 기억하길 바란다.

- 세대 분리 인정을 위해 주민등록표 분리, 실제 생계를 달리할 것
- 매각 전, 수개월 전 넉넉히 시간을 두고 진행할 것
- 세대 분리된 자녀는 반드시 세대 구성 능력을 갖추고 있어야 할 것

셋째, 비조정대상지역이라도 2년 거주가 유리할 수 있다

매각 전, 이왕이면 2년 거주를 했는지를 반드시 확인하는 것이 유리할 수 있다. 조금 황당하게 느껴질 수 있다. 취득 당시 조정대상지역이 아니었다면 2년 거주 요건도 없는데 말이다. 물론 취득 당시 비조정대상지역이었고, 양도가액이 12억 원 이하라면 거주 요건은 전혀 필요하지 않다. 다만 취득 당시 조정대상지역이었는데 이를 놓쳤거나, 아니면 비과세를 위한 2년 거주 요건이 헷갈리거나, 혹은 비록 비조정이라도 매각 당시 양도가액이 12억 원을 넘는 고가주택 비과세라면 2년 거주를 하는 것이 세 부담을 크게 줄일 수 있다. 도대체 이것이 무슨 의미인지 한 번 살펴보자.

2년 거주 요건은 두 가지가 있다. 하나는 취득 당시 조정대상지역이었을 때 양도세 비과세를 받기 위한 2년 거주 요건이다. 그리고 다른 하나는 12억 원 초과 고가주택 비과세일 때 12억 원 초과분에 대한 최대 80% 장특공이 있는데 이 장특공은 (표2) 장특공이라고 하며 이 경우 반드시 2년 이상 거주를 해야 한다(조정과 비조정 불문). 즉 2년 거주 요건은 두 가지가 있고 이 둘은 완전히 다른 개념이다. 구체적인 예를 들어 설명해 보겠다.

1. 취득 당시 비조정, 이후 양도가액 12억 이하 비과세 → 2년 거주 전혀 필요 없음
2. 취득 당시 비조정, 이후 양도가액 12억 초과 비과세 → 2년 이상 거주 유리

3. 취득 당시 조정, 이후 양도가액 12억 이하 비과세 → 2년 거주 반드시 필요
4. 취득 당시 조정, 이후 양도가액 12억 초과 비과세 → 2년 거주 반드시 필요 + 2년 이상 거주 유리

여기에서 중요한 점은, 취득 당시 조정대상지역이었다면 중간에 비조정대상지역으로 변경되었다 하더라도 비과세를 위한 2년 거주 요건은 끝까지 적용된다는 것이다. 반대로 취득 당시 비조정대상지역이었다면 추후 조정대상지역으로 지정되더라도 2년만 보유하면 비과세가 된다.

다만 이것과는 별개로, 추후 매각 시 양도가액이 12억 원을 초과한다면 역시 2년 거주를 해야 표2 장특공이(표1 장특공, 표2 장특공은 곧 뒤에서 설명하겠다) 가능한데, 이는 의무사항은 아니고 선택사항이다. 그러나 세 부담 차이가 상당히 크기에 필자는 고가주택이라면 일단 2년 거주를 하는 것이 좋다고 판단한다.

참고로 뒤에 나올 내용에 정리한 '장기보유특별공제 정리표'에서의 표2 장특공은 2년 거주를 해야 가능하며, 거주 최대 40%, 보유 최대 40%다. 다만 거주하지 않고 보유만 했다면 일반적인 표1 장특공이 적용되고 이때는 1년에 2%씩, 최

■ 비과세 및 장특공 거주 요건 구분

구분	비과세 거주 요건	장기보유특별공제 거주 요건
취득 당시 비조정대상지역, 양도가 12억 원 이하	×	×
취득 당시 비조정대상지역, 양도가 12억 원 초과	×	○ (10년 거주, 80%)
취득 당시 조정대상지역, 양도가 12억 원 이하	○	×
취득 당시 조정대상지역, 양도가 12억 원 초과	○	○ (10년 거주, 80%)

대 30%만 가능하다. 따라서 12억 원 초과 고가주택인 경우 만약 취득 당시 비조정대상지역이라 보유만 했다면 비록 비과세는 가능하지만 거주를 하지 않았으므로 표2 장특공은 불가하고, 그 결과 10년 보유시 40%가 아닌 표1 장특공에 따라 20%만 가능한 것이다.

글로만 설명을 하니 너무 어려울 수 있다. 실제 사례를 가져와 보았다. 취득가 7억 원, 양도가액 15억 원, 필요경비 3,000만 원 가정, 취득 당시 비조정대상지역

■ **장특공 효과에 따른 세 부담 비교**

구분	10년 보유	10년 보유, 2년 거주	10년 보유, 10년 거주
양도가액	15억 원	좌동	좌동
(−) 취득가액	7억 원		
(−) 필요경비	3,000만 원		
= 양도차익	7억 7,000만 원		
과세대상 양도차익	7억 7,000만 원 × {(15억 원−12억 원) / 15억 원}=1억 원 5,400만 원		
장기보유특별공제	20%	48%	80%
= 양도소득금액	1억 2,320만 원	8,008만 원	3,008만 원
(−) 기본공제	250만 원	좌동	좌동
= 과세표준	1억 2,070만 원	7,758만 원	2,830만 원
세율	35%	24%	15%
누진공제	1,544만 원	576만 원	126만 원
산출세액	2,680만 5,000원	1,285만 9,200원	298만 5,000원
총 납부세액(지방세 포함)	2,948만 5,500원	1,414만 5,120원	328만 3,500원

* 취득가액 7억 원, 비과세 12억 원, 필요경비 3,000만 원 가정
* 보유 및 거주 기간에 따른 고가주택 비과세 세금 차이 계산

이었다고 가정하겠다. 따라서 2년 보유만 하더라도 비과세가 가능하다.

첫 번째, 10년 보유한 경우

비과세는 당연히 가능하다. 표2 장특공은 불가능하다. 따라서 일반적인 장특공 즉 표1 장특공이 적용되어 20%(=10년×2%)이므로 총 납부세액은 2,948만 5,500원이 된다(40%가 아니다).

두 번째, 10년 보유 중 2년 거주

비과세는 당연히 가능하다. 더 좋은 것은 표2 장특공도 가능하다는 점이다. 따라서 장특공은 48%가 되는데 보유 10년 40%+거주 2년 8%가 적용되어서다. 그 결과 총 납부세액은 1,414만 5,120원이다. 첫 번째 사례와 비교시 2년 거주만 했을 뿐인데 약 1,500만 원이 절세되었다.

세 번째, 10년 보유 중 10년 거주

비과세는 당연히 되고 장특공 역시 최대치인 80%를 받는다. 그 결과 총 납부세액은 328만 원으로 크게 줄어든다.

참고로 표1 그리고 표2 장특공은 다음 페이지에 정리한 '장기보유특별공제 정리표'의 내용과 같다. 따라서 2년 거주 요건은 취득일, 양도일 모두 꼼꼼히 따져 보기 바란다.

만약 이것이 어렵다면 현재로서는 유일하게 이를 면제받을 수 있는 방법은 바로 상생임대주택 비과세 특례다. 뒤에서 더 설명하겠지만, 직전 계약 대비 임대료를 5% 이내로 인상해 2년간 임대한 1주택자에게 주어지는 혜택이다. 이후 본인 거주 주택을 팔 때, 1세대 1주택 비과세를 받기 위한 '2년 실거주 요건'을 면제해 주는 제도다. 즉 비과세를 위한 2년 거주 요건은 물론 표2 장특공을 받기 위한 2년 거주 요건도 면제된다. 다만 10년 보유 시에는 장특공 40%가 적용된다. 실제

■ 장기보유특별공제 정리표

보유기간	표1		표2(1세대 1주택 고가주택)			
	2018년까지	2019년 이후	2019년 이전	2020년 2년 거주	2021년 이후 2년 거주	
					보유기간	거주기간
2년 이상 3년 미만						8%
3년 이상 4년 미만	10%	6%	24%	24%	12%	12%
4년 이상 5년 미만	12%	8%	32%	32%	16%	16%
5년 이상 6년 미만	15%	10%	40%	40%	20%	20%
6년 이상 7년 미만	18%	12%	48%	48%	24%	24%
7년 이상 8년 미만	21%	14%	56%	56%	28%	28%
8년 이상 9년 미만	24%	16%	64%	64%	32%	32%
9년 이상 10년 미만	27%	18%	72%	72%	36%	36%
10년 이상 11년 미만	30%	20%	80%	80%	40%	40%
11년 이상 12년 미만	30%	22%	80%	80%	40%	40%
12년 이상 13년 미만	30%	24%	80%	80%	40%	40%
13년 이상 14년 미만	30%	26%	80%	80%	40%	40%
14년 이상 15년 미만	30%	28%	80%	80%	40%	40%
15년 이상	30%	30%	80%	80%	40%	40%

* 단순 보유가 아닌 '장기 거주'해야 80% 장특공 가능

거주는 하지 않았으니 40%만 적용되는 것이다.

　상생임대주택은 직전 임대차계약이 가장 중요하고, 이는 해당 주택을 취득한 이후에 체결해야 한다. 즉 세를 끼고 취득을 하면서 맺은 임대차계약은 직전 임대차계약에 해당하지 않는다. 해당 주택의 잔금 전에 이미 임대차계약을 체결하였기 때문이다. 비슷한 경우로 잔금 전 임대차계약을 맺고 잔금 때 이를 잔금일

■ 상생임대주택 셀프 체크 리스트

NO	검토 내용	검토 결과
1	주택을 취득한 후 임대차계약을 맺었는가?	① 그렇다 ② 아니다
2	직전 임대차계약 임대기간이 1년 6개월 이상인가?	① 그렇다 ② 아니다
3	상생 임대차계약 임대기간이 2년 이상인가	① 그렇다 ② 아니다
4	직전 임대차계약 다비 상생 임대차계약 임대료가 5%를 초과하지 않았는가?	① 그렇다 ② 아니다
5	상생 임대차계약을 2021년 12월 20일부터 2026년 12월 31일까지 기간 중 체결하고 임대를 개시했는가?	① 그렇다 ② 아니다

에 계약한 것으로 체결해도 인정받을 수 없다.

이처럼 상생임대주택은 직전 임대차계약이 매우 중요하고, 이를 잘 체결했다면 그 이후 직전 임대차계약대비 5% 이내로 증액하는 상생 임대차계약을 2026년 12월 31일까지 체결해야 혜택이 가능하다. 셀프 체크 리스트를 보면서 스스로 가능 여부를 확인해 보기 바란다.

넷째, '작은 집'에 속지 말아야 한다

여기에서 말하는 작은 집이란 금액이 아주 낮거나, 시골 등 아주 외진 곳에 있는 그런 주택을 의미한다. 간혹 상담을 하다 보면, "정말 얼마 안 하는 집이에요", "저 멀리 시골에 있어요"라면서 굉장히 억울해 하는 이야기를 하는데, 우리 세법은 상시 주거용으로 사용하는 건물에 대해서는 주택으로 본다.

따라서, 저 멀리 외딴 시골에 있는 집이라도 사람이 살고 있다면 → 주택 수 포함이다. 심지어 임야에 지어진 집이라도 사람이 살고 있다면 → 주택 수 포함이고, 상가에 딸린 아주 작은 방인데 별도의 출입문, 취사시설 등 구조가 있고 사람이 살고 있다면 → 주택 수 포함이 된다. 이러한 이유로 비슷한 주거용 건물이 있다면 반드시 사전에 이를 체크해서 이를 없애거나(멸실) 매각하는 것이 필요할 수 있다.

특히 보유하고 있는 시골주택과 농어촌주택을 혼동하는 경우가 많다. 농어촌주택의 경우 주택 수 제외 혜택이 있어서 그럴 텐데, 이때 농어촌주택이란, 수도권, 규제지역을 제외한 지역의 읍, 면 등에 위치해야 하고 (도시지역의 경우 대통령령으로 정한 인구감소지역 포함) 취득 당시 기준시가 3억 원 이하(한옥 4억 원 이하)이고, 농어촌주택 취득 후 3년 이상 보유해야 한다.

그런데 여기서 중요한 점은 일반 주택 보유한 상태에서 농어촌주택을 취득하고 이후 일반 주택을 매각해야 혜택이 가능하다는 점이다. 즉 취득 순서가 중요하다는 의미다. 농어촌주택을 취득했는데 이후 일반 주택을 취득했다면 혜택을 받을 수 없으니 유의해야 한다.

오피스텔 역시 세금 사고가 빈번하게 발생하는 유형이 있다. 가장 많이 나오는 경우는 전입신고를 하지 않으면 주택 수 제외라고 착각하는 경우다. 오피스텔은 주거용 구조를 거의 완벽하게 갖춘 시설이다. 문제는 업무용 혹은 주거용으로 전환이 자유롭다는 것인데, 실제 여기에서 사람이 살고 이를 주거용으로 사용한다면 이는 양도세 비과세 판단시 주택 수에 포함이 된다.

이를 피하기 위해 전입신고를 하지 않게 하는 등, 여러 방법을 사용하지만 과세당국의 정보수집력도 상당히 좋아졌고, 전입신고가 되어 있지 않은데 업무용 사업자도 등록되어 있지 않다면 오히려 이를 의심해서 더욱 꼼꼼하게 잡아내는 경우도 있으니 유의해야 한다.

따라서 주거용 오피스텔을 보유 중이라면 이를 먼저 매각하거나 아니면 업무용으로 임차를 주어야 하는데, 최소 6개월 정도는 지난 후에 다른 주택을 매각하기를 권한다. 왜 6개월이냐면 업무용으로 사용했다는 증거를 부가가치세 신고 등으로 하기 위함이다. 부가가치세 신고는 6개월마다 한다.

다섯째, 임대주택 등록하면 주택 수 제외일까?

임대주택을 등록하면 무조건 주택 수에서 제외되어 1주택 비과세가 가능하다고 생각하는 사람들이 있다. 일단 임대주택을 등록했다고 주택 수에서 제외되는 것이 아니다. 임대주택 등록으로 주택 수에서 제외되려면 반드시 주택임대사업자가 거주하고 있는 주택을 먼저 매각해야 한다. 즉 단순히 등록만 했다고 주택 수 제외가 되는 것이 아니고 반드시 거주 중인 주택을 매각해야 한다는 의미다. 따

■ 주택임대사업자 거주주택 비과세 특례

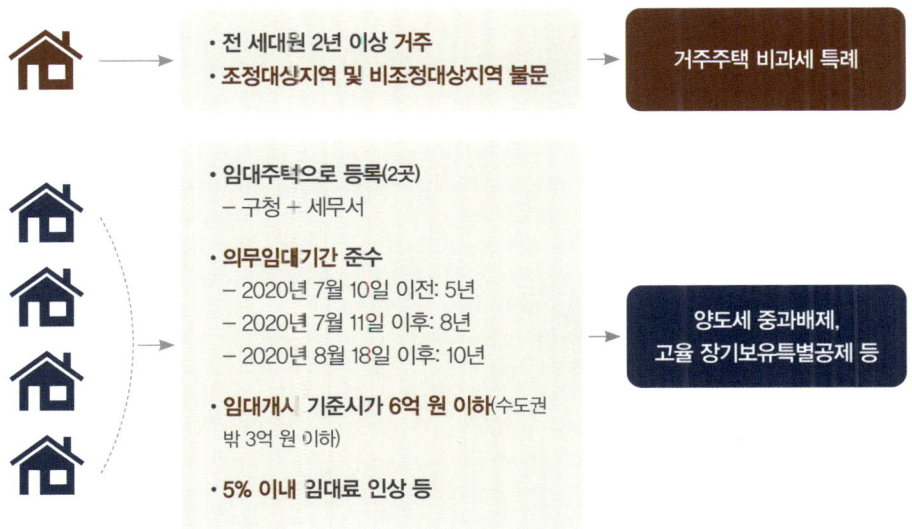

라서 이때 비과세를 받으려면 주택은 조정대상지역과 비조정대상지역을 불문하고 무조건 2년 거주를 해야 한다. 물론 상생임대주택과 결합이 가능하다.

하지만 여기에서 끝나지 않는다. 등록임대주택의 경우 거주주택 비과세 특례에 맞게 모든 요건을 준수해야 한다. 따라서 등록임대주택이 많으면 많을수록 확인해야 할 것이 많고, 그 과정에서 비과세가 안 될 수 있는 리스크는 덩달아 커지는 것이다. 즉 매우 신중하게 접근해야 한다.

왜 비조정대상지역인데
거주를 해야 할까?

양도세를 줄이는 방법에는 크게 세 가지가 있다. 공동명의, 필요경비, 그리고 장특공이다. 여기서 장특공은 일반과세에서도 적용되지만 12억 원 초과 고가주택에서도 적용된다. 이 두 경우의 장특공은 서로 다른 개념이다. 최근에는 그저 들리는 소문 중 하나이지만 이러한 장특공에 대해서 축소 이야기가 나오고 있기에 주의를 기울일 필요가 있다.

그렇다면 이러한 장특공은 어떤 경우에 혜택을 볼 수 있을까? 여기에 조심해야 하는 것은 무엇일까?

일반적인 경우에는
표1 장특공이 적용된다

양도세 일반과세인 경우에는 표1 장특공이 적용된다. 다만 모두 적용되는 것은 아니고 3년 이상 보유했을 경우에만 표1 장특공이 적용된다. 따라서 2년 이상 보유는 했지만 3년이 되지 않은 상태에서 매각을 한다면 장특공은 전혀 적용받을 수 없다.

물론 취득 당시 비조정이었고, 2년 이상 및 3년 미만 보유해서 장특공을 받지 못하더라도 양도가액 12억 원 이하 비과세라면 전혀 문제될 것이 없다. 어차피 세금이 부과되지 않기 때문이다. 하지만 양도세 비과세가 아닌 경우, 혹은 비과세라도 양도가액 12억 원 초과 고가주택 비과세인 경우라면 양도세가 발생하기 때문에 이를 줄이기 위해서는 장특공을 받는 것이 유리하다.

그리고 이러한 표1 장특공은 주택뿐만 아니라 토지, 상가 등 다른 부동산에도 동일하게 적용된다. 가령, 상가를 개인명의로 보유하고 있을 때 만약 15년 이상 보유한 후에 매각을 하면 비록 비주거용이므로 양도세 비과세는 되지 않겠지만 30% 장특공은 가능한 것이다.

'보유 기간에 따른 표1 장특공 효과' 표로 정리한 내용에서 확인할 수 있는 것처럼 취득가액 5억 원, 양도가액 10억 원, 필요경비가 1,000만 원인 경우 5년 보유하면 장특공은 10%, 10년은 20%, 15년은 30%가 적용된다. 그리고 이로 인해

■ 보유 기간에 따른 표1 장특공 효과

구분	5년	10년	15년
양도가액	10억 원	10억 원	10억 원
(−) 취득가액	5억 원	5억 원	5억 원
(−) 필요경비	1,000만 원	1,000만 원	1,000만 원
= 양도차익	4억 9,000만 원	4억 9,000만 원	4억 9,000만 원
(−) 장기보유특별공제	10%	20%	30%
양도소득금액	4억 4,100만 원	3억 9,200만 원	3억 4,300만 원
(−) 기본공제	250만 원	250만 원	250만 원
= 과세표준	4억 3,850만 원	3억 8,950만 원	3억 4,050만 원
세율	40%	40%	40%
누진 공제	(−) 2,594만 원	(−) 2,594만 원	(−) 2,594만 원
산출세액	1억 4,946만 원	1억 2,986만 원	1억 1,026만 원
지방소득세	1,494만 6,000원	1,298만 6,000원	1,102만 6,000원
총 납부세액	1억 6,440만 6,000원	1억 4,284만 6,000원	1억 2,128만 6,000원

양도세 과표는 줄어들고 그 결과 총부담세액은 장특공이 많아질수록 줄어들게 된다.

장특공이 10%일 때와 30%일 때를 비교해 보면 무려 4,312만 원이나 절세가 되는 것을 확인할 수 있다. 물론 10년을 더 보유해야 하는 단점이 있지만 그래도 꽤 큰 금액이라 할 수 있다. 여기에, 양도가액을 모두 10억 원으로 통일했지만 10년을 더 보유한다면 최종 양도가액은 더 커질 수 있으니 여러 가지로 유리할 수도 있을 것이다. 하지만 이러한 표1 장특공에는 치명적인 약점이 있다.

다주택자 양도세 중과가 적용되면 장특공은 받을 수 없다

표1 장특공은 주택 포함 다른 부동산에도 적용되고, 3년 이상만 보유하면 받을 수 있기에 상당히 유용하다. 심지어 다주택자도 가능하다. 다만 다주택자들이 조심해야 하는 것이 하나 있는데, 그것은 바로 다주택자 양도세 중과다. 이 경우 해당 표1 장특공을 하나도 받을 수 없다.

말이 나온 김에 다주택자 양도세 중과에 대해 알아보자. 다주택자 양도세 중과는 단순히 다주택자라고 적용되는 것은 아니다. 1) 양도 당시 세대 기준 다주택이면서, 2) 조정대상지역에 위치한 주택을 매각할 때 발생한다.

예를 들어 세대 기준 3주택인데 이 중 하나를 매각할 때 해당 지역이 조정대상지역이라고 가정해 보자. 그렇다면 다주택자 양도세 중과에 해당한다. 2025년 7월 기준 강남 3구와 용산구가 해당한다. 물론 2026년 5월 9일까지는 양도세 중과배제이므로 그때까지는 주택 수가 아무리 많고 조정대상지역에 위치한 주택이라도 양도세 중과는 해당하지 않는다.

반면, 현재 3주택인데 매각 당시 해당 주택이 위치한 지역이 비조정대상지역이라고 한다면 이 역시 다주택자 양도세 중과는 해당하지 않는다.

즉, 양도세 중과는 양도 당시로 판단한다는 것, 또한 그 대상은 조정대상지역 여부가 중요한데 이러한 규제지역은 계속해서 변할 수 있다는 점이다. 가령, 현재는 비조정대상지역인 서울시 마포구가 한 달 정도 후인 8월에 조정대상지역으로 지정이 되고, 이후 본인이 마포 주택을 매각하는 2026년 6월에는 다주택자 양도세 중과가 시행이 된다면, 그때는 다주택 상태라면 중과에 해당할 수 있는 것이다.

다주택자 양도세 중과에 해당하면 양도세 부담이 크게 늘어나는데 그 이유는 두 가지다. 정리하면, 1) 장특공을 하나도 받을 수 없고, 2) 기본세율에 가산세율

■ **다주택자 양도세 중과 사례**

구분	일반과세	양도세 중과 (3주택)
양도가액	20억 원	20억 원
(−) 취득가액	10억 원	10억 원
(−) 필요경비	5,000만 원	5,000만 원
양도차익	9억 5,000만 원	9억 5,000만 원
(−) 장기보유특별공제	20% (10년 보유)	**미적용** ✔
양도소득금액	7억 6,000만 원	9억 5,000만 원
(−) 기본공제	250만 원	250만 원
= 과세표준	7억 5,750만 원	9억 4,750만 원
세율	42%	42% + **30%** ✔
누진 공제	(−) 3,594만 원	(−) 3,594만 원
양도세	2억 8,221만 원	6억 4,626만 원
총부담세액(지방세 포함)	3억 1,043만 1,000원	7억 1,088만 6,000원

이 붙는다(2주택인 경우 20% 포인트, 3주택 이상인 경우 30% 포인트).

'다주택자 양도세 중과 사례' 표에 정리한 내용에서 확인할 수 있는 것처럼 취득가액 10억 원, 양도가액 20억 원, 필요경비 5,000만 원, 단독명의 그리고 10년 보유를 가정해 보겠다. 일반과세라면 왼쪽처럼 총부담세액은 약 3억 1,000만 원이 나온다. 그에 반해 다주택자 양도세 중과(3주택 가정)에 해당할 경우 장특공을 받을 수 없고, 가산세율 30% 포인트가 더해지기에 최종 세 부담액은 7억 1,000만 원으로 무려 4억 원이 급증한다. 따라서 다주택자 양도세 중과는 가급적 피하는 것이 좋다.

양도가 12억 원 초과 고가주택 비과세는 표2 장특공이 적용된다. 이처럼 표1 장특공은 일반적인 경우에 받을 수 있으나(3년 이상 보유한 부동산), 경우에 따라서는 이를 하나도 받을 수 없다. 이렇게 보니 30%도 꽤 큰 숫자라는 것이 느껴질 것이다.

이제 이것보다 더 큰 표2 장특공에 대해 살펴보자. 표2 장특공은 일반적인 경우에는 적용되지 않고, 양도가 12억 원 초과인 고가주택에 대해서만 적용된다. 즉 1) 기본적으로 양도세 비과세에 해당해야 하고(1주택 비과세, 일시적 2주택 비과세 등), 2) 양도가가 12억 원을 넘어서야 하며(12억 원 이하는 어차피 세금이 없다), 3) 보유기간 중 반드시 2년 이상 거주를 해야 한다.

많은 사람이 세 번째로 언급한 2년 이상 거주라는 내용을 잘 이해하지 못한다. 즉, "취득 당시 비조정이었는데 왜 거주를 해야 하나요?"라는 질문을 자주 받는다. 하지만 이때 2년 거주는 조정대상지역 비과세와는 전혀 무관하다. 즉 취득 당시 비조정대상지역이었다 하더라도 추후 양도가가 12억 원을 초과하는 고가주택이라면 반드시 2년 이상 거주를 해야 표2 장특공이 가능하다. 만약 거주를 하지 못했다면 표2가 아닌 표1 장특공만 가능하다.

이를 그림으로 표현하면 '표2 장특공과 고가주택 비과세' 내용과 같다.

■ 표2 장특공과 고가주택 비과세

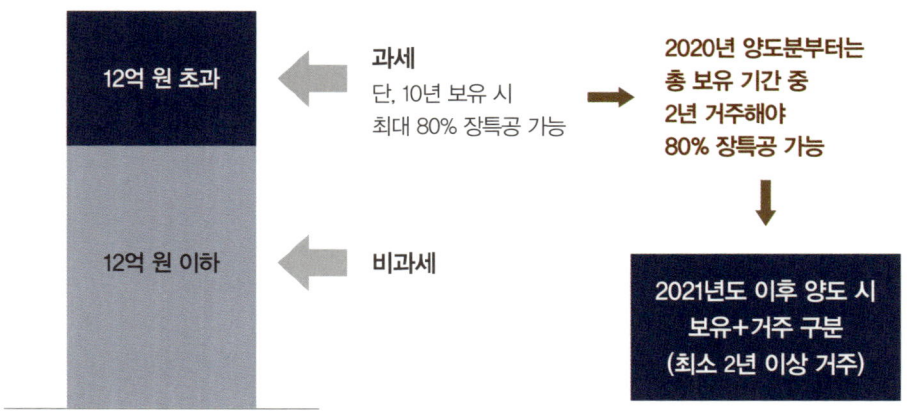

표2 장특공을 받으려면
반드시 '2년 거주'를 충족해야 한다

원래 표2 장특공은 '보유'만 하더라도 적용이 가능했다. 즉 10년 보유하면 1년에 8%씩, 최대 80%가 가능했는데 이것을 2020년, 2021년 연달아 개정되면서 거주 요건이 붙은 것이다. 이러한 변화는 실거주자에게 더 많은 혜택을 주려는 정부의 의도가 반영된 결과라고 볼 수 있다.

처음에는 전체 보유 기간 중 '2년 거주'만 하고 10년 보유를 했다면 80% 표2 장특공이 가능했다(2020년 이후 양도분). 그러던 것이 2021년 이후 양도분부터는 보유와 거주 기간을 구분해서 최대 10년 거주를 해야 80% 장특공이 가능한 것으로 개정된 것이다. 이는 단순한 보유보다는 실제 거주에 더 큰 가치를 두겠다는 정책 방향의 전환이라고 해석할 수 있다.

이때 중요한 것은 '양도분'이라는 점이다. 즉 언제 취득했는지는 상관이 없고 양도일이 2020년, 2021년 이후이고 고가주택에 해당한다면 반드시 거주를 해야 표2 장특공이 가능하게 될 것이다. 이러한 소급적용은 기존 투자자들에게 예상치 못한 세 부담을 안겨주는 결과를 낳았다. 이것이 실거주자 입장에서는 얼마나 황당한 것인지 사례를 통해 살펴보겠다. 실제 사례를 통해 구체적인 세액 차이를 확인해 보면 그 심각성을 더욱 명확하게 알 수 있을 것이다.

두 가지 사례 중 첫 번째 사례다. 취득가액 7억 원, 양도가액 15억 원, 필요경비

■ 표2 장특공 사례 1

구분	10년 보유	10년 보유, 2년 거주	10년 보유, 10년 거주
양도가액	15억 원		
(-) 취득가액	7억 원	좌동	좌동
(-) 필요경비	3,000만 원		
= 양도차익	7억 7,000만 원		
과세대상 양도차익	7억 원 7,000만 원 × {(15억 원-12억 원)/15억 원}=1억 원 5,400만 원		
장기보유특별공제	20% (표1)	48% (표2)	80% (표2)
= 양도소득금액	1억 2,320만 원	8,008만 원	3,008만 원
(-) 기본공제	250만 원	좌동	좌동
= 과세표준	1억 2,070만 원	7,758만 원	2,830만 원
세율	35%	24%	15%
누진공제	1,544만 원	576만 원	126만 원
산출세액	2,680만 5,000원	1,285만 9,200원	298만 5,000원
총 납부세액(지방세 포함)	2,948만 5,500원	1,414만 5,120원	328만 3,500원

* 취득가액 7억 원, 비과세 12억 원, 필요경비 3,000만 원 가정
* 보유 및 거주 기간에 따른 고가주택 비과세 세금 차이 계산

는 3,000만 원, 단독명의를 가정했다. 양도가 12억 원을 넘기에 고가주택 비과세에 해당한다. 현재 서울 아파트 평균 매매가격을 고려할 때 이러한 사례는 매우 일반적이라고 볼 수 있다.

참고로 고가주택 비과세는 단순 양도차익이 아닌 '과세대상 양도차익'을 구해야 하는데, 이는 양도차익에서 12억 원 초과분을 적용한다. 즉, 양도차익은 7억 7,000만 원이고 전체 양도가가 15억 원이니 12억 원 초과분에 해당하는 것은 (15억 원-12억 원)/15억 원=0.2, 즉 20%다. 따라서 양도차익 7억 7,000만 원에 12억 원 초과분인 20%를 적용해서 과세대상 양도차익 1억 5,400만 원을 도출한다. 이후 장특공을 적용하면 된다. 다소 복잡한 계산이지만 정확한 세액 산정을 위해서는 반드시 거쳐야 하는 과정이다.

먼저 10년 보유 사례를 보자. 이 경우는 2019년까지 매각을 했다면 표2 장특공 80%가 가능했으나 단지 양도일이 2021년 이후라는 이유로 표2 장특공을 받을 수 없다. 왜냐하면 거주를 하나도 하지 않았기 때문이다. 이는 기존 투자자들이 예상하지 못했던 급격한 세 부담 증가를 의미한다.

대신 표1 장특공은 가능한데, 그마저도 1년 3%에서 2%로 내려갔으므로 10년 30%가 아닌 10년 20%밖에 받을 수 없다. 그 결과 총 납부세액은 약 3,000만 원에 달한다. 그래도 비과세이므로 이렇게 적은 것이며 일반과세였다면 양도세는 2억 원을 넘어간다. 이러한 차이를 보면 비과세 혜택이 얼마나 중요한지 알 수 있다.

만약 10년 보유 중에서 2년 거주를 했다면 어떻게 될까? 최소 거주기간인 2년 거주를 달성했고, 12억 원 초과 고가주택 비과세이므로 표2 장특공이 가능하다. 이때 조심해야 하는 점은 보유기간, 거주기간이 별도라는 것으로 10년 보유×4%=40%, 여기에 2년 거주×4%=8%가 되어 48%가 된다. 그 결과 총 납부세액은 1,400만 원 남짓으로 크게 줄어든다. 거주 여부만으로도 1,600만 원의 세액 차이가 발생하는 것이다.

만약 10년 보유, 10년 거주를 했다면 표2 장특공 80%가 가능하므로 세금은 300만 원대로 크게 줄어든다. 이는 거주하지 않은 경우와 비교할 때 무려 2,700만 원의 차이를 보여준다.

즉, 방금 사례는 해당 내용이 개정되지 않았다면 300만 원 정도 세금을 부담하고 매각을 할 수 있었는데 거주 요건이 붙으면서 최악의 경우 3,000만 원까지 세금이 올라갈 수 있는 것이다. 이는 기존 투자자들에게는 예상치 못한 큰 부담이 아닐 수 없다.

물론 실제 거주하는 사람에게 더 많은 혜택을 주겠다는 취지는 이해하나, 표2 장특공은 단순 세제혜택이 아닌 '거주이전의 자유'를 보장하기 위한 제도이므로

■ 표2 장특공 사례 2

구분	거주 2년, 보유 2년	거주 5년, 보유 5년	10년 보유, 10년 거주
양도가액	40억 원		
(-) 취득가액	10억 원		
필요경비	없다고 가정		
= 양도차익	30억 원		
과세대상 양도차익	30억 원 × {(40억-12억)/40억}=21억 원		
장기보유특별공제	- (3년 이하)	40%	80%
= 양도소득금액	21억 원	12억 6,000만 원	4억 2,000만 원
기본공제	250만 원	250만 원	250만 원
= 과세표준	20억 9,750만 원	12억 5,750만 원	4억 1,750만 원
세율(누진공제)	45% (-6,594만 원)	45% (-6,594만 원)	40% (-2,594만 원)
양도소득세	8억 7,793만 5,000원	4억 9,993만 5,000원	1억 4,106만 원
총 납부세액(지방세 포함)	9억 6,572만 8,500원	5억 4,992만 8,500원	1억 5,516만 6,000원

* 취득가액 7억 원, 비과세 12억 원, 필요경비 3,000만 원 가정

이렇게 개정하는 것이 맞는지는 다소 의문이다. 필자가 생각하기에는 이러한 급격한 제도 변화보다는 단계적 적용이 더 합리적이었을 것이다.

두 번째 사례를 보겠다. 최근 집값이 많이 오른 것을 반영하여 양도차익이 큰 것으로 그 효과를 보고자 한다. 실제 시장 상황을 고려할 때 이러한 사례는 강남권이나 분당 등 주요 지역에서 흔히 볼 수 있는 상황이다.

취득가액 10억 원, 양도가액 40억 원, 고가주택 비과세이며 필요경비는 없다고 가정한다. 이 정도 수준의 양도차익이라면 세액 차이는 더욱 극명하게 나타날 것이다.

역시 과세대상 양도차익을 먼저 구해보자. 양도차익은 30억 원이고, 12억 원 초과분에 해당하는 비율은 양도가액이 40억 원이므로 (40억 원-12억 원)/40억 원=0.7, 즉 70%다. 따라서 양도차익 30억 원에 70%인 21억 원에 대해서만 과세대상 양도차익이 된다. 이것이 비과세 효과다. 만약 일반 주택이었다면 30억 원 전체가 과세대상이 되었을 것이다.

먼저 첫 번째는 보유 2년을 하면서 동시에 2년 거주한 경우다(각각 2년이 아니다). 이 경우는 장특공이 몇 %일까? 하나도 없다. 최소 조건인 3년 이상 보유 자체가 안 되기 때문이다. 그 결과 총부담세액은 약 10억 원에 달하는 9억 6,500만 원이다. 상당한 금액 아닌가? 이는 급매로 인한 조기 매각이 얼마나 큰 손실을 가져오는지를 보여주는 사례다.

두 번째는 5년 보유를 하면서 동시에 5년 거주를 한 경우다. 3년 이상 보유했으니 최소 표1 장특공 가능하며, 여기에 2년 이상 거주 요건을 충족했으니 표2 장특공 가능하다. 그 결과 장특공은 40%가 적용되며 똑같은 양도차익이지만 총부담세액은 5억 4,000만 원으로 내려간다. 2년 보유 사례와 비교하면 4억 원 이상의 세액 절감 효과를 얻는 것이다.

마지막 10년 보유 및 10년 거주는 최대 80% 표2 장특공이 가능하므로 총부담세액이 1억 5,500만 원으로 크게 줄어든다. 5년 거주 사례와 비교해도 약 4억 원의 추가 절감이 가능하다. 이렇듯 고가주택일수록, 그리고 양도차익이 크면 클수록 실거주하는 것이 절세 측면에서 유리하다. 특히 양도차익이 큰 경우에는 거주기간에 따른 세액 차이가 수억 원에 달할 수 있어 그 중요성이 더욱 부각된다.

고가주택일수록 장기 거주가 유리하다

지금 부동산 시장은 '똘똘한 한 채'에 집중하는 것이 여러모로 유리하다. 취득세 중과, 양도세 중과를 고려했을 때 1채 혹은 많아야 2채가 적당하고 여기에 종부세 역시 3주택부터는 중과를 적용하기 때문이다. 이러한 세제 환경에서는 집중 투자 전략이 필수적이다.

이에 대해 최근에는 주택 수가 아닌 가액 요건으로 세제 개편을 해야 한다는 목소리도 조금씩 나오고 있다. 취지는 이해하나, 다주택자에 대한 편협한 시각을 가지고 중과를 했던 곳에서 이제 와서 주택 수가 아닌 가액으로 세제 개편을 해야 한다고 하니 참 당황스럽다. 필자가 보기에는 정책의 일관성 부족이 투자자들의 혼란을 가중시키고 있는 것 같다.

이에 대해서는 구체적인 내용이 나올 때까지는 무엇이라고 판단할 수가 없고, 현 상황에서는 가급적 주택 수는 늘리지 않고 실거주하는 것이 여러모로 유리하다. 개인적으로는 향후 몇 년간은 이러한 기조가 지속될 것으로 예상한다.

2025년 서울 아파트의 평균 매매가격은 지난 4월 11억 6,633만 원이라고 한다(한국부동산원). 거지간하견 고가주택에 해당하는데 그럼에도 불구하고 비과세를 받아야 양도세 자체가 줄어들고, 다시 여기에 2년 이상 거주를 해야 표2 장특공이 가능하다. 이는 서울 아파트 소유자 대부분이 이러한 세제 혜택을 고려해야 한다는 것을 의미한다.

따라서 이를 이해한 분들은 가급적 실거주를 할 것인데, 이렇게 되면 대부분이 1주택자이고 실거주를 하는 것이기에 전월세 공급은 당연히 줄어들게 되고, 그로 인해 전월세 시장은 매우 불안해질 것이다. 그렇다면 이에 대해서도 정부 대책이 나올 것인데 이 부분도 고려해야 하는 사항 중 하나다. 필자라면 이러한 연쇄 효과까지 미리 계산에 넣고 투자 전략을 수립할 것을 권한다.

주택 매도 후 3~4개월은
주의해야 하는 이유

양도세 절세에 있어서는 필요경비를 많이 받고 최소 2년 이상 보유하는 것이 중요하다. 여기에 공동명의까지 한다면 일반적인 양도세에 있어서 할 수 있는 절세법은 최소 80% 이상은 했다고 봐도 무방하다.

그런데 실제 주택을 매각한 이후 양도세 신고를 함에 있어서 주의해야 하는 점은 무엇일까? 가령, 언제까지 신고를 해야 하고 혹시 비과세인 경우라면 꼭 신고를 해야 하는 것일까? 1년에 2채 이상 매각하면 이를 합산해 과세한다고 하는데, 그땐 어떻게 하는 것일까?

주택을 매도 후
양도세 신고

만약 A라는 사람이 2025년 3월에 주택을 매각했다면 이에 대해 양도세 신고는 2025년 5월 말일까지 해야 한다. 우리 세법은 '양도일이 속하는 달의 말일로부터 2개월' 내로 양도세 신고를 하라고 정했기 때문이다. 차익이 났다면 당연히 그에 따라 세금을 납부해야 할 것이고, 손실이 나더라도 그 사실에 대해 신고를 하는 것이 원칙이다.

세법에서는 이러한 신고를 '예정신고'라고 한다. '양도일이 속하는 달의 말일로부터 2개월'이라는 용어가 원칙이지만 우리 입장에서는 쉽게, '팔고 나서 2개월

안에 신고' 이렇게 외워두는 게 더 좋다. 간편하고 날짜에 있어서도 더 여유가 있으니 말이다.

그런데 이 A라는 사람이 2025년 10월에 또 다른 주택을 매각하면 어떻게 될까? 앞서 살펴본 것처럼 2025년 12월 말일까지 예정신고를 해야 한다. 그런데 여기에서 끝나지 않는다. 우리 세법은 '동일 연도(매년 1월 1일~12월 31일)'에 2건 이상 양도를 한 경우 이에 대해 합산해 과세를 한다(1년 기간이 아닌 연도가 같은 경우 합산을 한다).

예정신고 및 확정신고 자료에서 보는 것처럼 일단 주택을 매각할 때마다 2개월 이내 예정신고를 한다. 그런데 그 건수가 2건 이상이라면 이를 합산해 '확정신고'라는 것을 해야 한다.

그리고 이때 확정신고는 '다음 해 5월 말일까지' 별도로 신고를 해야 한다. 가령, 2024년도 3월에 1건, 10월에 1건, 이렇게 총 2건을 매각했다면 이에 대해 합산한 후 그 다음 연도인 2026년도 5월에 제대로 계산한 세금을 신고, 납부하라는 의미다.

한 가지 주의해야 할 점은 내가 팔고 나서 1년이라는 기간을 따로 체크하는 것

■ **예정신고 및 확정신고**

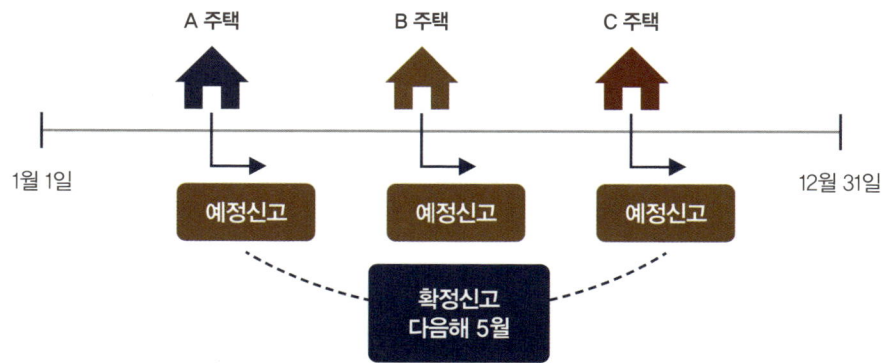

이 아니고, 동일 연도 그러니까 1월 1일부터 12월 31일까지를 매해 체크해서 정산한다고 보면 된다. 직장인이라면 1월부터 12월까지 급여를 연말정산하고, 사업자 역시 동일한 것과 마찬가지다.

그렇다면 특정 연도에 단 한 건만 매각하는 경우는 어떻게 될까? 예를 들어 B라는 사람이 2025년 10월에 단 한 건만 주택을 매각했다면 2025년 12월 말일까지 예정신고를 해야 하고 2025년도에 다른 부동산을 매각한 것이 없으니 그 자체가 곧 예정신고이면서 확정신고가 되는 것이다.

참고로, 이러한 합산과세는 같은 '자산그룹'이라면 가능하다. 즉 부동산 자산이라면 토지, 상가, 주택 등을 합산할 수 있지만 부동산이 아닌 다른 자산, 가령 주식 등이라면 합산이 불가하다.

비과세라면 신고를 해야 할까?

만약 A라는 주택을 매각했는데 비과세라고 판단했다고 하자. 이 경우, 신고를 해야 할까, 아니면 하지 않아도 될까?

일단 해당 사례가 비과세에 해당한다면 양도세 신고를 하지 않아도 된다. 과세권 자체가 발생하지 않았기 때문이다. 하지만 양도가액이 12억 원을 초과하는 고가주택 비과세라면 세금이 발생하므로 당연히 신고를 해야 한다. 즉, 고가주택 비과세는 엄밀히 말해 비과세가 아니다.

그에 반해 '감면'의 경우, 일단 양도세가 발생하고 그걸 경감시켜 주는 것이기에 세금이 발생하고(통상 양도세의 20%를 농특세로 부담) 당연히 신고 의무가 있다. 과거 미분양 감면주택, 최근에는 준공공 양도세 100% 감면 주택 등이 있는데 이러한 감면 주택은 비과세와 다르니 무조건 신고한다고 생각해야 한다.

■ 비과세와 감면 비교

구분	비과세	감면
개념	과세권 포기	세금 일부/전부를 경감
세금발생 유무	없음	감면세액 일부 발생 (보통 농특세 20%)
세금신고 유무	없음	반드시 신고해야
사례	1주택 비과세, 일시적 2주택 비과세 등	미분양/신축 감면주택 등

* 단, 양도가액 12억 원 초과 '고가주택'인 경우, 세금 신고/납부 필수

그렇다면 고가주택이 아닌, 12억 원 이하의 비과세 주택은 신고하지 않아도 될까? 법적으로는 신고 의무가 없지만, 실무적으로는 신고하는 것이 훨씬 유리하다. 이는 다음과 같은 이유 때문이다.

예를 들어 어떤 사람이 주택을 4월에 매각한 경우, 앞서 본 것처럼 6월 말일까지는 예정신고를 해야 한다. 그리고 매각한 다른 주택이 없다면 신고는 이걸로 종결이다. 여기까지는 우리가 앞에서 본 내용이다.

그렇다면 이에 대해 과세관청은 어떻게 적합성 유무를 판단할까? 실무하시는 분들에게 들어보면 예정신고가 종료되고 나서 보통 1~2개월 내에 관련 내용을 검증한다고 한다(물론 더 늦어질 수도 있다). 제대로 신고가 되었는지, 혹은 과다 공제 항목은 없는지(가령, 필요경비 항목을 기준보다 많이 기입한 경우 등) 그리고 비과세에 해당한다면 정말 그 요건을 잘 갖추었는지 등을 확인하는 것이다.

그런데 이 사례에서 당사자는 해당 주택이 비과세라고 판단이 되어 신고를 하지 않았다고 가정을 해보자. 하지만 과세관청에서 살펴보니 실제로는 비과세가 아니었다면 어떻게 될까?

여기서부터가 중요하다. 당사자는 비과세라고 생각해서 신고를 안 했는데 실

■ 비과세라도 신고가 유리한 이유

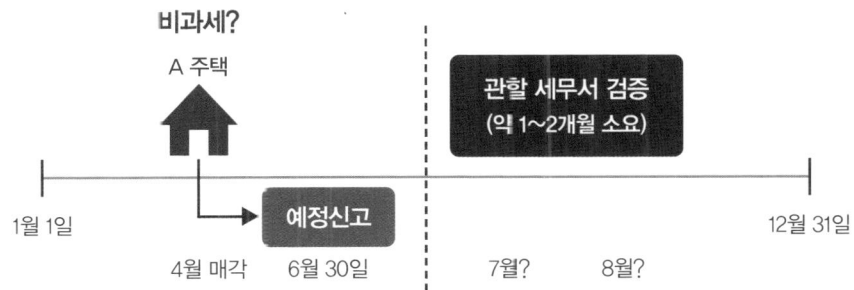

제 비과세가 아니라면 이때는 단순히 세금을 내는 것에서 그치지 않고 '가산세'를 내야 한다.

즉, 신고 자체를 안 했으니 '무신고 가산세'를 내야 하고 이때 가산세는 납부해야 할 세액의 20%에 해당한다. 즉 당초 내야할 세금이 1억 원인데, 이걸 비과세라고 착각해서 신고마저 안 했다면 원래 납부해야 할 세금 1억 원+무신고 가산세 20%, 즉 2,000만 원까지 더해서 최소 1억 2,000만 원을 부담해야 한다. 여기에 약 10%에 육박하는 납부지연 가산세까지 더해지니 실로 그 세 부담은 상당하다 하겠다.

반면, 만약 비과세라고 생각했더라도 '혹시 모르니 신고라도 해두자'는 판단을 했다면 결과는 크게 달라진다. 이 경우에는 신고는 했으나 세액 산정이 달랐던 상황으로 간주되며, '과소신고 가산세'가 적용된다. 과소신고 가산세는 세액의 10% 수준이므로, 위 사례에서는 1,000만 원의 가산세로 줄어들게 된다. 신고 여부 하나만으로 가산세가 절반으로 줄어드는 셈이다.

물론 이러한 일 자체가 없는 것이 가장 좋겠지만 사람 일은 혹시 모르는 것이고, 본인은 비과세라고 생각한 경우가 실제로는 비과세가 되지 않을수도 있으니 양도가액 12억 원 이하 비과세인 경우라도 가급적 신고하기를 권한다.

합산과세를 고려한 매도 전략

비과세에 대해 살펴보았으니 이번에는 합산과세를 보겠다. 특히 주택 수가 3채 이하인 사람들 사이에서 '다 팔고 하나로 뭉치자'라는 판단을 하고 있는 듯하다. 따라서 이 경우는 1년에 2채 이상을 매각하는 경우가 나올 수 있는데, 그때는 양도세 합산과세를 체크해야 한다.

■ 합산과세 사례

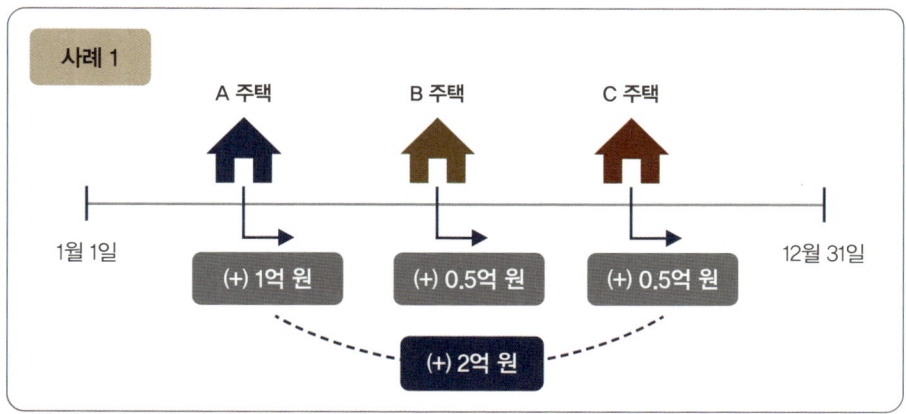

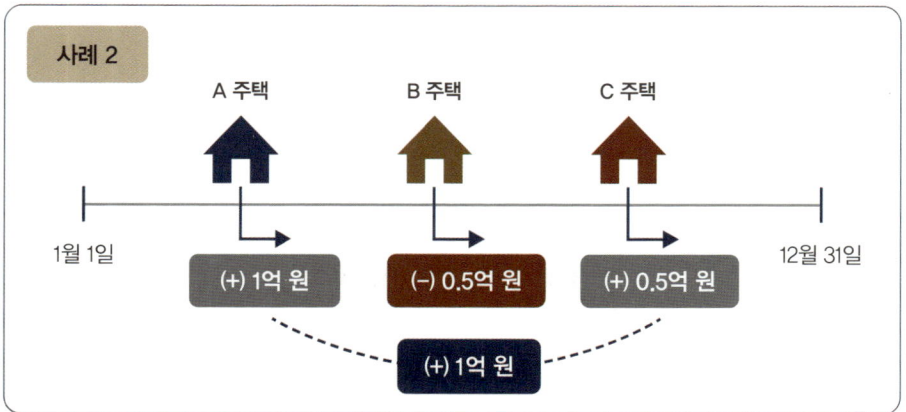

'합산과세 사례' 그림은 합산과세 관련해 두 가지 사례를 그림으로 표현한 것이다. 먼저 사례 1의 경우 양도차익 3건을 모두 동일연도 매각함으로써 세 부담이 늘어난 케이스다.

이때는 가급적 연도를 달리해서 합산과세를 피하는 게 좋은데(그 결과 양도세가 줄어든다), 만약 3채를 모두 빨리 처분해서 현금을 확보하거나, 더 좋은 하나로 뭉치거나 혹은 다른 상품에 투자를 하는 경우라면 세금을 내더라도 빨리 처분하는 게 나을 수 있다. 즉 합산과세를 피하는 것만이 능사는 아니라는 이야기다.

반면 사례 2는 중간에 손실난 주택(B)이 있는데, 이때는 반드시 동일 연도에 함께 매각함으로써 총 세 부담을 줄여야 한다. 만약 사례 2에서 A와 C는 2025년도에 매각, B는 2026년도에 매각하면 연도가 달라지므로 합산이 되지 않는다.

즉, 사례 2에서 B 주택의 경우, 그렇지 않아도 손실이 나서 속상한데 합산과세라도 활용해서 다른 주택 세금이라도 줄여야 하지 않겠나? 이걸 조금 응용해본다면 만약 1년에 두 채 이상 매각을 해야 하는데 거래가 잘 안 된다면 이중 일부를 가격을 확 낮춰서 매각하는 것도 방법이 될 수 있다.

예를 들어 보겠다. '합산과세 역이용하는 방법'의 경우 양도차익 3억 원, 양도

■ **합산과세 역이용하는 방법**

양도차익 3억 원 양도차손 5,000만 원
추가 가격 조정?

- **양도차손 5,000만 원인 경우**
  – 합산 2억 5,000만 원
  – 양도세 약 8,100만 원

- **양도차손 1억 원인 경우**
  – 합산 2억 원
  – 양도세 약 6,000만 원

- **실제 손실** ✔
  – 약 3,000만 원
  – 추가 조정 5,000만 원에서 절세 금액
    2,000만 원 차감(= 8,100만 원−6,000만 원)

차손 5,000만 원 이렇게 2채의 주택이 있다. 앞에서 배운 것처럼 해당 주택을 모두 동일연도 매각해야 하는데, 손실 난 주택(그림의 빨간주택)이 잘 팔리지 않는다. 만약 이익이 난 파란주택을 2025년도에 매각했는데, 손실 난 빨간주택이 거래가 되지 않아서 시기를 놓치게 된다면 이때는 그 손실을 고스란히 지거나 혹은 회복될 때까지 장기보유해야 할 것이다.

그런데 만약 현 상황에서 빨간주택 가격을 5,000만 원 더 낮춰서 양도차손 1억 원에 매각해서 합산과세를 활용하게 된다면 어떨까? 이때는 양도차손 5,000만 원일때는 합산과세 2억 5,000만 원(=3억 원-5,000만 원)으로 양도세는 약 8,100만 원 정도가 나오지만, 합산과세를 위해 가격을 더 낮춰서 1억 원을 손실보고 매각한다면 합산과세 2.0억 원(=3억 원-1억 원)이 되어 양도세는 약 6,000만 원이 나온다. 이는 당초 계획했던 양도세 8,100만 원 대비 약 2,000만 원이 줄어드는 효과를 가져온다.

이 사례가 시사하는 바가 무엇일까? 빨간 주택은 이미 손실난 주택으로 아무래도 거래가 되지 않을 가능성이 높다. 그렇게 될 경우 합산과세 활용은 물건너가게 된다. 하지만 추가로 가격을 더 낮춰서 동일 연도 매각을 한다면 비록 추가 손해를 보지만(사례의 경우 3,000만 원) 애물단지인 주택을 처분하고 주택 수를 정리할 수도 있을 것이다. 이후 추가 손실 3,000만 원보다 더 수익이 나는 물건을 취득해서 더 많은 이득을 보면 그만이다.

합산과세를 통한 확정신고

그렇다면 실제 합산과세가 되는 경우 계산은 어떻게 하는 것일까? 우리는 1년에 2채를 매각하고, 해당 주택이 모두 양도차익이 발생한 경우를 가정해서 살펴보

■ **동일연도에 2채를 매각한 사례**

겠다.

동일연도에 2채를 매각했다고 가정했을 때 예정신고와 확정신고를 어떻게 해야 할까? 먼저 A 아파트는 3월에 매각했으니 5월 31일까지 양도세 신고를 해야 한다. 관련 정보는 다음 페이지에 있는 '사례 중 예정신고와 확정신고' 그림으로 정리한 내용을 참고하되 장특공이 있을 수 있으니 양도차익에서 체크를 해보도록 하자. 따라서 순서에 맞게 계산해 보면 산출세액은 2,568만 5,000원이 나온다. 편의상 지방소득세는 생략하고 비과세가 아닌 일반과세라고 가정하겠다.

여기에서 다른 주택 매각이 없다면 이걸로 종결되겠지만, 10월에 B 아파트를 추가 매각했으니 이에 대해 12월 31일까지 다시 양도세 신고를 해야 하지? 그리고 동일연도 즉, 1년에 2건 이상 매각했으므로 이제 다음 연도인 2025년 5월 31일까지 확정신고를 해야 한다.

우선은 B 아파트 예정신고만 본다면 마찬가지로 양도차익 6,200만 원까지 도출한 후에 장특공을 보았더니 역시 3년 미만 보유라 해당이 없다. 그런데 주의할 건, 이미 기본공제 250만 원을 A 아파트에서 써먹었으니 추가로 다시 공제를 해서는 안 된다는 것이다.

이제 과표 그리고 세율을 적용하면 912만 원의 양도세가 도출이 된다. 이렇게

■ 사례 중 예정신고와 확정신고

구분	예정신고		확정신고
양도자산	A 아파트 (2024년 3월 매각, 2년 보유)	B 아파트 (2024년 10월 매각, 2년 보유)	A 아파트+B 아파트
신고기한	2024년 5월 31일까지	2024년 12월 31일까지	2025년 5월 31일까지
양도가액	6억 원	5억 원	
취득가액	4억 5,000만 원	4억 2,000만 원	
필요경비	3,000만 원	1,800만 원	
양도차익	1억 2,000만 원	6,200만 원	
장기보유특별공제	0원(3년 미만)	0원(3년 미만)	
양도소득금액	1억 2,000만 원	6,200만 원	
기본공제	250만 원	- (이미 사용)	
과세표준	1억 1,750만 원	6,200만 원	1억 7,950만 원
세율	35%	24%	38%
누진공제	1,544만 원	576만 원	1,994만 원
산출세액	2,568만 5,000원	912만 원	4,827만 원
비고		3,480만 5,000원	1,346만 5,000원

사례의 당사자는 2024년도에 총 3,480만 5,000원의 양도세를 부담하게 된다. 그런데 이 둘을 합산해서 확정신고를 해야 하는데, 이때는 어떻게 해야 할까?

'사례 중 예정신고와 확정신고'의 확정신고에 열의 과표 내용을 잘 보기를 바란다. 앞서 살펴본 것처럼 확정신고는 이를 합산해서 계산을 해야 하는데, 우리는 이걸 '양도세 과표'으로 쉽게 해결할 수 있다. 즉, 양도세에서 세금을 부과하는 기준인 과표를 더해서 합산과세 계산이 가능한 것이다.

따라서 A 아파트와 B 아파트를 매도한 양도세 과표는 1억 7,950만 원(=A 아파트 1억 1,750만 원+B 아파트 6,200만 원)이 되고, 그에 따라 양도세 계산을 하면 총 4,827만 원이 나온다. 즉, 세법에서는 이게 정확한 양도세라 보는 것이다. 그런데 앞서 살펴본 것처럼 당사자는 2024년도에 3,480만 5,000원만 납부했으니 이 차액인 1,346만 5,000원을 추가로 납부해야 하고 그 시기는 2025년 5월 31일이 된다. 생각보다 꽤 큰 금액이다.

 그렇다면 왜 이런 결과가 나왔을까? 이는 '사례 중 예정신고와 확정신고'의 '세율' 부분을 잘 봐주면 이해가 쉽다. 즉, 사례의 경우 A 아파트를 팔았을 당시 이미 35% 세율 구간을 적용받고 있었다. 따라서 여기에서 추가로 매각을 해서 양도차익이 발생한다면 최소 35%의 세율이 적용되는데, 이 경우는 그걸 넘어서 38% 세율구간까지 간 것이다.

 그런데 2023년도에 24%로 계산했으니 당연히 그 다음 확정신고 때에는 세 부담이 커진 것이다. 반대로 B 아파트가 양도차손(-)이었다면 일단 35% 구간이 적용되지만 그 금액이 커질 경우 세율은 낮아질 수도 있다. 이게 바로 합산과세의 묘미다.

예정신고를 할 때
확정신고로 신고해도 될까?

간혹 이런 질문을 주시는 분들도 계신다. "어차피 낼 세금인데, 이 사례에서 B 아파트 예정신고인 12월에 기존것과 확정신고해서 납부해도 되지 않나요? 더 팔 물건이 없다면요." 물론 가능하다. 즉, 앞에서 본 '사례 중 예정신고와 확정신고'의 자료에서 B 아파트 예정신고를 12월에 하면서 기존 것과 합산해 확정신고를 마무리하는 것이다. 물론 동일연도에 추가로 매각하는 부동산은 없어야 한다.

 하지만 필자라면 그렇게 하지 않을 것이다. 5개월 후에 납부해도 될 세금을 굳이 먼저 납부할 필요가 없는 것이다. 사례에서는 1,300만 원이 넘는 큰 금액인데, 차라리 CMA 계좌라도 넣어서 이자라도 받는 게 낫지 않을까?

반대로 B 아파트가 손실이 난 경우라면 내년 5월까지 기다리지 말고 곧바로 확정신고를 해서 세금을 줄이는 것도 방법이 되겠다.

이월과세와 저가양수도를 활용한 2주택 비과세

가정을 해보겠다. 현재 2주택을 보유 중인 부모님이 계시는데, 이 둘을 모두 처분하고 싶어한다. 그런데 둘 간에는 일시적 2주택 비과세가 되지 않는다. 즉 하나는 양도세를 부담해야 하고, 남은 하나에 대해 비과세가 가능하다는 것이다.

이 방법도 상당히 좋다고 할 수 있지만, 사람 욕심 때문에 '혹시 둘 다 비과세 받을 수는 없을까?'하는 생각이 들 수밖에 없다. 그래서 가장 쉽게 생각할 수 있는 방법이, '그래 자녀에게 이 것을 넘기고 내가 비과세를 받고 다시 이것을 가져오면 되겠구나' 하는 것이다. 하지만 최근에는 이러한 '가장매매'에 대해 과세당국이 적극적으로 잡아내고 있는 상황이다. 과세당국의 추적 시스템이 고도화되면서 이런 편법적 거래는 더 이상 통하지 않는다고 보는 것이 현실적이다.

이월과세가 무엇인가?

'이월과세의 이해'라는 그림 자료를 먼저 보자. 다소 복잡할 수 있으니 차근차근 따라와야 한다. 먼저 갑이라는 사람이 2021년 A 주택을 3억 원에 취득한다. 그리고 3년이 지난 2024년, 배우자인 을에게 해당 주택을 증여한다. 이러한 배우자 간 증여는 실무에서 매우 빈번하게 활용되는 방법 중 하나다.

증여 당시 A 주택의 시세는 5억 원, 과거 배우자에게 증여한 사실이 없다고 가

■ **이월과세의 이해**

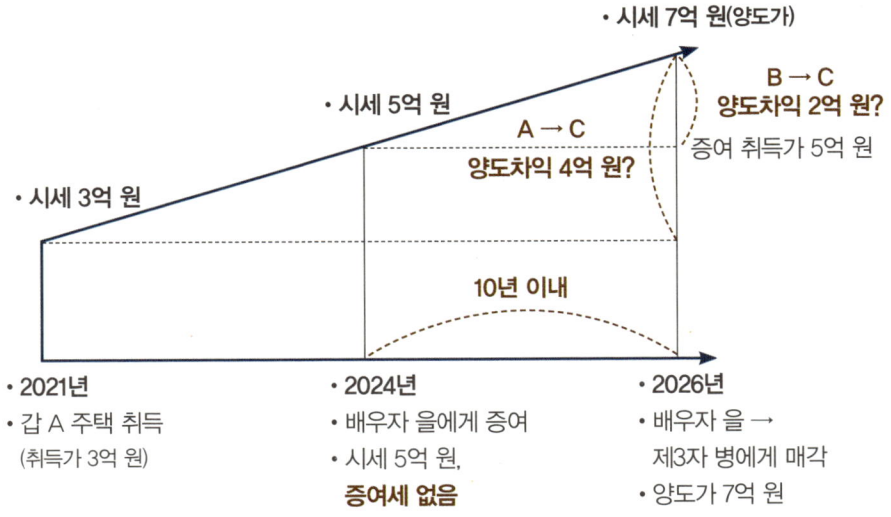

정한다면 이미 배운 대로 부부간 증여재산공제 6억 원이 공제되므로 별도 증여세는 없다(물론 증여 취득세 3.5%는 적용된다). 배우자 간 증여재산공제는 상당히 큰 혜택이라고 할 수 있다.

그로부터 다시 2년이 지난 2026년, 을은 제3자 병에게 해당 주택을 7억 원에 매각한다. 그렇다면 이 상황에서 을이 병에게 매각한 A 주택의 양도차익은 얼마일까? 양도가 7억 원, 취득가는 증여 당시 5억 원이었으니 이를 차감한 2억 원일까?

얼핏 보면 이것이 맞는 것 같다. 하지만 잘 생각해 보자. 해당 A 주택은 당초 을의 배우자인 갑이 3억 원에 취득했다. 그런데 배우자에게 한 번 증여를 하니 이에 대한 양도차익에 대해서는 세금은 한 푼도 내지 않고(증여를 했으니 양도세가 나올 리 없다), 다시 수증자가 이를 제3자에게 매각함으로써 양도세를 줄일 수가 있는 것이다. 이는 명백한 조세회피 수단으로 활용될 수 있는 구조다.

당연히 이런 방법을 과세당국 역시 똑같이 생각할 것이다. 그 결과 '이러한 방법으로 세금을 부당하게 회피할 수 있으니 이 방법을 막아야 한다'라고 조치를 취한다는 것이다. 이러한 이유로 나온 것이 바로 '이월과세'다. 즉 사례에서 배우자 을이 병에게 주택을 매각할 때, 취득가를 증여 취득가가 아닌 당초 배우자 갑이 취득한 가격으로 '이월해서 과세한다'라고 해서 이월과세인 것이다. 이는 조세회피를 차단하기 위한 과세 당국의 핵심 정책 도구라고 볼 수 있다.

하지만 여전히 '이것이 어떻게 우리에게 도움이 되는 것일까?' 하고 궁금해야 한다. 두 가지 이유 때문에 그렇다.

첫째, 이월과세를 모르고 함부로 위와 같은 방법을 썼다가는 손해를 볼 수 있다

구체적인 거래 비용은 '취득세'다. 소유권이 바뀔 때마다 우리는 일반 매매 취득세 혹은 증여 취득세를 부담해야 하고 이때 취득세는 요건에 따라 '중과'까지 될 수 있다. 특히 다주택자의 경우 취득세 중과율이 상당하므로 더욱 조심해야 한다.

둘째, 이월과세 '예외 규정'을 절세에 활용할 수 있다

이것을 활용하면 반대로 이월과세를 아주 좋은 절세 전략으로 변모한다. 구체적인 사례는 이어서 설명해 보겠다. 필자가 생각하기에는 이 부분이 현재 가장 실용적인 절세 방법 중 하나라고 판단된다.

이월과세가 적용되는 기준

그렇다면 어떤 경우에 이월과세가 적용될 수 있을까? 나도 모르게 적용되면 손해를 볼 수 있으니 정확하게 알아둬야 한다. 이월과세 적용 요건을 명확히 파악하는 것이 성공적인 절세 전략의 출발점이다.

첫째, 배우자 또는 직계존비속에게 증여할 때 적용이 된다. 방금 사례에서 본 것처럼 배우자 증여재산공제를 활용하면 양도세를 크게 줄일 수 있다. 또한 부동산은 거래 특성상 거래가 원활히 이루어지지 않을 수 있으니 아무래도 배우자 등 가까운 사람을 통해서 은밀하게 진행할 수 있다. 따라서 이월과세의 경우 배우자 또는 직계존비속 같은 특수관계자에게 증여할 때 이 규정을 적용한다. 과세당국 입장에서는 이러한 특수관계를 통한 조세회피 가능성을 차단하고자 하는 것이다. 따라서 증여자는 본인을 기준으로 배우자, 부모, 조부모, 자녀, 손주 등에게 증여할 때 유의해야 한다.

둘째, 이월과세 규정이 적용되는 자산은 토지, 건물, 시설물 이용권, 부동산을 취득할 권리 등이다. 이월과세 적용이 되는 자산은 꽤 많은데, 특히 부동산을 취득할 권리에는 분양권은 물론 조합원입주권도 포함된다는 것을 유의하기 바란다. 과거에는 해당 자산이 제외되었는데 2019년 시행령 개정으로 포함이 되었다. 다소 아쉬운 대목이라고 할 수 있다.

또한 주식 역시 2024년까지는 이월과세 규정이 적용되지 않았지만, 올해 2025년 이후 증여하는 경우에는 1년 후에 매각해야 이월과세 규정을 적용받지 않는다. 특히 해외주식 처분 시 조심해야 하는데, 부동산의 경우 10년인데 반해, 주식은 1년이라는 짧은 일정이 적용되는 이유는 그만큼 변동성이 크기 때문인 것으로 보인다.

셋째, 부동산 이월과세 적용 기간은 2023년 1월 1일 이후 증여 시 기존 5년에서 10년으로 크게 늘어난다. 과거에는 이월과세 적용 기간이 5년이었다. 이때 적용 기간이란 수증자가 증여를 받고 이를 다시 양도하기까지 기간인데, 위 사례에서는 수증자인 배우자 을이 2024년 증여를 받았고, 이를 2026년 양도를 했으니 당연히 이월과세가 적용된다. 이러한 기간 연장은 과세당국의 조세회피 차단 의지를 보여주는 대표적인 사례다.

다만 증여한 시점이 2022년 12월 31일까지라면 이월과세 적용 기간은 5년,

2023년 1월 1일 이후 증여했다면 이월과세 적용기간은 10년이 적용된다. 따라서 2022년 12월 31일 이전 증여한 경우라면 5년 후 매각이 가능한 것이다. 이는 증여 시점에 따른 명확한 구분이 필요함을 의미한다. 따라서 혹시 '5년만 지나면 이월과세 적용을 받지 않으니 괜찮겠지?'라고 판단했다면 증여한 시점이 2023년 전인지 혹은 그 이후인지를 꼭 확인해야 한다. 이 한 가지 확인만으로도 향후 10년간의 세무 전략이 완전히 달라질 수 있다.

여기까지만 보면, '세대 분리된 자녀에게 증여해 주택 수를 줄여보려 했는데 10년이나 기다려야 한다'라고 판단할 수 있다. 하지만 이 경우에도 '방법'이 있다. 바로 이월과세 예외 규정을 활용하는 것이다.

이월과세가 적용되지 않는 경우

이월과세가 적용되지 않는 경우는 크게 세 가지다. 모두 '굳이 이월과세를 적용하지 않아도 되는구나'라고 이해하면 되는데, 바로 이 부분이 돈 되는 절세법이 될 수 있다. 이 예외 규정들을 정확히 파악하고 활용하는 것이 핵심이다.

첫째, 협의 매수 및 수용되는 경우다. 이 경우는 '부득이한 사정'으로 국가에서 해당 부동산을 매수 및 수용하는 경우이므로 수증자가 손해를 보지 않도록 이월과세를 적용하지 않는다. 어쩔 수 없는 상황이었다고 판단하는 것이다. 다만 해당되는 경우는 그리 많지 않을 것이니 내용 확인만 하고 넘어가면 되겠다.

둘째, 이월과세 적용한 세금이 더 작게 나오는 경우다. 앞 사례에서 우리는 이월과세를 적용한 이유가 '부당한 조세회피를 방지하기 위함'이라는 것을 배웠다. 그런데 이월과세를 적용했더니 오히려 국가가 걷어가야 할 세금이 줄어든다면 굳이 이를 적용할 필요가 없을 것이다. 과세당국 입장에서는 세수 확보에 도움이 되지 않는 규정을 굳이 적용할 이유가 없다는 논리다.

셋째, 수증자의 양도가 1세대 1주택 비과세, 일시적 2주택 비과세 등인 경우다(고가주택 비과세 포함). 수증자가 받은 주택을 양도할 때, 해당 주택이 비과세가 된다면 이월과세를 적용하지 않는다. 하지만 이 경우는 조심해야 하는 부분이 있는데, 여러 가지 케이스가 나올 수 있고(세대합가, 분리 여부 등) 이월과세 취지(부당한 조세회피 방지)도 함께 이해해야 하기 때문이다. 실무에서는 이 부분에서 가장 많은 논란과 해석상 차이가 발생한다.

이제 이를 활용할 수 있는 방법을 설명해 보겠다. 그리고 이후 유의사항에 대해 설명하겠다. 실제 사례를 통해 보면 이해하기 쉬울 것이다.

부모 보유 2주택, 모두 비과세 가능할까?

부모 세대와 자녀 세대는 세대 분리가 된 상태이며, 부모 세대는 2주택을 보유했는데 해당 2주택은 일시적 2주택 비과세는 해당되지 않는다고 가정한다. 이때 2주택 모두를 비과세 받을 수 있을까? 이는 실제 많은 투자자들이 고민하는 현실적인 문제다.

모두 별도 세대구성 능력이 있고(혼인 등) 실제 생계를 분리하고 있다고 가정하겠다. 세대 분리의 실질성이 인정되어야 이러한 전략이 유효하다는 점을 명심해야 한다.

우선 부모 세대가 보유한 2주택을 모두 처분한다고 가정 시, 1채는 비과세를 받을 수 있다. 하나를 먼저 팔아서 세금을 내고, 남은 하나는 1주택 비과세가 가능하기 때문이다. 이는 일반적으로 알려진 방법이다. 하지만 2채 모두 비과세를 받으려면 어떻게 해야 할까? 여기서 이월과세 예외 규정이 빛을 발한다.

■ 부모 세대 2주택 사례

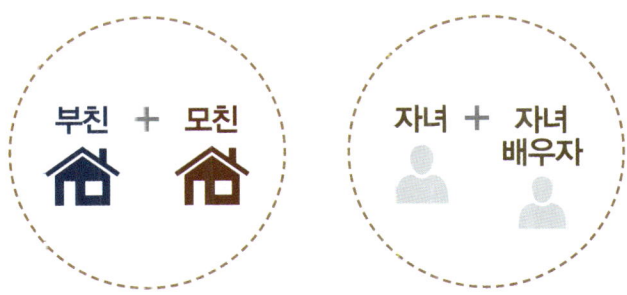

* 부모 세대 2주택 보유, 자녀 세대 무주택
* 부모 세대 2주택은 일시적 2주택 비과세는 아니라고 가정

예를 들어 모친이 보유한 주택(빨간색 주택)을 자녀에게 소유권을 이전한다. 이때 소유권 이전 방식에는 증여, 부담부증여, 그리고 매매하는 방식이 있다. 뒤의 5장에서 자세히 설명한 내용이지만, 증여보다는 부담부증여가 절세 효과가 있고, 특히 부담부증여하는 주택이 양도세 비과세가 된다면 절세 효과는 극대화된다. 그러나 아쉽게도 이 경우는 비과세는 되지 않는다. 각각의 방법마다 장단점이 명확히 존재한다.

편의상 일단 증여를 한다고 가정해보자. 모친명의 주택을 자녀에게 증여했다. 이때 자녀 단독명의도 가능하고 자녀와 자녀 배우자 공동명의로도 증여가 가능할 것이다. 명의 구성에 따른 세무상 효과도 함께 고려해야 한다.

물론 증여재산공제 금액은 다르겠지만 명의 분산에 따른 절세 효과를 고려한다면 공동명의가 유리할 것이다. 이 경우는 자녀 단독명의로 증여한다고 가정해 보겠다(이에 대한 이유는 뒤에 나온다). 단독명의와 공동명의 각각의 전략적 의미를 정확히 파악하는 것이 중요하다.

이제 앞에서 배운 이월과세를 적용해 보자. 사례의 빨간주택은 이월과세 적용 자산이고 이를 자녀인 직계비속에게 증여했으니 이를 10년 이내 양도 시 이월과세가 적용된다. 그런데 자녀가 해당 주택을 2년만 보유하고 매각하면 어떻게 될까? 바로 여기서 이월과세 예외 규정이 작동한다.

'명의 이전 후 모습' 그림에서 보는 것처럼 자녀 세대가 다른 주택이 없다고 하면 빨간 주택은 1세대 1주택 비과세가 적용된다. 비록 증여 후 10년 이내 양도이니 이월과세가 적용되어 당초 취득가(모친이 취득한 가액)를 적용한다 하더라도 양도가 12억 원 이하인 경우라면 세금이 나오지 않으니 이월과세 적용이 무의미해진다. 이것이 바로 이월과세 예외 규정의 핵심이다.

동시에 부모 세대는 파란주택 1채만 남아 있고, 보유 기간 재산정(최종 1주택)은 2022년 5월 10일 이후 양도분부터는 적용되지 않으니 파란 주택의 당초 취득일로부터 비과세를 판단하기에 자녀에게 빨간주택을 증여한 후 곧바로 비과세를 받을 수도 있다. 즉, 세대 분리와 증여를 통해 2채 모두 비과세가 가능한 것이다. 이는 상당히 정교한 세무 설계의 결과물이라고 할 수 있다.

이를 그림으로 표현하면 '증여 후 2년 지나서 매각'과 같은 모습으로 나온다. 그 다음은 어떻게 해야 할까? 2채 모두를 비과세는 받는 것이 1차 목적이라면,

■ **명의 이전 후 모습**

* 부모 세대 2주택 중 1주택(빨간색)을 자녀에게 명의 이전
* 이때 명의 이전 방식은 증여라고 가정
* 빨간색 주택은 자녀 단독명의도 가능하지만 자녀&자녀배우자 공동명의가 유리

2차 목적은 '더 좋은 자산 보유'가 될 것이다. 이제 무주택 상태가 되었고 해당 주택을 매각한 자금이 있으니 각종 세금 중과에서 자유롭고, 또한 무주택자 대출을 활용한다면 더 좋은 기회를 만들 수도 있을 것이다. 필자라면 이 시점을 새로운 투자 기회로 활용할 것을 권한다. 그러나 실무에서는 예상하지 못한 함정이 곳곳에 숨어 있기에 주의해야 한다.

■ **증여 후 2년 지나서 매각**

* 부모 세대 2주택 중 1주택을 자녀에게 명의 이전
* 증여받은 빨간색 주택을 2년 보유(또는 조정이라면 거주) 후 비과세 요건 갖추어 매각
* 이 경우 '**이월과세 예외 사유**'로 비과세 가능(단, 양도가 12억 원 이하 가정)

이월과세, 무엇을 조심해야 하나?

첫째, 증여 후 최소 2년은 보유한 후 매각하자. 수증자가 해당 자산을 취득한 시점은 '증여일'이 된다. 따라서 최소 2년은 보유한 후 매각을 해야 2년 미만 단기 양도세율 적용이 되지 않는다. 참고로 단기 양도세율은 최소 60%(지방소득세 포함 시 66%)이니 꼭 피해야 한다. 이는 절대 간과해서는 안 되는 핵심 사항이다.

단기양도세율의 부담은 상상 이상으로 크기 때문에 증여 시점을 정확히 기록해두고 매각 시기를 철저히 계획하는 것이 필수적이다. 필자가 보기에는 이 2년이라는 기간을 지키지 못해 손해를 보는 사례가 의외로 많다.

둘째, 양도가 12억 원 초과 고가주택은 세 부담이 오히려 더 커질 수 있다(이월과세 적용). 배운 내용대로 진행을 했는데 오히려 세 부담이 커진다면? 그때는 다른 방법을 찾아봐야 한다. 이는 많은 투자자들이 착각하기 쉬운 부분이므로 각별한 주의가 필요하다.

예를 들어 방금 본 명의 이전 사례에서 빨간주택 증여 당시 시가 12억 원, 이후 자녀가 15억 원에 양도를 했다고 가정하겠다. 증여 당시 증여세는 3억 원, 당초 모친이 취득한 취득가는 5억 원이라고 가정해 보자. 실제 계산 결과를 보면 상당한 차이가 발생한다.

만약, '비과세면 무조건 이월과세 미적용이야'라고 오해를 한다면 '고가주택 이월과세 비교 계산 사례' 표에서 '이월과세 미적용'으로 생각할 수 있는데 그렇지 않다. 이러한 오해는 실무에서 매우 빈번하게 발생하는 실수 중 하나다.

비록 앞의 내용처럼 세대 분리된 자녀에게 빨간주택을 증여하고 2년 뒤 비과세 요건을 갖추어 매각한다 하더라도 고가주택 비과세라면 이야기가 달라진다는 의미다. 고가주택의 경우 비과세라고 해서 무조건 유리한 것은 아니라는 점을 명심해야 한다.

이월과세를 적용하지 않으면 양도가 15억 원, 취득가(증여 당시 가액) 12억 원을 적용하고 3년 미만 보유이므로 비과세가 되므로 총 세 부담은 884만 4,000원이 나온다. 이는 비교적 합리적인 수준의 세 부담이라고 할 수 있다.

그런데 이것을 이월과세를 적용하면 당초 취득가 5억 원이 적용되고(모친이 빨간 주택을 취득한 금액), 필요경비는 노란주택 증여 당시 시가 12억 원에 상당한다고 가정 시 발생하는 증여세 3억 원을 적용한다. 물론 원래대로라면 모친이 취득한 날로부터 3년 이상 보유했을 가능성이 높으므로 장특공도 적용해야 하나 편의상

■ 고가주택 이월과세 비교 계산 사례

구분	이월과세 적용	이월과세 미적용
양도가액	15억 원	15억 원
(−) 취득가액	5억 원	12억 원(증여 시 취득가)
(−) 필요경비	3억 원(증여세)	−
양도차익	7억 원	3억 원
과세대상 양도차익	1억 4,000만 원 = {7억 원×(15억 원−12억 원)/15억 원}	6,000만 원 = {3억 원×(15억 원−12억 원)/15억 원}
(−) 장기보유특별공제	− (없다고 가정)	− (3년 미만)
양도소득금액	5억 6,000만 원	6,000만 원
(−) 기본공제	250만 원	250만 원
= 과세표준	1억 3,750만 원	5,750만 원
세율	35%	24%
누진 공제	(−) 1,544만 원	(−) 576만 원
산출세액	3,268만 5,000원	804만 원
지방소득세	326만 8,500원	80만 4,000원
총 납부세액	3,595만 3,500원 ✓	884만 4,000원

생략했다. 실제 상황에서는 이런 세부 요소들까지 모두 고려해야 정확한 계산이 가능하다.

정리하자면, 이월과세를 적용한 양도세는 비록 비과세라 해도 12억 원 초과 고가주택이고, 당초 취득가로 계산해야 하므로 3,595만 3,000원이 나온다. 앞에서 이월과세를 미적용한 884만 4,000원과 비교했을 때 상당한 차이가 있다. 무려 2,700만 원 이상의 차이가 발생하는 것이다.

따라서 '이월과세 후 비과세 받으면 무조건 10년 이내 매각하면 유리'라는 생각은 양도가 12억 원 이하 비과세라면 맞을 수 있지만, 12억 원 초과 고가주택 비과세라면 그렇지 않을 수 있으니 꼭 사전에 이를 체크하고 진행하기 바란다.

다시 말하지만 이월과세 취지는 배우자나 직계존비속 같은 특수관계자를 활용해 부당하게 조세회피하는 것을 방지하기 위함이라는 것을 꼭 기억하기 바란다. 과세당국의 이러한 의도를 정확히 파악하는 것이 성공적인 절세 전략의 출발점이다.

이월과세 효율적으로 활용하기

첫째, (이미 살펴본) 별도 세대인 자녀에게 증여 후 이를 매각하는 것이다. 앞에서 살펴본 방법이다. 특히 별도 세대 분리가 되어 있어야 하고, 양도가 12억 원 이하라면 매우 유용하다. 이 방법은 현재 가장 널리 활용되고 있는 절세 전략 중 하나라고 할 수 있다.

세대 분리의 실질성이 인정되어야 한다는 점이 핵심이며, 단순히 주민등록상 분리만으로는 충분하지 않고 실제 생계를 별도로 유지하고 있다는 것을 입증할 수 있어야 한다. 과세당국에서는 이 부분을 상당히 엄격하게 검토하고 있다.

둘째, 분양권 공동명의 시 유리하다. 분양권 역시 2019년부터는 이월과세 대상에 해당한다. 하지만 단독명의에서 공동명의 변경 시에는 이 방법을 활용해볼 수 있다. 분양권 투자를 하는 경우라면 반드시 고려해야 할 전략이다.

예를 들어 남편 단독명의로 분양권 당첨이 되었는데 이를 부부공동명의로 변경 시 해당 금액만큼 증여 방식으로 명의 변경하는 것이 일반적이다(설마 배우자에게 돈을 받고 지분을 넘기는 경우는 없을 것이다). 부부간에는 증여재산공제가 6억 원까지 가능하므로 상당한 혜택을 받을 수 있다.

이 경우 분양권도 이월과세 해당은 되지만 당초 취득가가 적용된다는 것뿐이고, 추후 양도 시에는 명의가 분산되어 양도세 역시 절세가 가능하다. 명의 분산을 통한 세율 구간 분산 효과를 누릴 수 있는 것이다.

물론 과거에는 남편 단독명의를 아내 단독명의 등으로 이전함으로써 높아진 취득가를 이월과세 미적용으로 회피할 수 있었으나, 이것이 불가능할 뿐이지 명의 분산에 따른 절세는 온전히 가능하니 상황에 따라서는 활용해볼 만하다. 개인적으로는 이 방법이 상당히 실용적이라고 판단된다.

셋째, 일부 지분만 증여해서 최종 양도세 부담을 줄일 수도 있다. 두 번째 원리와 유사하나 케이스마다 모두 다르고 계산이 복잡하니 원리만 이해하자. 이 방법은 상당한 전문성이 필요하므로 반드시 세무 전문가와 상담 후 진행하는 것을 권한다.

예를 들어 2억 원에 남편명의로 취득한 주택이 4년 후 8억 원이 되어 50%에 해당하는 지분 4억 원을 아내에게 증여한다. 이때 증여재산공제 6억 원이 남아 있어서 증여세는 없고 취득세만 발생한다고 하자. 증여재산공제를 최대한 활용하는 것이 이 전략의 핵심이다. 추후 해당 주택을 10억 원에 매각한다면 결과는 다음과 같다.

1. 남편 단독명의 매각 시 양도세 : 약 3억 3,000만 원 (양도차익 8억 원)
2. 부부공동명의 매각 시 총 양도세 : 약 2억 4,000만 원 (남편 양도차익 8억 원에 대한 양도세 약 1억 4,000만 원, 아내 양도차익 6억 원에 대한 양도세 약 1억 원)

이처럼 약 9,000만 원의 양도세 절감 효과를 기대할 수 있다. 다만 2번 방법을 하는 경우 증여 취득세가 발생하는데 4억 원의 3.5%이므로 1,400만 원이 추가되어야 하고, 10년을 보유해야 하기에 처분 기한이 길어진다는 단점이 존재한다.

그럼에도 만약 장기보유를 할 수 있고, 공동명의로 인한 이득(가령 보유세 절감 등)이 있다면 보는 것처럼 양도세 절세액이 적지 않으므로 해볼 만하다(계산결과는 필요경비, 장특공을 제외한 것으로 실제 결과는 차이가 있을 수 있다). 필자라면 장기보유가 확실한 경우에는 적극 검토해 볼 것을 권한다.

이런 결과가 나온 이유는 양도차익으로 낼 세금을 배우자 증여재산공제를 활용해서 일부를 희석시켰기 때문이다. 따라서 케이스마다 모두 다를 수 있다는 것을 꼭 기억하고 혹시 배우자 증여재산공제가 남아 있다면 어떤 방법이 더 유리한지 세무사 상담을 통해 비교해 보기 바란다. 전문가의 도움 없이는 정확한 계산이 어려울 수 있다.

2주택자들이 가장 고민하는
일시적 2주택 비과세

여러 사람과 부동산을 주제로 대화를 나누고 질문을 받아보면 그들이 자주 물어보고 헷갈려하는 사항들이 있다. 이 중에서도 '2주택자'에 필자는 주목하고 있다. 크게 두 가지 이유가 있다. 2주택자가 되는 시점은 부동산 투자에서 매우 중요한 분기점이라고 할 수 있으며, 이 시기를 어떻게 활용하느냐에 따라 향후 투자 성과가 크게 달라질 수 있다.

첫째, 부동산 절세 전략이 본격적으로 복잡해지는 시기다. 예를 들어 2주택자 되는 순간 일시적 2주택 양도세 비과세를 받을지 말지를 고민해야 한다. 이 방법을 잘 활용하면 2채 모두 비과세가 가능하지만, 그렇지 못할 경우 오히려 팔지 않아도 될 물건을 팔면서 비과세를 받지도 못하는 비극이 발생한다. 실제로 필자가 상담한 사례 중에서도 이런 안타까운 경우를 자주 목격했다.

또한 2주택부터 다주택자가 되는데 무조건 '양도세 중과'라고 잘못 오해함으로써 아무것도 못 하고 움직이지 않는 안타까운 사례들도 있다. 양도세 중과에 대한 정확한 이해 없이 섣불리 판단하면 좋은 기회를 놓칠 수 있다. 따라서 2주택자 되면 본격적으로 부동산 절세 전략에 대해 잘 알아두어야 한다. 좋은 기회를 놓쳐서는 안 되기 때문이다.

둘째, 2주택자의 경우 본격적인 자산증식을 할 것이냐, 아니면 그대로 있을 것이냐, 혹은 반대로 보유 자산이 줄어드느냐의 중요한 갈림길에 있다. 필자는 2014년 내 집 마련을 시작으로 2015년 이후 본격적인 투자를 시작했다. 이후 2016년부터 부동산 세금에 대해 강의를 하면서 이런 경우를 수도 없이 많이 봐왔다. 현장에서의 경험을 통해 보면 2주택자 시점에서의 선택이 향후 자산 증식에 결정적인 영향을 미친다는 것을 확인할 수 있었다. 즉, 2주택 상태에서 양도세 비과세를 받기 위해 매각한 사람, 2주택이니까 적당히 현 상황을 유지한 사람, 현 상태에서 그치지 않고 자산을 크게 늘린 사람 등을 보았다. 각각의 선택에 따른 결과는 상당히 달랐다.

결과적으로 그 시기에는 개수를 늘려서 자산을 늘리는 것이 맞았지만, 지금은 그렇게 하기에 좋은 시기가 아니다. 시장 환경과 세제 변화를 종합적으로 고려할 때 현재는 신중한 접근이 필요한 시점이라고 판단된다. 다만 연속해서 일시적 2주택 비과세를 받은 사람들은 비록 중상급지 물건을 갖고 있기는 하지만, 다소 허탈해 하는 경우가 많았다. 차라리 더 물건을 매수하거나 현금흐름을 창출하는 부동산을 매수했어야 한다고 후회하는 의견도 여럿 있었다.

이렇듯 혹시 현재 본인이 2주택자이시거나 혹은 1주택 실거주자인데 여기에서 한 채를 더 구매할 의향이 있는 사람들은 이제 소개할 내용을 꼭 숙지하기 바란다. 이러한 내용을 미리 파악하고 준비하는 것이 성공적인 부동산 투자의 핵심이다.

2주택 상태에서 가장 세금을 아끼고 처분하는 법

가장 먼저, 보유 중인 2주택이 1) 일시적 2주택 비과세가 되는지, 아니면 2) 일시적 2주택 비과세가 불가능한 상황인지를 구분해야 한다. 말 그대로 일시적 2주택 비과세가 된다면 2채 모두 양도세 비과세가 가능하고, 그렇지 않은 경우라 하더라도 최소 1채는 비과세가 가능하다. 이것을 꼭 기억하기 바란다. 정확한 현황 파악이 모든 전략의 출발점이다.

일시적 2주택 비과세가 되는 경우

먼저 일시적 2주택 비과세가 되는 경우다. 이 경우를 제대로 활용하면 상당한 절세 효과를 얻을 수 있다.

예를 들어 보유 중인 주택 두 채가 '일시적 2주택 비과세인 경우 (1)' 그림과 같다고 했을 때, 1년 후 신규주택 B를 취득해야 하고, 이로부터 3년 내 종전주택 A를 처분하면 일시적 2주택 비과세가 가능하다. 이러한 요건들을 정확히 파악하는 것이 중요하다.

즉 A를 취득하고 최소 2년 지난 2023년 7월 이후부터 B 취득 후 3년이 되기 전인 2025년 9월 이전에 A를 매각해서 비과세를 받고, 다시 B를 취득한 2022년 9월부터 2년이 지난 2024년 9월 이후 B를 매각하면 2채 모두 비과세가 가능하다. 이렇게 정교한 타이밍 계산이 성공의 열쇠다.

구체적으로 A는 2025년 1월, B는 2025년 2월 이렇게 연달아 매각을 하면 두 채 모두 비과세를 받고 처분이 가능하다. 이처럼 연속 매각을 통해 최대한의 절세 효과를 누릴 수 있다. 여기에서 자주 나오는 질문들과 필자의 대답을 정리해 보았다. 실무에서 많은 투자자들이 헷갈려하는 부분들이므로 명확히 이해하고 넘어가야 한다.

첫째, "동일 연도 매각인데 합산되지 않는가?" 양도가 12억 원 이하라면 '완전

■ **일시적 2주택 비과세인 경우 (1)**

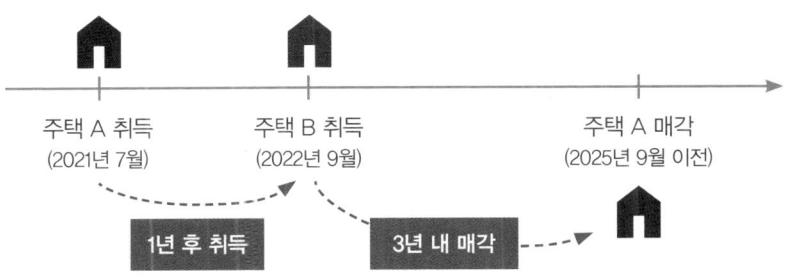

비과세'로, 세금 자체가 발생하지 않는다. 즉 납부해야 할 세금이 '0'이다. 따라서 합산 자체가 되지 않으니 염려 안 해도 된다. 이는 많은 투자자들이 놓치기 쉬운 중요한 포인트다.

만약 양도가 12억 원 초과 고가주택 비과세라면 일부 세금이 나오지만 세 부담이 크지 않다면 조기 매각을 원하는 경우라면 동일 연도라도 매각이 유리할 수 있다. 만약 그렇게 합산되는 것이 싫다면 연도를 다르게 해서 매각할 수도 있다.

'일시적 2주택 비과세 및 합산과세 피하기' 그림에서 보는 것처럼 A 주택과 B 주택은 취득 기간이 1년 이상이고(1후), A 주택을 취득한지 2년 이상 보유를 했고(2보, 취득 당시 비조정 가정), B 주택을 취득한지 3년이 되기 전인(3매) 2028년 중에 A 주택을 매각한다고 가정하자. 이 경우 A 주택을 먼저 2028년도에 비과세를 받고 이후 남은 B 주택을 2029년도에 비과세를 받는다면 12억 원 초과 고가주택이라도 둘은 합산과세 되지 않는다.

둘째, "2년 보유만 하면 되는가?" 취득 당시 조정대상지역 물건이라면 반드시 '2년 거주'를 해야 한다. 해당 지역이 조정대상지역에서 해제가 되었다고 해도 마찬가지다. 이는 많은 투자자들이 간과하기 쉬운 중요한 요건이다.

■ **일시적 2주택 비과세 및 합산과세 피하기**

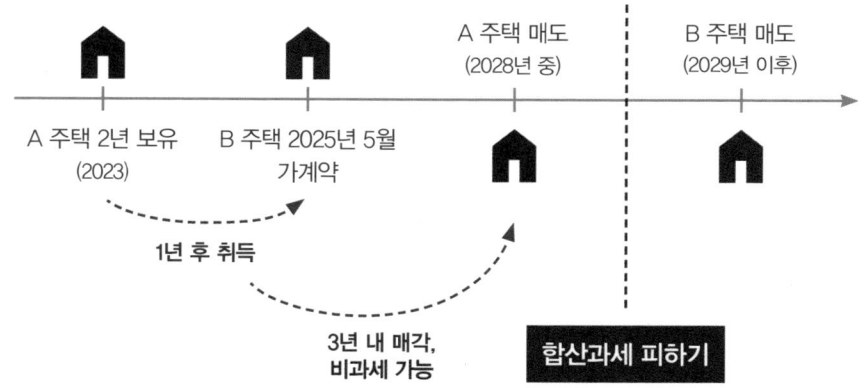

가령 사례의 A 주택이 서울 강동구라고 해보자. 취득 당시 2021년 7월은 서울 강동구가 조정대상지역이었으므로 A 주택은 반드시 2년 거주를 해야 한다. 2023년 1월 5일 해제가 되었다 하더라도 그렇다. B 주택 역시 마찬가지이니 거주 요건 여부를 꼭 확인하라. 이러한 거주 요건을 놓치면 비과세 혜택을 받을 수 없으므로 각별한 주의가 필요하다.

셋째, "거주 요건을 없앨 수 없는가?" 비과세를 위한 2년 거주 요건을 없애려면 현재로선 '상생임대주택 비과세 특례'가 유일하다. 이는 거주 요건을 피할 수 있는 몇 안 되는 방법 중 하나다.

상생임대주택 비과세 특례는 일단 해당 주택을 '취득 후' 직전 임대차계약을 최소 1년 6개월 이상 한 상태에서 5% 이내 임대료 증액을 한 '상생 임대차계약'을 2021년 12월 20일부터 2026년 12월 31일 사이에 체결해야 한다. 다소 복잡한 요건들이 있지만 활용할 수 있다면 상당한 도움이 된다. 이전 정부에서 한 번 연장이 되었지만, 해당 제도가 다시 연장될지 여부는 불투명하다.

넷째, "분양권이나 조합원입주권인 경우에는 어떻게 하는가?" 이 경우는 케이스를 잘 보아야 하는데, 중요한 것은 종전주택 즉 사례의 A 주택이 분양권이나 조합원입주권이면 힘들고, 대체주택 즉 사례의 B 주택이 2021년 1월 1일 이후

■ 일시적 2주택 비과세인 경우 (2)

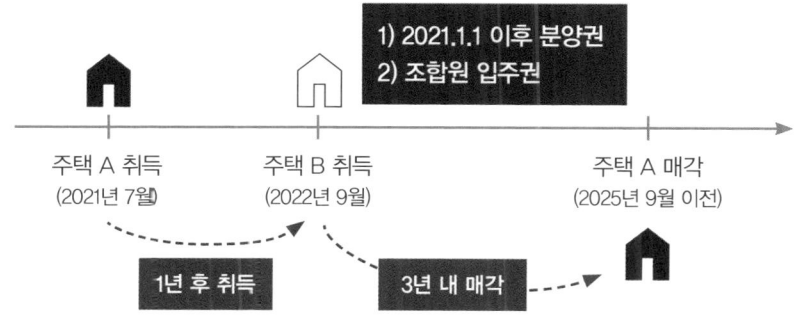

취득한 주택 분양권 혹은 조합원입주권인 경우 일시적 2주택 비과세가 가능하다. 분양권과 조합원입주권의 경우 별도의 규정이 적용되므로 정확한 이해가 필요하다.

종전주택 A를 보유한 상태에서 신규 B를 취득할 때 해당 B가 1) 2021년 1월 1일 이후 취득한 주택 분양권이거나 2) 조합원입주권이라면 종전주택 3년 내 처분함으로써 일시적 2주택 비과세가 가능하고, 해당 분양권/입주권이 신축으로 되면 다시 준공 후 2년 보유(혹은 거주)를 함으로써 또 다시 비과세가 가능할 수 있다. 이를 잘 활용하면 연속적인 비과세 혜택을 받을 수 있다.

일시적 2주택 비과세가 불가한 경우

지금까지는 보유 중인 2채가 일시적 2주택 비과세가 가능한 경우였는데, 이것만 해도 상당히 복잡하다. 이번에는 일시적 2주택 비과세 특례가 불가한 경우를 살펴보겠다. 이런 상황에서도 최적의 절세 방법이 존재한다.

그림 자료와 함께 살펴보겠다. 주택 A를 취득한 후 1년이 지나지 않은 상황에서 주택 B를 취득해서 이 둘은 일시적 2주택 비과세 특례를 불가하다. 또는 그림에는 없지만 B를 취득하고 3년 매각 기한이 넘겨서 A 일시적 2주택 비과세가 안 될 수도 있다고 해보자. 이러한 타이밍 실수는 실제로 자주 발생하는 문제다.

이 상황에서 어떻게 해야 양도세를 최대한 줄이면서 2채 모두 매각할 수 있을까? 불가능해 보이는 상황에서도 합리적인 해결책은 존재한다. 이때 중요한 것은 1) 양도차익 크기, 그리고 2) 해당 물건의 투자 가치다. 다만 해당 물건의 투자가치는 입지, 연식, 평형, 흐름의 정도 등을 종합적으로 고려해야 하기 때문에 위 사례에서는 일단 양도차익 크기만 보도록 하겠다. 실제 투자 결정 시에는 이 모든 요소들을 면밀히 검토해야 한다.

확인 결과 A 주택은 양도차익 5억 원, B 주택은 양도차익 1억 원이다. 정확한 양도세는 공동명의 여부, 필요경비, 보유 기간에 따른 장특공 등에 따라 다르지

■ 일시적 2주택 비과세 불가인 경우 (1)

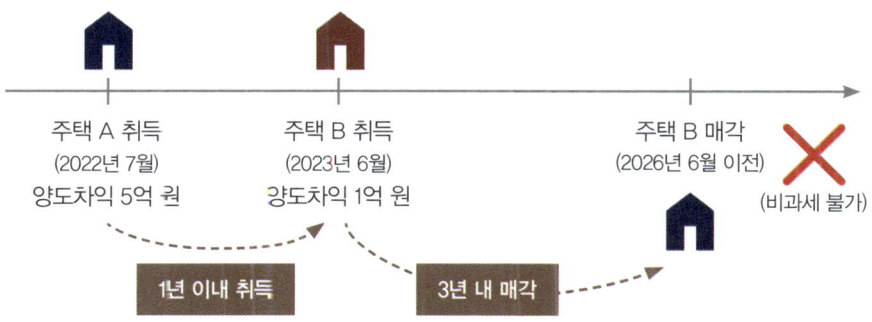

만 단독명의, 장특공 및 필요경비가 없다고 단순 가정하면, 이러한 기본 수치들은 투자 판단의 중요한 기준이 된다.

양도차익 1억 원일 때 → 양도세 약 2,000만 원, 양도차익 3억 원일 때 → 양도세 약 1억 원, 양도차익 5억 원일 때 → 양도세 약 1억 9,000만 원, 양도차익 10억 원일 때 → 양도세 약 4억 2,000만 원 정도가 된다. (이것은 외워두라) 이러한 기본적인 양도세 계산법을 숙지하고 있으면 투자 결정 시 큰 도움이 된다.

물론 일반과세일 때 이러하고, 양도세 중과에 해당하면 세 부담은 급격하게 올라간다. 다만 현재는 대부분 비조정대상지역이고, 설령 조정대상지역이라도 2026년 5월 9일까지는 양도세 중과 한시 배제이니 일단 양도세 중과에 대해서는 당장은 걱정하지 말자. 현재의 한시 배제 기간을 적극 활용하는 것이 중요하다.

다시 사례로 돌아와 보자. 주택 A 양도차익은 5억 원이므로 양도세는 대략 1억 9,000만 원 내외 정도 나올 것이고, 주택 B 양도차익은 1억 원이므로 이에 따른 양도세는 약 2,000만 원 정도가 나올 것이다. 그렇다면 우리는 당연히 A 주택을 비과세를 받아야 한다. 이런 간단한 계산만으로도 최적의 전략을 찾을 수 있다.

따라서 먼저 취득한 A 주택이 아닌, 나중에 취득한 B를 먼저 팔고, 이후 A를 비과세 받아서 절세 효과를 최대한으로 올려야 한다. 매각 순서만 바꿔도 1억

7,000만 원의 세금을 절약할 수 있는 것이다.

'일시적 2주택 비과세 불가인 경우 (2)' 그림에서 보듯이 보듯이 B 주택은 2025년 7월에 매각해서 양도세를 약 2,000만 원 정도를 납부한다. 여기에서 중요한 것은 B 주택은 최소 2년 이상은 보유해야 한다는 점이다. 그렇지 않으면 2년 미만 단기 양도세율 60% 혹은 70%가 적용되겠다. 단기양도세율은 정말 무서운 수준이므로 반드시 피해야 한다.

그리고 이후 2025년 8월 A 주택을 매각해서 양도세 비과세를 받는 것이 가장 좋다. 간혹 B 주택을 매각한 후 다시 2년이 있어야 되지 않느냐고 문의주시는 분들이 계시는데, 보유 기간 재산정은 2022년 5월 10일 이후 양도분부터 사라졌기에 그렇게 하지 않아도 곧바로 비과세가 된다. 이는 많은 투자자들이 착각하는 부분이므로 정확히 알아둬야 한다.

물론 A 주택 취득 당시 조정대상지역이었다면 반드시 2년 거주를 해야 하고, 혹시 안 했다면 이는 나중에라도 2년 거주를 하시거나 앞서 말한 상생임대주택 비과세 특례를 활용해야 한다.

이번 사례에서 핵심은 '양도차익이 작은 것을 먼저 매각하고, 양도차익이 큰 주택은 나중에 매각해서 1주택 비과세를 만든다'다. 이는 부동산 투자에서 가장

■ **일시적 2주택 비과세 불가인 경우(2)**

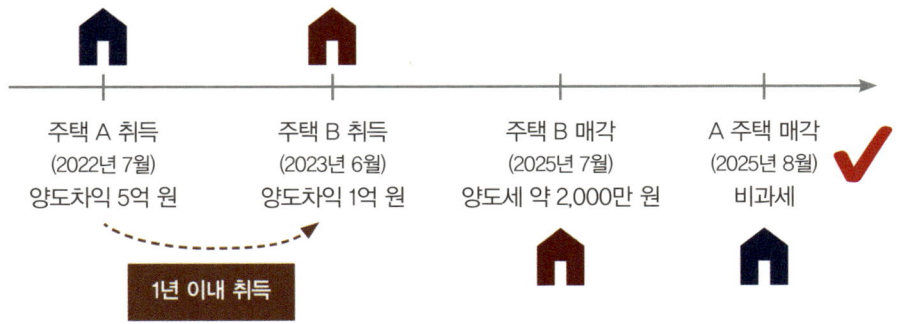

기본적이면서도 중요한 원칙 중 하나다. 당연히 둘의 양도차익이 서로 반대라면 매각 순서도 다르게 해야 한다. 이 사례에서 많이 물어보고 헷갈려하는 사항은 다음과 같다.

다섯째, "매각 당시 2주택, 다주택이니까 양도세 중과 아닌가?" 반드시 그런 것은 아니다. 중과 요건을 정확히 이해하는 것이 중요하다. 다주택자 양도세 중과는 1) 매각 당시 세대 기준 다주택이고, 2) 해당 지역이 조정대상지역에 있어야 하고, 3) 별도의 중과배제 사유에 해당하지 않아야 한다. 이 세 가지 요건을 '모두' 맞아야 양도세 중과가 되는데, 하나라도 해당하지 않으면 중과되지 않는다.

사례의 B 주택은 비록 매각 당시 2주택으로 다주택자가 맞지만, 해당 지역이 비조정대상지역이라면 중과에 해당하지 않고, 설령 조정대상지역(현재는 서초/강남/송파/용산구)이라 하더라도 2025년 5월 9일까지는 2년 이상 보유한 주택에 대해 중과 한시 배제를 적용한다. 따라서 중과되지 않는다.

여섯째, "그래도 중과를 피하려면 2년 거주해야 하는 것 아닌가?" 그렇지 않다. 이 부분에 대한 오해가 상당히 많다. 이때 2년 거주는 취득 당시(양도 당시가 아님) 조정대상지역 주택을 '비과세' 받기 위함으로, 이번 사례의 B 주택처럼 비과세가 아닌 일반과세로도 충분하다면 굳이 거주할 필요가 없다. 2년 '보유'만 하면 되겠다. 거주와 보유는 완전히 다른 개념이므로 혼동하지 말아야 한다.

일곱째, "B 주택을 팔고 남은 A 주택은 다시 2년 더 보유해야 하는 것 아닌가?" 역시 그렇지 않다. 과거 제도와 혼동하는 경우가 많다. 이는 보유 기간 재산정, 즉 최종 1주택 제도 때문에 그러하나, 해당 제도는 2022년 5월 10일 이후 '양도분'부터 사라졌다. 현재는 이미 2024년 7월이다. 전혀 신경 쓰지 않아도 된다.

여덟째, "1년에 2채 이상 팔지 마라고 하던데…" 꼭 그런 것은 아니다. 이 역시 잘못된 상식 중 하나다. 역시 앞에서 설명드린 '양도세 합산과세' 내용으로, 비과세를 받는 A 주택의 양도가액이 12억 원 이하라면 '완전 비과세'이므로 B 주택 양도차익과 합산될 것이 아예 없다. 합산과세 적용 자체가 안 된다는 의미다.

반면 A 주택이 비과세라도 양도가액이 12억 원을 초과하는 '고가주택 비과세'라면 12억 원 초과분에 대해 세금이 나오지만 상대적으로 미미할 수 있기에 조기 매각을 원한다면 동일 연도 매각, 만약 12억 원을 훌쩍 넘는 초고가주택이라면 연도를 달리하면 되겠다. 상황에 따른 유연한 대응이 필요하다.

만약 B 주택이 양도차손, 즉 마이너스라면 반드시 동일연도 매각을 해야 한다(물론 이 경우 역시 A 주택이 12억 원 이하 비과세라면 합산될 것은 없다). 양도차손을 활용한 절세도 고려해볼 만한 전략이다.

보유 중인 2주택을 계속 가지고 가는 경우

지금까지 2채 모두를 매각할 때 어떻게 하면 양도세를 가장 아낄 수 있을지 살펴보았는데, 당연히 해당 물건을 모두 처분할 계획이 있는 경우에 활용해야 한다. 무조건 매각하라는 것이 아니니 주의해야 한다. 투자 결정은 시장 상황과 개인의 투자 목표를 종합적으로 고려해서 내려야 한다.

이번에는 2주택을 계속해서 가지고 가는 경우를 살펴보자. 팔기 아까운 좋은 물건이거나 혹은 잠시 시장 상황을 더 관망하는 경우가 이에 해당할 텐데, 이때 발생할 수 있는 세금 이슈는 어떤 것이 있을까? 필자가 생각하기에는 이런 상황에서도 충분히 대응 가능한 전략들이 존재한다.

종부세 이슈의 부재

긍정적인 내용은 보유세 중 하나인 종부세 이슈는 없다는 것이다. 2주택자에게는 이것이 상당한 장점이라고 할 수 있다.

물론 고가주택인 경우 종부세가 부담되는 수준까지 나올 수는 있겠으나, 적어도 '종부세 중과세율'은 피할 수 있기에 최악의 경우는 되지 않는다는 것이다. 종부세 중과세율과 일반세율 간의 차이는 상당하므로 이를 피할 수 있다는 것만으로도 의미가 크다.

현행 종부세는 3주택 이상인 경우 중과세율이 적용되는데 이 경우도 종부세 과표가 12억 원을 초과해야 한다. 과표 산정 과정을 정확히 이해하는 것이 종부세 대응 전략의 핵심이다.

예를 들어 보유 중인 주택의 시가가 약 40억 원이라고 가정할 때 공시가격 현실화율 70%를 적용해서 해당 주택의 공시가격이 28억 원이라고 가정한다면 다시 여기에서 종부세 기본공제 9억 원을 차감하고(19억 원), 마지막으로 공정시장가액비율 60%를 적용하면 종부세 과표 11억 4,000만 원이 나온다. 이러한 계산 과정을 숙지하고 있으면 본인의 종부세 부담을 미리 예측할 수 있다.

즉 보유 중인 주택이 3주택 이상인데, 해당 주택의 시가를 모두 더한 값이 40억 원을 넘지 않는다면 일단 종부세 중과는 신경 쓰지 않아도 된다는 것이고, 만약 40억 원을 넘는다 하더라도 2주택이라면 종부세 중과는 해당되지 않는다. 이는 2주택자만의 특권이라고 볼 수 있다.

또한 시뮬레이션 결과, 2주택을 남편 1채, 아내 1채 이렇게 각각 단독명의로 보유하는 것보다는, A 주택도 남편, 아내 공동명의(5:5 가정, 이하 동일), B 주택 역시 남편, 아내 공동명의로 보유하면 오히려 종부세 포함, 전체 보유세 부담도 줄어든다는 것을 확인할 수 있었다. 명의 구성에 따른 세무상 차이는 생각보다 상당하다.

간혹 이것을 보고 '지금이라도 공동명의를 해야 할까?' 문의하는 경우가 있는데, 명의 변경에 따른 취득세와 증여세 발생 이슈 그리고 증여 후 10년은 보유해야 한다는 것을 고려하면 특별한 경우가 아닌 한, 명의 변경은 일단 그대로 두는 것이 어떨까 한다. 이러한 이유로 '사전 절세전략'이 중요한 것이다. 미리 계획하지 않으면 나중에 변경하기가 쉽지 않다는 것을 명심해야 한다.

■ 2주택인 경우 보유세 부담액

구분		단독 명의 (괄호는 종부세)	공동 명의 (부부 5:5 가정, 괄호는 종부세)
1채당 공시가격	2채 공시가격 합		
5억 원	10억 원	245만 원 (24만 원)	220만 원 (–)
7억 원	14억 원	483만 원 (113만 원)	368만 원 (–)
10억 원	20억 원	935만 원 (342만 원)	630만 원 (36만 원)
15억 원	30억 원	1,882만 원 (917만 원)	1,218만 원 (252만 원)
20억 원	40억 원	3,020만 원 (1,683만 원)	1,964만 원 (626만 원)

다만 최근 서울 중심지 공동주택 공시가격이 상승한 점, 종부세 공정시장가액 비율에 대해 현행 60%에서 80%로 올리려고 한다는 점 등을 고려한다면 향후 보유세 인상은 불가피해 보인다. 이러한 정책 변화를 미리 예측하고 대비하는 것이 현명한 투자자의 자세다.

다만, 월세 임대는 일부 세금 발생 고려할 것

2주택을 보유한다는 것은 일반적으로 하나는 본인이 실제로 거주하고, 다른 하나는 임대를 주거나, 혹은 두 채 모두 임대를 주고 본인은 다른 곳에 거주하고 있음을 의미한다(물리적으로 두 채 모두 동시에 실거주하는 것은 불가능하다). 이러한 상황은 자연스럽게 임대소득 과세 문제로 이어지게 되며, 이는 부동산 투자 시 반드시 고려해야 할 중요한 세금 이슈 중 하나다.

따라서 2주택자의 경우 최소 1채 이상은 임대 수익이 발생하게 되는데, 이때 임대 유형이 전세가 아닌 '월세'라면 이에 대해서는 명확한 과세대상이라는 것을 반드시 체크하고 인지해야 한다. 월세 수입은 소득세법상 부동산임대소득으로 분류되어 종합소득세 신고 대상이 되기 때문이다. 반면 전세는 원칙적으로 과세

■ 주택임대 과세 요건

부부합산 주택 수	월세	간주임대료
1주택	비과세 (단, 고가주택 과세 기준시가 12억 원 초과)	비과세
2주택	과세	비과세 ✔ (고가주택 2주택자 과세 예정)
3주택 이상	과세	과세 (단, 보증금 합계액 3억 원 초과분)

대상이 아니라는 점에서 큰 차이가 있다. 전세와 월세의 이러한 과세 여부 차이를 정확하게 알고 있어야만 장기적인 임대 전략을 제대로 수립할 수 있으며, 예상치 못한 세금 부담을 피할 수 있다.

보는 것처럼 주택임대 과세요건은 '부부합산 주택 수'를 기준으로 한다. 따라서 일단 2채인 분은 여기에서 발생하는 모든 월세에 대해서는 과세대상이라고 보아야 하고, 추후에는 2채 모두 고가주택인 경우에는 간주임대료 역시 과세될 수 있다는 것을 유의하기 바란다. 간주임대료까지 과세되면 실제 임대료 수입이 없어도 세금을 내야 하는 상황이 올 수 있다.

물론 이 경우 급격히 세 부담이 늘어나는 것은 아니며, 특히 월세의 경우 현금흐름이 발생하기에 개인적으로 1채는 거주, 1채는 전세보다는 월세가 더 좋을 수도 있다고 생각한다. 월세 수입을 통한 현금흐름 창출은 투자 포트폴리오 관리에 상당한 도움이 된다. 이렇듯 2주택자는 종부세가 나오더라도 일단 중과는 아니고, 임대소득에 있어서도 그렇게 불리한 경우는 아니다. 전체적으로 보면 상당히 관리 가능한 수준의 세 부담이라고 판단된다.

따라서 보유 중인 2주택이 그럭저럭 괜찮거나, 이 중 한 채 이상이 이미 중심지에 있는 그런 물건이라면 일단은 시장 상황을 관망하되, 조급하게 움직일 필요는 없다는 것이 필자의 생각이다.

추가 부동산 취득을 고려할 때

투자 욕구가 강한 분들은 이런 심리적 갈등을 자주 경험한다. 시장 분위기가 점점 달아오는 것 같고, 주변에서도 관심없던 사람들이 갑자기 부동산 이야기를 하니 다소 마음이 급해지는 것이다. 이런 시기일수록 냉정한 판단이 더욱 중요하다. '하나 더 살까?' 하는 생각이 든다면, 꼭 아래 내용을 확인하기 바란다. 충동적인 결정은 큰 손실로 이어질 수 있다.

취득세는 최소 8% 부담해야

현재 2주택인데 한 채를 더 매수하는 경우는 다음 세금을 유의하라. 취득세 중과는 상당한 부담이 될 수 있다. 먼저 취득세는 최소 8%(비조정인 경우)를 부담해야 한다. 만약 3번째 주택이 조정대상지역이라면 무려 12%를 부담해야 한다. 이는 매우 큰 비용이 아닐 수 없다.

이 말은 해당 주택이 8% 혹은 12%의 취득세를 부담하더라도 추후 충분한 수익이 나야 한다는 것을 의미한다. 투자 수익률 계산 시 이러한 초기 비용을 반드시 고려해야 한다.

"취득세는 다 공제 된다던데요?" 이렇게 문의하는 분들이 간혹 계시는데, 전체 공제는 아닌 일부만 공제가 된다. 이 부분에 대한 오해가 상당히 많으므로 정확히 이해하고 넘어가야 한다.

가령, 5억 원 주택을 취득할 때 기본세율 1%(6억 원 이하, 농특세 등 제외)와 중과세율 12%의 차이를 비교할 경우, 먼저 취득세는 5,500만 원을 추가 부담해야 한다(취득가 5억 원, 세율 11% 차이). 이는 상당한 금액이다.

이때 똑같이 필요경비 1,000만 원에 양도가 7억 원을 가정하면 취득세 1%를 부담한 경우 양도세 (1)은 5,623만 2,000원, 취득세 12%를 부담한 경우 양도세 (2)는 3,210만 3,500원이 나온다. 단순히 보면 양도세가 줄어든 것처럼 보인다.

즉 양도세 (1)보다 양도세 (2) 비교 시 2,412만 8,500원 절세효과가 있는 것처럼 보이지만 실제 취득세 부담을 5,500만 원 더했기에 이를 차감한 3,087만 1,500원은 추가로 더 부담한 세금이라고 보아야 한다. 결국 손해인 것이다.

■ 취득세 절세 효과 정리

구분	적용	미적용
양도가액	7억 원	7억 원
(−) 취득가액	5억 500만 원	5억 6,000만 원
(−) 필요경비	1,000만 원	1,000만 원
양도차익	1억 8,950만 원	1억 3,000만 원
(−) 장기보유특별공제	−	−
양도소득금액	1억 8,950만 원	1억 3,000만 원
(−) 기본공제	250만 원	250만 원
= 과세표준	1억 8,700만 원	1억 2,750만 원
세율	38%	35%
누진 공제	(−) 1,994만 원	(−) 1,544만 원
산출세액	5,112만 원	2,918만 5,000원
총 납부세액	5,623만 2,000원	3,210만 3,500원

* 취득세 5,500만 원 추가 부담 (1% vs 12%, 취득가 5억 원)
* 2,412만 8,500원 절세 효과 가능하나 **차액 3,087만 1,500원은 부담해야 한다.**

따라서 2주택에서 1주택을 더 매수할 때는 꼭 취득세 중과를 고려해야 한다. 이 부담을 감당할 수 있는지 신중히 검토해야 한다. 이에 대한 대안으로, 취득세 중과를 피할 수 있는 몇 가지 방법이 있다.

- 오피스텔 4.6%
- 상업용 부동산 (건물, 사무실 등) 4.6%
- 멸실된 입주권 4.6% (단, 프리미엄 상당할 수 있음)
- 토지 4.6%
- 기준시가 1억 이하 주택 (단, 정비구역 아니어야 하며 추후 매각 시 불리할 수 있음)

등이 있겠다. 어디까지나 참고해볼 수 있는 물건들이지, 꼭 여기에 투자하라는 의미는 아니다. 각각의 대안들도 나름의 장단점과 리스크가 존재한다는 점을 염두에 둬야 한다.

종부세는 중과 조심, 단 이를 피하려면

2주택에서 1주택을 추가 취득하면 취득세 중과도 문제지만 종부세 역시 중과세율이 적용될 수 있다. 종부세 중과는 장기적으로 상당한 부담이 될 수 있다. 다만 위에서 본 것처럼 과표 12억 원을 초과하는 수준은 시가 대략 40억 원 상당 수준이므로 곧바로 중과가 되진 않을 것이다. 대부분의 일반적인 투자자들에게는 당장 큰 문제가 되지 않을 수 있다.

또한 종부세는 '인별 과세'이기 때문에 명의를 잘 선정하면 종부세 중과를 피하면서 추가 주택을 구매할 수도 있다. 이는 합법적인 절세 방법 중 하나다. 가령, 남편 1주택+아내 1주택 → 추가 주택 공동명의라고 한다면, 종부세 기준 남편 2주택(기존 주택+추가 주택 지분), 아내 역시 2주택(기존 주택+추가 주택 지분)이므로 종부세 중과는 피할 수 있다. 이처럼 명의 배분을 통한 절세 전략을 적극 활용하는 것이 필요하다.

혹은 현재 2주택이 모두 공동명의라면 종부세 기준 주택 수가 이미 2주택이므로 추가 주택 매수 시 남편 혹은 아내 단독으로 가는 것도 방법이다. 차라리 어느 한쪽만 종부세 중과를 부담하자는 것이다. 이런 식의 전략적 사고가 중요하다.

물론 보유 중인 주택 그리고 추가 취득하려는 주택의 공시가격 등을 잘 계산해서 이에 맞게 지분을 정해야 한다. 꼭 5:5 지분만 고집할 필요는 없다. 상황에 따라 3:7이나 2:8 등 다양한 비율을 고려해볼 수 있다.

양도세는 3주택이라도 2채 비과세 가능할 수 있다

양도세는 항상 '투자 가치'를 고려해야 한다. 그래야 더 보유할지 아니면 매각할지를 결정할 수 있어서다. 그래서 투자공부가 우선인 것이다. 세금도 중요하지만 근본적으로는 투자 안목이 더 중요하다.

2주택에서 1채를 더 매수했다고 가정하자. 취득세, 종부세 문제는 해결했다고 가정하고(그냥 부담한다는 의미), 이제 실제 매각 전략을 살펴보자. 이때 3채 모두 끌고 갈지, 아니면 3채가 되더라도 이것을 다 정리할지는 의사결정에 대한 사안이다. 각자의 투자 철학과 시장 전망에 따라 달라질 수 있는 부분이다.

물론 2주택 상태에서 모두 처분하는 것은 이미 앞에 내용에서 보았지만, 일단 가격이 더 오를 것 같으니 3번째 주택을 매수하고 나머지를 처분하는 경우도 있을 수 있지 않은가? 이럴 때는 어떻게 하면 될까? 이런 상황에서도 충분히 활용 가능한 절세 전략이 존재한다.

세 가지 요건을 모두 충족했으므로 A는 비과세가 가능하다. 일시적 2주택 비과세의 기본 원리를 정확히 이해하고 활용한 결과다. 'B 매각하고 2년 더 있어야 하지 않나?' 이제 이런 질문을 하지 말아달라. 이는 과거 제도에 대한 오해에서 비롯된 것이다. 여기에서 중요한 포인트는 두 가지다. 이 두 가지를 제대로 이해하면 이 전략의 진정한 가치를 알 수 있다.

■ 3주택 상태에서 비과세 만들기

첫째, 더 오를 것으로 판단되는 C 주택을 빨리 매수할 수 있다는 점이다. 시장 기회를 놓치지 않고 적극적으로 포착할 수 있다는 것이다. 물론 취득세 8%(조정이면 12%)는 다소 부담이 된다. 그렇다면 차라리 B 주택을 먼저 매각하고 C를 매수하면 더 좋을 것이다(만약 A를 먼저 매각하면 완전히 망하게 된다. A와 B 취득일 1년 이내이므로 일시적 2주택 비과세 혜택을 못 받으니까). 매각 순서가 매우 중요하다는 점을 명심해야 한다.

둘째, A 주택 역시 더 보유할 수 있다는 장점이 있다. 위 사례에서는 C를 취득하고 곧바로 B → A를 매각했는데 A 주택이 더 오를 것으로 판단된다면 B는 먼저 매각하더라도, A 주택은 C 주택 취득 후 3년이 되는 시점인 2027년 7월 전까지 느긋하게 보유했다가 매각해도 좋은 방법이 된다. 이는 상당한 유연성을 제공하는 전략이라고 할 수 있다.

즉 A도 좋은데 이보다 더 좋은 C 주택까지 보유하고 싶을 때 이 방법을 활용하면 가장 좋다. 투자 포트폴리오를 업그레이드하면서도 세금 혜택을 최대한 누릴 수 있는 것이다.

마지막, 이렇게 B 매각(과세) → A 매각(비과세) → 그리고 C 주택 역시 1주택 비과세를 받으면 3채 중 2채를 비과세를 받을 수 있다. 이 정도면 괜찮은 방법이다. 필자라면 이런 전략을 적극 활용할 것을 권한다.

최근 이에 대해 대법원 판례가 나와서 혹시 3주택에서 1채를 매각하고 남은 2채가 일시적 2주택 비과세가 되지 않는 것이 아니냐는 문의도 있는 상황이다. 다만 해당 판례의 경우 보유 기간 재산정, 즉 최종 1주택에 대한 것이라 2022년 5월 10일 이후 최종 1주택이 적용되지 않는 최근과는 이슈가 없긴 하다. 법령 해석의 변화에 대해서는 지속적인 모니터링이 필요하다.

4장

분양권과
특수상황 비과세

제네시스박의 부동산 세금 트렌드 2026

상급지 이동을 위한
분양권 비과세의 모든 것

신축 아파트에 대한 인기가 상당하다. 이런 분위기는 앞으로도 계속될 것으로 보인다. 그렇다면 새 아파트를 얻을 수 있는 방법에는 무엇이 있을까? 청약, 재개발/재건축, 그리고 이미 지어진 신축을 취득하는 것이 그 방법일 것이다. 다만 이미 지어진 신축(준신축)은 곧바로 매물이 나오기 어렵고(매도자 역시 신축을 원할 것이고, 단기 매도시 양도세 부담이 크기에), 재개발/재건축과 같은 정비사업은 상대적으로 오래 걸린다는 단점이 있다.

그렇다면 남은 건 분양권인데, 문제는 주택 분양권이 주택은 아니지만 주택 수에 포함이 된다는 점이다. 따라서 취득세 중과 혹은 다른 주택 양도세 비과세를 받지 못할 수도 있는 상황이 나온다. 이는 분양권 투자자들이 반드시 알아두어야 할 핵심 포인트다. 이중, 분양권이 있을 때 양도세 비과세를 받고(다른 주택) 신축 아파트까지 얻는다면 정말 좋을 것이다. 이번에는 분양권이 있을 때 비과세 받을 수 있는 모든 방법에 대해 살펴보겠다.

사례 1: 분양권만 하나 있는 경우

상대적으로 전략을 세우기가 쉬운 케이스다. 다만 간혹 분양권과 주택을 혼동하는 경우가 있는데 그래서는 안 된다. 분양권은 분양권, 주택은 주택이다. 따라서 분양권이 주택으로 완공되면 그로부터 2년 이상 보유(혹은 조정대상지역이라면 2년 거주)한 후에 매각을 해야 비과세가 가능하다. 이는 많은 투자자들이 놓치기 쉬운 부분이므로 각별한 주의가 필요하다. 이때 분양권이 주택으로 되는 시점은 해당 주택에 대한 잔금일 또는 사용수익일 중 빠른 날로 보면 된다.

만약 분양권 상태에서 매각하면 양도세는 최소 60%다(1년 미만 70%, 1년 이상 준공까지 60%). 이후 주택으로 준공이 되면 다시 이때부터 최소 2년을 보유해야 기본세율이 가능하다(1년 미만 70%, 1년 이상 ~ 2년 미만 60%, 2년 이상 기본세율 6~45%).

즉 분양권 보유 기간과 주택 보유 기간은 별개다. 이는 세법상 명확히 구분되는 개념이므로 혼동하지 않도록 주의해야 한다. 이때 신축이 된 주택을 매각 시 다른 주택이 없다면 당연히 1세대 주택 비과세가 가능하다.

분양권 취득 당시 조정대상지역, 주택 준공 당시 비조정대상지역이면 2년 거주 없이 2년 보유만 해도 비과세가 된다. 만약 반대로 분양권 취득 당시 비조정대상지역, 주택 준공 당시 조정대상지역이면 이때는 2년 거주 요건이 붙는다. 단 분

■ **분양권만 있는 경우**

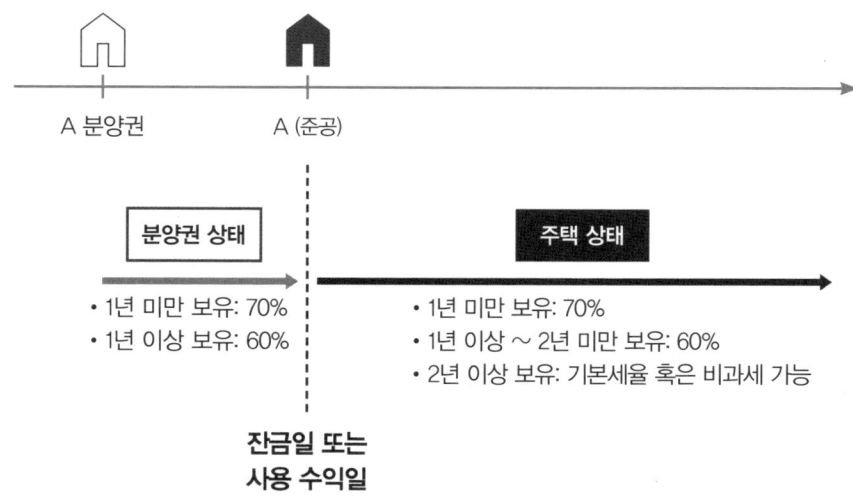

■ 분양권 취득 후 규제지역으로 지정되는 경우

조정대상지역
지정

분양권 계약

입주잔금
주택 준공

예외적으로 계약일 기준
단, 1) 계약서 작성, 2) 계약금 지급
(세대 기준 무주택 시
거주 요건 제외될 수 있음)

양권 취득 당시 '세대 기준 무주택'이라면 이때는 거주 요건이 붙지 않으니 이 또한 잘 체크해야 한다.

특히 최근에는 '규제지역 추가 지정' 가능성도 나오고 있다. 물론 구체적인 판단은 해당 내용이 발표될 때 다시 체크해야 하지만, 과거 사례를 보면 '분양권 취득 후 규제지역으로 지정되는 경우' 그림과 같으니 미리미리 잘 체크하도록 하자. 규제 변화에 대한 선제적 대응이 절세의 핵심이라 할 수 있다. 이제 분양권 외에 다른 주택 혹은 분양권이 있는 경우를 살펴보자.

사례 2: 주택이 먼저 있고, 이후 분양권을 취득하는 경우

이 경우 '순서'가 정말 중요하다. 주택이 있는 상태에서 주택 분양권을 취득하는 경우다. 일반주택이 먼저 있고 이후 주택 분양권을 취득하는 사례인데, 분양권은 2021년 1월 1일 이후 취득하는 분양권이라고 가정한다. 이 경우 해당 분양권은

■ 주택이 먼저 있고 분양권 취득하는 경우 (1)

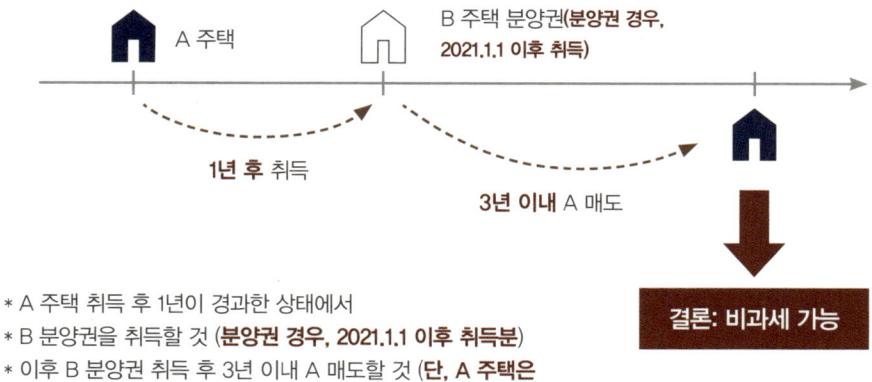

* A 주택 취득 후 1년이 경과한 상태에서
* B 분양권을 취득할 것 (**분양권 경우, 2021.1.1 이후 취득분**)
* 이후 B 분양권 취득 후 3년 이내 A 매도할 것 (**단, A 주택은 1세대 1주택 비과세 요건 갖출 것**)

주택은 아니지만 주택 수에 포함, 따라서 A 주택 매각 시 2주택이므로 별도의 비과세 특례가 있어야 A 주택 비과세가 가능하다. 이는 2021년 1월 1일부터 시행된 개정 세법의 핵심 내용이다.

이에 우리 세법은 A 주택을 취득한 후 1년이 지난 상태에서 B 분양권을 취득하고, 이로부터 3년 이내 종전주택 A를 매각해야 비과세가 가능하다는 특례를 두게 된다. 그리고 이때 매각하는 A 주택은 당연히 1세대 1주택 비과세 요건(2년 이상 보유 또는 거주, 다른 유주택자 가족과 생계를 같이 하지 않을 것 등, 이하 동일)을 갖추어야 한다. 일반적인 일시적 2주택 비과세와 유사하다는 것을 알 수 있다. 필자라면 이 방법을 적극 활용할 것을 권한다.

만약 A 주택이 있는 상태에서 '주택이 먼저 있고 분양권 취득하는 경우 (2)'처럼 2020년 12월 31일 이전 취득한 주택 분양권이 있다면 어떻게 될까? 이 경우는 B 분양권이 주택으로 완공이 되고, 이로부터 3년 이내 종전주택 A를 매각함으로써 비과세가 가능하다.

다만 이때 B 분양권은 2020년 12월 31일 이전 취득한 것이어야 한다. 주택 분

■ 주택이 먼저 있고 분양권 취득하는 경우 (2)

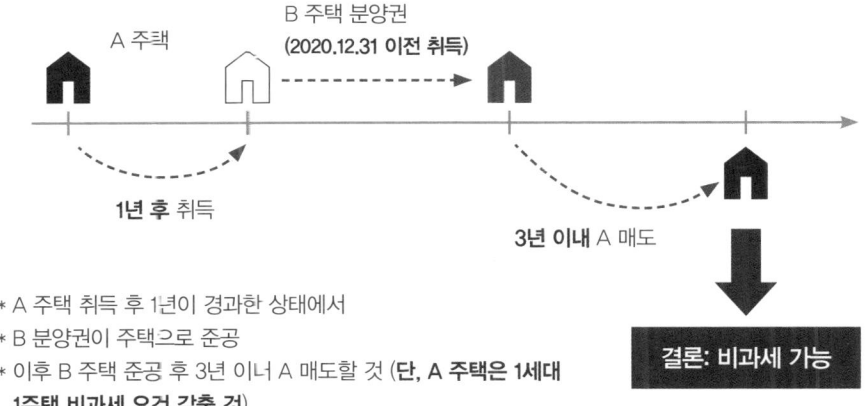

* A 주택 취득 후 1년이 경과한 상태에서
* B 분양권이 주택으로 준공
* 이후 B 주택 준공 후 3년 이내 A 매도할 것 (**단, A 주택은 1세대 1주택 비과세 요건 갖출 것**)

양권이 주택 수에 포함되지 않았으므로 실제 주택으로 준공이 된 기준을 시점으로 3년이라는 시간이 측정된다고 보면 된다. 이러한 이유로 취득하는 주택 분양권이 2021년 1월 1일 전인지, 이후인지가 굉장히 중요하다. 개인적으로는 이 부분에 대한 정확한 이해가 절세의 첫걸음이라고 생각한다. 또 하나 좋은 점은 A 주택을 취득하고 굳이 1년 후에 B 분양권을 매수할 필요도 없다는 것이다.

혹시 종전주택이 있는 상황에서 2020년 12월 31일 이전 취득한 분양권이 있고 이제 그 분양권이 주택으로 준공된 경우라면 이에 해당하는지 여부를 꼭 따져보기 바란다. 뜻하지 않게 비과세가 될 수도 있기 때문이다. 이제 이것과 매우 유사하지만 조심해야 하는 경우를 살펴보자.

이번에는 '주택이 먼저 있고 분양권 취득하는 경우 (3)'을 보겠다. 종전주택 A 그리고 2021년 1월 1일 이후 취득한 B 분양권이 있는 경우다. 이미 '주택이 먼저 있고 분양권 취득하는 경우 (1)'에서 비슷한 경우를 보았는데, '주택이 먼저 있고 분양권 취득하는 경우 (1)'에서는 종전주택을 3년 내 처분해야 하는 사례였다. 그보다 주택을 오래 보유하고 싶을 때 이 방법을 활용해야 한다. 즉 2021년 1월 1일

■ 주택이 먼저 있고 분양권 취득하는 경우 (3)

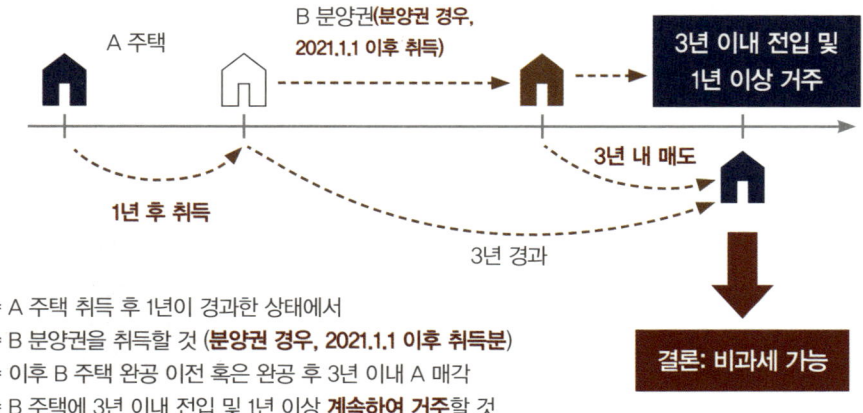

* A 주택 취득 후 1년이 경과한 상태에서
* B 분양권을 취득할 것 (**분양권 경우, 2021.1.1 이후 취득분**)
* 이후 B 주택 완공 이전 혹은 완공 후 3년 이내 A 매각
* B 주택에 3년 이내 전입 및 1년 이상 **계속하여 거주**할 것

이후 취득한 분양권인데 이로부터 3년이 경과되더라도 종전주택 A 비과세가 가능한 경우다.

 이때 요건은 B 주택 완공 전 혹은 완공 후 3년 이내 종전주택 A를 매각하고, 이후 3년 이내 B 주택에 전입하여 1년 이상 계속해서 거주해야 한다는 점이다. 이는 상당히 까다로운 조건이므로 신중한 검토가 필요하다.

 여기에서 정말 중요한 포인트는, 1) B 주택 지역이 비조정대상지역이라도 1년 이상 거주해야 하고, 2) 거주 기간은 '연속해서' 1년 이상 거주를 해야 한다는 점이다. 즉 비조정대상지역이라고 해서 전입을 안 한다면 비과세가 안 되며, 또한 1년 이상 거주는 연속해서 해야 한다. 즉 10개월 정도 살다가 '나중에 들어와서 다시 채운다'라고 판단하고 전출했다가는 비과세를 받을 수 없다. 필자가 강조하고 싶은 부분은 이 거주 요건의 엄격함이다.

 이상 세 가지가 종전주택이 있는 상태에서 분양권을 취득하는 경우, 종전주택을 비과세 받는 방법이다. 당연히 종전주택 비과세를 받고 남은 주택(분양권이 신축으로 된)은 1세대1주택 비과세가 가능하므로 2채 모두 비과세가 가능하다. 상당한 금액을 절세할 수 있고, 이를 이용해 상급지 이동이 가능하다는 것이 큰 매력이다.

그렇다면 순서를 바꿔서, 분양권이 있는데 이후 완공된 주택을 취득했을 때 비과세는 어떻게 가능할까? (사실 거의 모든 세금 폭탄은 여기에서 나온다는 것이 필자의 경험이다)

사례 3: 분양권이 먼저 있고, 이후 주택을 취득하는 경우

앞에서 살펴본 세 가지 경우에서 보았듯이, 분양권이 2020년 12월 31일 이전 취득인지 혹은 2021년 1월 1일 이후 취득인지에 따라 비과세 여부가 달라진다. 이 시기를 구분하는 판단 능력이 분양권 절세의 핵심이라 할 수 있다. 먼저 2021년 1월 1일 이후 취득한 분양권부터 보겠다.

2021년 1월 1일 이후 취득한 A 분양권이 있는 상태에서 1년 후 B 주택을 취득하고 이로부터 3년 내 A를 매각하면 비과세가 될까?(A 분양권이 주택으로 된다고 했을 때) 결론은 불가능하다. 이유는 A 분양권이 설령 주택으로 된다고 하더라도 매각 당시 B 주택이 있으니 2주택에 해당하고, 이때 2주택이면서 A 분양권이 비과세 되는 특례가 없어서다. 이는 많은 투자자들이 착각하기 쉬운 부분이므로 주의해야 한다. 물론 B 주택을 매각하고 A 분양권이 주택으로 완공된 후 다시 2년 보유(또는 거주)를 한다면 1세대 1주택 비과세는 가능하다. '분양권만 있는 경우'와 동일해지는 것이다.

그렇다면 주택 분양권이 먼저 있는 경우, 정말 일시적 2주택 비과세는 불가능한 것일까? 만약 A 분양권이 있는 상태에서 해당 분양권이 주택으로 준공되고(A), 이후 1년이 지난 상태에서 B 주택을 취득하고 3년 내 종전주택 A를 매각하면

■ 분양권 먼저 있고 주택 취득하는 경우 (1)

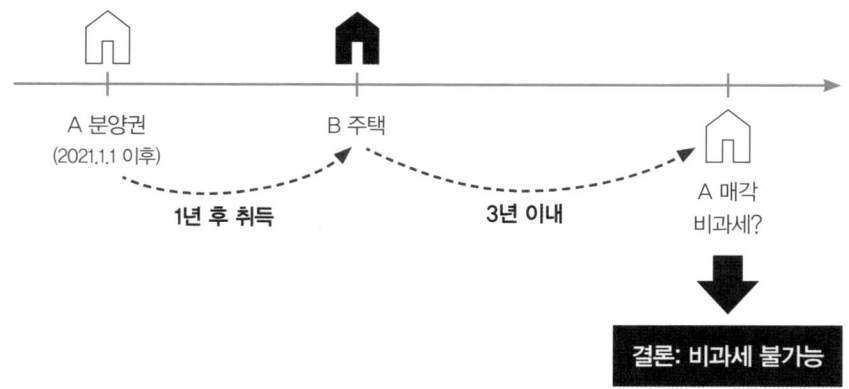

이때는 일시적 2주택 비과세가 가능하다. '분양권 먼저 있고 주택 취득하는 경우 (2)'의 그림과 함께 내용을 이해하면 좋다. 일반적인 '주택+주택'인 경우의 일시적 2주택 비과세라서 그렇다. 이는 세법의 기본 원칙에 따른 당연한 결과라고 판단된다.

따라서 A 분양권은 2021년 1월 1일 이후 취득을 했든지 혹은 2020년 12월 31일 이전 취득을 했든지 상관없이 가능하다. 다만 '분양권 먼저 있고 주택 취득하는 경우 (3)'의 경우에는 반드시 2020년 12월 31일 이전 취득한 분양권만 일시적 2주택 비과세가 가능하다.

A 분양권이 있는데 이는 2020년 12월 31일 이전 취득한 분양권이라 하자. 이는 주택도 아니고 주택 수에도 포함이 되지 않는다(사실 이게 상식적이다). 이후 B 주택을 취득한 후(이게 사실상 첫 번째 주택이다), 이후 1년이 지나서 A 분양권이 A 주택으로 완공이 된다. 이때 '1년 후 취득' 요건이 반드시 필요하다는 점을 명심하자. 순서상, A 주택이 두 번째 취득한 주택이 되는 것이다.

이제 A 주택을 취득하고 3년 내에 첫 번째 취득한 주택인 'B' 주택을 매각하면 일시적 2주택 비과세가 가능하다. 우리 상식에는 이게 더 합리적이라 생각이 든다. 그런데 2021년 1월 1일 이후 취득한 분양권에 대해 '주택 수 포함'이 되면서 분양권 있을 때 일시적 2주택 비과세가 상당히 복잡해졌다. 필자가 생각하기에 이는 세법 개정의 부작용이라고 볼 수 있다.

그래서 이렇게 다양한 사례를 자세하게 살펴보는 것이다. (물론 다 정리하고 남은

■ **분양권 먼저 있고 주택 취득하는 경우 (2)**

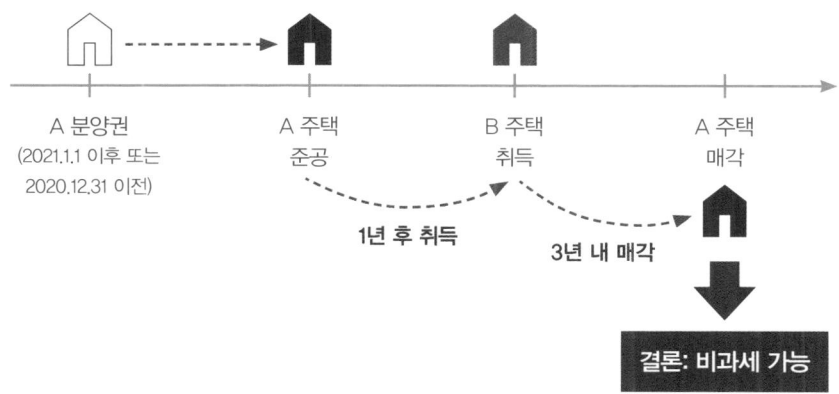

■ **분양권 먼저 있고 주택 취득하는 경우 (3)**

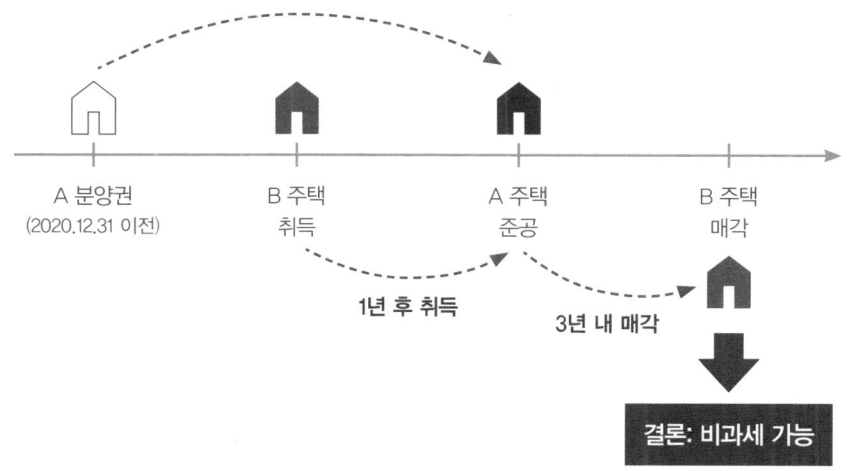

1주택에 대해서는 1세대 1주택 비과세가 가능하다는 건 기본이다) 이제 마지막 케이스, 분양권만 2개 있는 경우를 살펴보겠다.

사례 4: 분양권만 2개 있는 경우

먼저 2021년 1월 1일 이후 취득한 분양권이 2개인 경우를 보자. 결론부터 말하지만 일시적 2주택 비과세는 불가능하다. 물론 남은 1주택(주택으로 준공되고 2년 지나야 함)에 대해 1세대1주택 비과세는 가능하다. 이는 많은 분양권 투자자들이 착각하기 쉬운 부분이므로 반드시 기억해야 한다.

'분양권만 2개 있는 경우 (1)'의 그림처럼 A, B 분양권 모두 2021년 1월 1일 이후 취득한 것이라고 가정할 때, 비록 해당 분양권이 주택으로 완공되고 이 둘의

■ 분양권만 2개 있는 경우 (1)

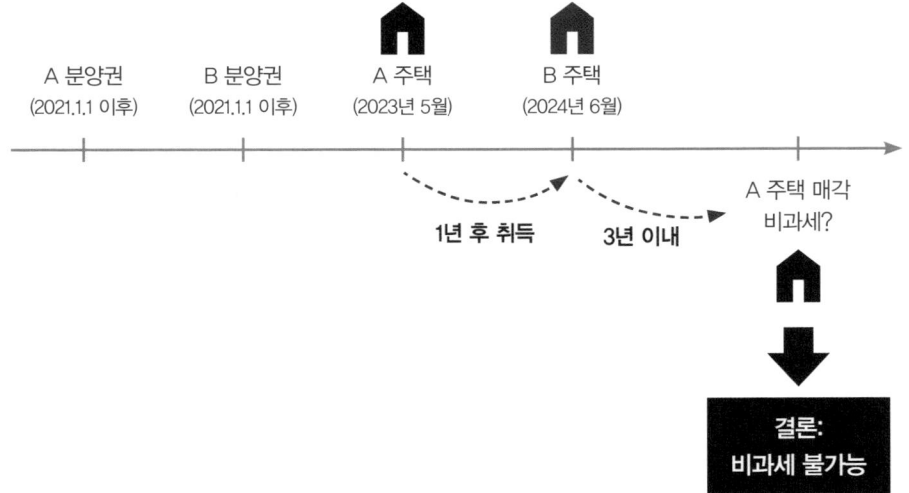

기간이 1년 이상 텀이 생긴다 하더라도 일시적 2주택 비과세는 불가능하다.

이에 대해 비과세 특례를 규정한 법적 근거가 없기 때문이다. 세법은 명시되지 않은 비과세를 인정하지 않는다는 원칙을 철저히 적용한다. 따라서 둘 중 투자가치가 낮은 것을 먼저 매각하고, 남은 하나에 대해 1주택 비과세를 받는 것이 그나마 최선이다. 필자가 생각하기에 이런 상황에서는 매각 타이밍과 순서가 매우 중요하다.

그런데 만약 A, B 분양권이 모두 2020년 12월 31일 이전이라면 어떻게 될까? '분양권만 2개 있는 경우 (2)'와 같은 상황은 운이 좋다면 일시적 2주택 비과세가 가능할 수 있다.

앞에서 본 '분양권만 2개 있는 경우 (1)'와 거의 동일한 상황이지만 결과는 완전 반대다. 이유는 분양권 2개가 모두 2020년 12월 31일 이전 취득한 것이기 때문이다. 이 시기 구분이 분양권 절세에서 얼마나 중요한지 다시 한번 확인할 수 있는 대목이다.

■ **분양권만 2개 있는 경우 (2)**

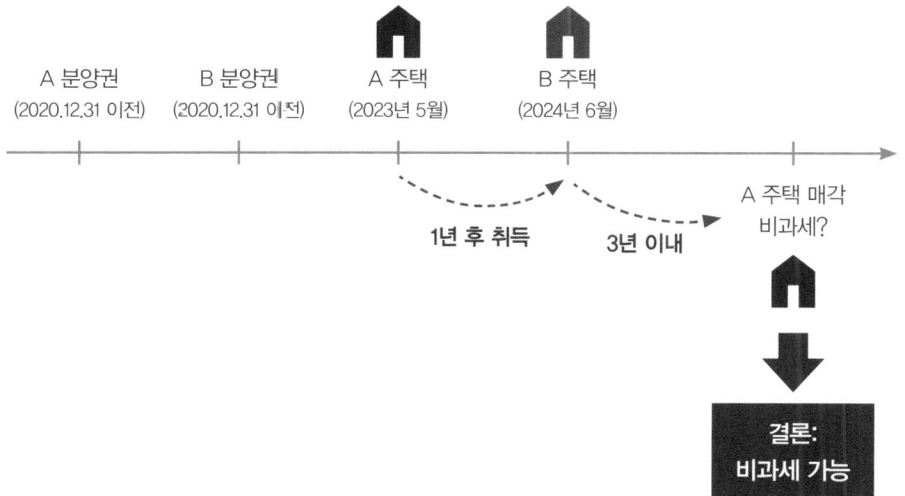

즉 주택 수에도 포함되지 않고, 우리 상식에 맞게 해당 분양권이 주택으로 준공될 때 주택으로 보기에 A분양권이 A 주택으로 된 2023년 5월로부터 1년이 지나서 B 분양권이 B 주택이 됨으로써 '1년 후 취득' 요건을 만족하면 일시적 2주택 비과세가 가능하다. 이는 세법의 기본 원칙에 부합하는 합리적인 결과라고 판단된다.

그렇다면 2개 분양권 중 하나는 2020년 12월 31일 이전, 다른 하나는 2021년 1월 1일 이후라고 하면 어떨까? 이 역시 '취득 순서'가 중요하다. 만약 첫 번째 취득한 분양권이 2020년 12월 31일 이전 취득한 분양권이라면 해당 분양권이 주택으로 완공되고 이후 1년이 지나서 2021년 1월 1일 이후 두 번째 분양권을 취득하면 일시적 2주택 비과세가 가능하다. 이는 앞서 살펴본 '분양권 먼저 있고 주택 취득하는 경우 (2)' 상황과 같다.

하지만 첫 번째 취득한 분양권이 2021년 1월 1일 이후 취득한 분양권이라면 어떻게 될까? 두 번째 취득한 분양권이 2020년 12월 31일 이전인 경우는 시간 순서상 불가능할 것이다. 이는 물리적으로 불가능한 조합이므로 고려할 필요가 없다.

따라서 분양권만 2개 있는 경우 일시적 2주택 비과세가 되려면 둘 다 2020년 12월 31일 이전 취득을 하거나 최소 하나 즉 첫 번째 취득한 분양권이 반드시 2020년 12월 31일 이전 취득한 분양권이어야 일시적 2주택 비과세가 가능하다. 개인적으로는 이런 복잡하고 까다로운 조건들과 예외 규정들 때문에 분양권 투자를 할 때는 반드시 사전에 철저한 세무 계획을 수립하는 것이 필수라고 생각한다. 특히 여러 건의 분양권을 동시에 보유하거나 순차적으로 취득할 계획이라면 더욱 그렇다. 자칫 잘못하면 예상치 못한 거액의 양도세를 부담해야 할 수 있기 때문이다.

물론 다시 한 번 강조하지만, 일시적 2주택 비과세 요건을 충족하지 못하더라도 대안적인 전략은 충분히 존재한다. 두 개 중 하나를 먼저 매각하고 남은 하나에 대해서는 보유 기간을 채운 후 1세대 1주택 비과세를 받는 전략은 취득 시기와 무관하게 모든 경우에 유효하게 활용할 수 있다. 이러한 유연한 접근 방식을 통해 세금 부담을 최소화하면서도 투자 목표를 달성할 수 있다.

분양권을 가지고 있을 때
비과세 전략

분양권은 예나 지금이나 가장 인기있는 상품 중 하나다. 그도 그럴 것이, 투자용으로도 좋고 내 집 마련 혹은 더 좋은 상품으로 갈아타기할 때에도 유용하기 때문이다. 그리고 무엇보다 최근 더 심해지고 있는 '얼죽신(얼어 죽어도 신축)'으로 표현되는 신축 선호현상, 그리고 분양가 상한제 단지의 경우 매수할 때부터 일정 수준 이상의 시세 차익이 가능하기 때문이다.

문제는 이러한 주택 분양권이 있을 때 우리가 꼭 받아야 하는 비과세 전략이 알고 있던 내용과 완전히 달라질 수 있다는 점이다. 즉, 종전주택이 있는 상태에서 분양권을 취득하는 경우 무조건 3년 내 처분하면 종전주택 비과세가 되는 것일까? 아니면 해당 분양권이 주택으로 준공되고 나서 3년 안에 팔아도 비과세가 되는 것일까? 만약 분양권을 먼저 취득한 다음에 주택을 새로 취득하게 되면 어떨까?

주택+주택인 경우
일시적 2주택 비과세

구체적인 분양권 비과세 사례를 알아보기 전, 먼저 주택과 주택인 경우 일시적 2주택 비과세에 대해 살펴보겠다. 이를 통해 주택이 있는 경우와 분양권이 있을 경우의 비과세 전략이 어떻게 달라지는지를 비교하는 것도 좋겠다.

■ 주택+주택인 경우

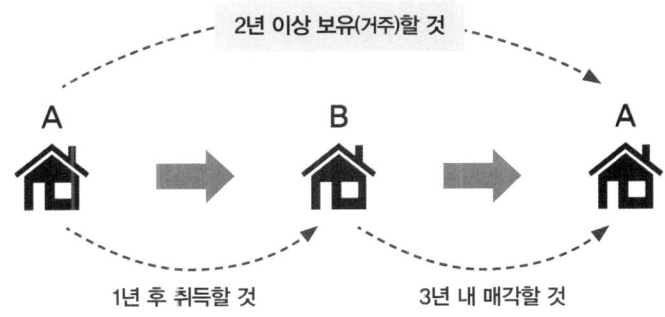

주택+주택인 상태에서의 일시적 2주택 비과세는, 종전주택 A가 있는 상태에서 1년이 지난 후(1후) 신규주택 B를 취득하고, 이로부터 3년 이내 종전주택 A를 처분하면(3매) 비록 2주택 상태이지만 A 주택은 예외적으로 1주택으로 보아 비과세라는 특혜를 준다.

이때 A 주택은 반드시 1세대 1주택 비과세 요건을 갖춰야 하는데, 대표적으로 2년 이상을 보유했어야 하고(2보), 취득 당시 조정대상지역이었다면 2년 거주(2거)를 해야 한다. 또한, 해당 주택에는 생계를 함께하는 다른 유주택 가족이 있다면 엄밀히는 1주택이 아닌 다주택이 되어 비과세가 불가할 수 있다(최근에는 이에 대한 확인도 늘어나는 추세다).

그런데 문제가 하나 있다. 이러한 비과세 혜택은 우리 입장에서 매우 큰 혜택이므로 과세당국 역시 아주 꼼꼼하게 따진다는 것이다. 따라서 해당 내용에서 요건을 만족하지 못하면 비과세를 받을 수 없다. 가령 신규주택 B를 1년 이내 취득한다거나, 다른 유주택자 가족이 함께 살고 있음으로써 주택 수가 늘어나는 경우 등 말이다.

그리고 이러한 '주택 수' 때문에 주택 분양권을 취득하는 경우에는 매우 조심해야 한다. 분양권 역시 주택 수에 포함되기 때문이다. 구체적으로 어떻게 주택 수에 잡히는 걸까? 그리고 왜 비과세가 되지 않는 걸까?

주택 분양권도 주택 수에 포함, 비과세를 받지 못할 수 있다

분양권은 주택을 취득할 수 있는 권리일 뿐이지만, 아쉽게도 주택 수에 포함이 된다. 이는 지난 부동산 상승기때 투기 수요를 억제하기 위해 도입된 내용으로, 취득세 주택 수 그리고 양도세 비과세 판단시 주택 수 모두 포함이 된다.

'분양권 주택 수' 그림으로 정리한 내용은 반드시 기억하는 게 좋다. 이걸 놓치면 취득세 중과에 해당하거나 혹은 양도세 비과세 역시 놓칠 수 있기 때문이다.

구체적으로, 2020년 8월 12일 이후 취득한 주택 분양권은 취득세 주택 수 계산 시 포함이 된다. 그리고 2021년 1월 1일 이후 취득한 분양권은 양도세 주택 수에도 포함이 된다. 따라서 1주택자가 2021년 1월 1일 이후 분양권을 하나 취득한다면 적어도 취득세 그리고 양도세 주택 수 판단 시에는 '2주택자'다. 이걸 꼭 기억

■ 분양권 주택 수

■ 분양권이 추가되었을 때

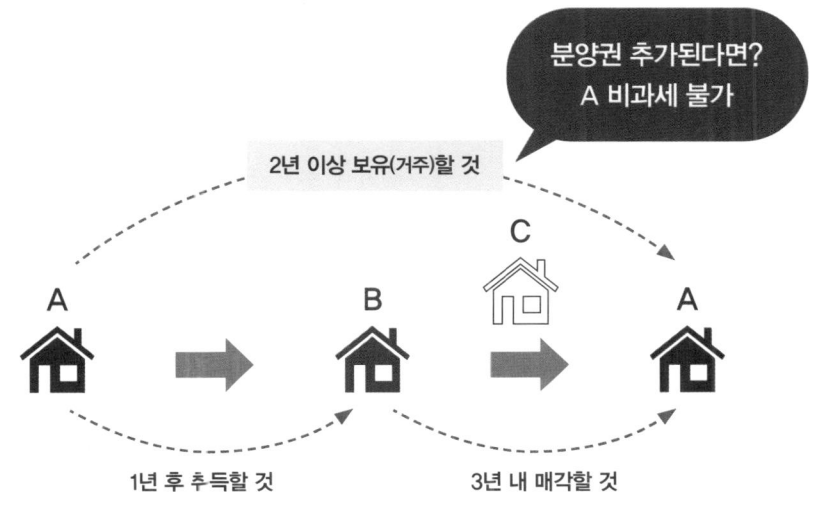

하기 바란다.

그렇다면 다시 일시적 2주택 비과세를 보자. '주택+주택인 경우' 그림을 보면 종전주택 A 그리고 신규주택 B만 있다. 그런데 2021년 1월 1일 이후 취득한 분양권 C가 있다면 이 사람은 몇 주택자일까?

당연히 3주택자가 된다. 이는 조금 전 살펴본 '분양권 주택 수' 그림을 보면 알 수 있다. 따라서 '분양권이 추가되었을 때' 그림처럼 될 경우 일시적 2주택이 아닌 일시적 3주택이 되므로 A 주택은 비과세가 불가하다. 따라서 이 경우에는 취득한 분양권 C를 먼저 매각하고 남은 A, B 2주택 상태에서 일시적 2주택 비과세를 받아야 하는데 만약 그렇지 않고 A, B 주택 중 하나를 매각하고 남은 주택과 분양권 간에 비과세를 받으려면 어떻게 해야 할까?

이 경우에는 막연히 '이렇게 하면 되겠다'라고 생각하면 안 되고 반드시 법에 정해져 있는 비과세 특례를 활용해야 한다.

주택+분양권인 경우, 취득 후 3년 이내인 경우

현행 세법 규정상 종전주택이 있는 상태에서 2021년 1월 1일 이후 취득한 분양권을 취득할 때, 둘 간에 일시적 2주택 비과세가 가능한 경우는 2가지 방법 밖에 없다.

먼저 종전주택이 있는 상태에서 신규로 분양권을 취득하고 그로부터 3년 내 종전주택을 처분하는 방법이 있다(소득세법시행령 156조의 3 ②항). 다른 하나는 분양권을 취득하고 3년 경과 후에 종전주택을 처분하는 경우로, 분양권이 신축이 된 이후, 해당 주택에 반드시 전입해서 1년 이상 계속해서 거주를 해야 한다(소득세법시행령 156조의 3 ③항). 조문만 보니 너무 어려우니 그림으로 먼저 분양권을 취득하고 3년 내 처분하는 경우를 설명해 보겠다.

우리 세법은 1주택을 보유한 상태에서 분양권을 취득해서 일시적으로 1주택+1분양권이 되는 경우, 해당 분양권을 취득한 날로부터 3년 이내 종전주택을

■ **주택+분양권, 3년 이내 처분하는 경우**

* A 주택 취득 후 1년이 경과한 상태에서
* B 분양권을 취득할 것 (**분양권 경우, 2021.1.1 이후 취득분**)
* 이후 B 분양권 취득 후 3년 이내 A 매도할 것 (**단, A 주택은 1세대 1주택 비과세 요건 갖출 것**)

취득하면 예외적으로 일시적 2주택 비과세를 허용한다. 다만 이 경우에도 '1년 후'라는 요건이 붙고, 해당 분양권은 2021년 1월 1일 이후 취득한 분양권이어야 한다. 이는 일반적인 일시적 2주택 비과세의 기본 원칙을 분양권에도 동일하게 적용한 것이다.

가장 조심해야 할 점은 해당 분양권을 취득한 날로부터 정확히 3년 이내에 종전주택을 반드시 처분해야 한다는 것이다. 이 기한을 놓치면 일시적 2주택 비과세 혜택을 받을 수 없게 되므로 매우 중요한 요건이다. 여기서 특히 주의해야 할 것은 '취득일'의 기준점이다. 즉 해당 분양권에 청약을 통해 당첨되었다면 당첨일이 취득일이 되고, 전매를 통해 취득했다면 전매 계약의 잔금일이 취득일이 되는 것이지, 많은 사람들이 착각하는 것처럼 해당 분양권이 실제 주택으로 준공되어 입주하는 시점이 아니라는 것을 명확하게 구분하기 바란다. 이 시점 구분은 절세 성공의 핵심이라 할 수 있다. 언뜻 생각해보면, '그래 분양권은 주택이 아니니까 1번 분양권이 주택으로 되고, 이후 다시 3년 내 팔면 일시적 2주택 비과세가 되지 않을까?'라고 생각할 수 있지만 그렇지 않다.

그 이유는 앞에서도 설명한 것처럼 2021년 1월 1일 이후 취득한 분양권은 주택은 아니지만 양도세 비과세 판단시 주택 수에 포함이 되고, 이러한 점을 감안해서 과세당국은 특정한 경우에만(소득세법시행령 156조의 3 ②항) 비과세가 가능하도록 허용했기 때문이다. 따라서 이걸 우리한테 유리한 방식으로 임의대로 해석해서는 비과세를 놓칠 수 있다. 필자가 생각하기에 세법은 명시된 조건 외에는 예외를 인정하지 않는다는 점을 반드시 기억해야 한다.

만약 종전주택이 있는 상태에서 다수의 분양권을 취득했다면 어떻게 될까? 이때는 분양권을 일부 처분하고 하나가 남았을 때, 다시 종전주택과 남은 분양권 간에 일시적 2주택 비과세를 적용하면 될 것이다. 물론 1년 후 취득, 3년 이내 종전주택 매각 요건은 변함이 없다.

주택+분양권인 경우, 취득 후 3년 경과인 경우

이제 두 번째 비과세 특례를 보겠다. 앞서 주택이 있는 상태에서 분양권을 취득하고 분양권을 취득한 날로부터(다시 강조하지만, 준공부터 3년이 아니다) 3년 내 종전주택을 처분해야 비과세가 된다고 했는데, 사정상 3년을 경과해서 처분한 경우도 있을 것이다. 가령, 종전주택을 처분했는데 분양권이 아직 주택으로 완공되기 전이라면 거주할 곳이 없는 경우 말이다. 이 경우에도 종전주택 비과세가 가능할까? 가능하긴 하지만, 추가 조건이 붙는다(세상에 공짜는 없다는 말이다).

먼저 해당 제도의 취지는, 분양권 B를 취득하고 3년 내 종전주택 A를 처분할 경우 거주할 곳이 마땅치 않은 경우 등을 배려하겠다는 것이다. 가령 B 공사가 늦어지거나 다른 이유가 생겨 준공이 늦어지는 상황인데 '3년 내 처분' 조건만 비과세를 해준다면 이건 문제가 될 수 있을 것이다. 따라서 과세당국은 3년이 경과하더라도 일정 요건을 갖추면 종전주택 A 비과세가 가능하게 하는데 그 요건이란

■ **주택+분양권, 3년 경과 후 처분하는 경우**

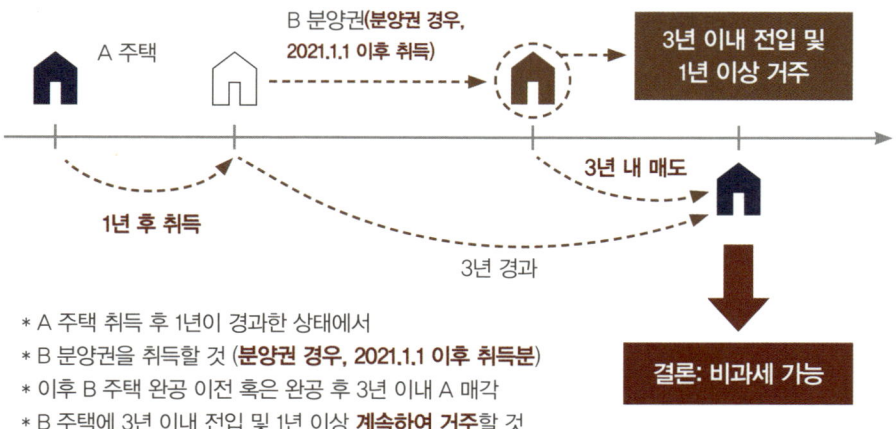

* A 주택 취득 후 1년이 경과한 상태에서
* B 분양권을 취득할 것 (**분양권 경우, 2021.1.1 이후 취득분**)
* 이후 B 주택 완공 이전 혹은 완공 후 3년 이내 A 매각
* B 주택에 3년 이내 전입 및 1년 이상 **계속하여 거주**할 것

다음과 같다.

- B 주택 완공 이전 혹은 완공 후 3년 내 A 주택 매각할 것
- B 주택 완공 후 3년 이내 전입할 것
- B 주택 전입하고 1년 이상 '계속하여 거주'할 것

여기에서 함정 몇 가지가 있다. 우선 B 주택이 완공되면 3년 내(혹은 그 이전이라도) A 주택을 처분해야 한다는 내용은 잘 체크해야 한다. 여기서 문제는 B 주택 완공 후 3년 내 전입 유무다.

예를 들어 B 주택 소재지가 비조정대상지역인 경우, '비조정대상지역이니 2년 거주를 하지 않아도 되니, 전입을 하지 않아도 되지 않을까?'라고 생각할 수 있는데 그렇지 않다. 조정, 비조정 상관없이 무조건 전입해야 한다. 이미 3년 경과 후 종전주택 처분이라는 큰 혜택을 주었기에, 이 정도는 하라는 의미인 것이다. 이게 첫 번째 함정이다.

두 번째 함정은 '1년 이상 계속해 거주'다. 예를 들어 완공된 B 주택에 전입은 했는데 10개월 정도 살다가 잠깐 나간 후, 다시 들어와서 2개월을 채우면 합산해서 1년을 거주했으니 요건을 만족하는 것일까? 그렇지 않다. 조문에 명확하게 '계속하여 거주'라고 되어 있기 때문에 '연속해서' 거주해야 한다. 이게 두 번째 함정이다. 개인적으로는 이 거주 요건이 생각보다 까다로우므로 신중한 계획이 필요하다고 본다.

따라서 '주택+분양권, 3년 경과 후 처분하는 경우' 그림에 있는 방법으로 종전주택 비과세를 받고 싶다면 반드시 위 요건을 모두 준수해야 한다. 즉, 종전주택 처분기한 3년을 넘기고 싶은데(더 오래 보유하면 오를 거 같으니까), 신축 주택에 전입할 수 없는 경우라면 차라리 '주택+분양권, 3년 경과 후 처분하는 경우'처럼 하는 것보다는, '주택+분양권, 3년 이내 처분하는 경우'처럼 3년 내 종전주택을 처분하

는 방식이 더 쉽고 간편하다는 의미다.

　이상이 주택이 있는 상태에서 2021년 1월 1일 이후 분양권을 취득했을 때 일시적 2주택 비과세를 만드는 방법이다. 다시 말하지만 이 두 가지 외에는 주택+분양권에 있어서 일시적 2주택 비과세는 없다.

　그런데 문제가 있다. "저는 2020년 12월 31일 이전에 취득한 분양권을 가지고 있는데요?" 혹은 "저는 분양권을 먼저 취득하고 이후 주택을 취득했는데요?" 와 같은 질문들이다. 이럴 때는 일시적 2주택 비과세가 될까? 될 수도 있고, 안 될 수도 있다. 그래서 분양권이 있을 때 일시적 2주택 비과세 전략은 매우 복잡하고 어렵다.

분양권(21.1.1 이후)+ 주택인 경우

이번에는 반대로 분양권이 있는 상태에서 주택을 취득한 경우다. 해당 분양권은 2021년 1월 1일 이후 취득한 분양권인 경우, 분양권이 있는 상태에서 1년 지나 주택을 취득하고 이로부터 3년 내 해당 분양권을 매각하거나 혹은 해당 분양권이 주택으로 준공되고 나서 3년 내 매각하면 일시적 2주택 비과세가 가능할까?

　이 경우는 일시적 2주택 비과세가 '불가'하다. 이유는 간단하다. 이렇게 된다는 비과세 특례가 조문에 없기 때문이다. 주택과 분양권이 있는 상태에서 일시적 2주택 비과세 특례는 이미 살펴본 두 가지가 전부다. 다시 강조하지만, 비과세는 매우 큰 혜택이라 엄격하게 해석해야 하고, 요건에 맞는지를 모두 보아야 하는데 아쉽게도 분양권+주택 상태에서의 일시적 2주택 비과세는 우리 세법에서 규정한 바가 없다. 세법은 명문으로 규정하지 않은 비과세를 인정하지 않는다는 것이 기본 원칙이다.

■ 분양권(21.1.1 이후)+주택인 경우

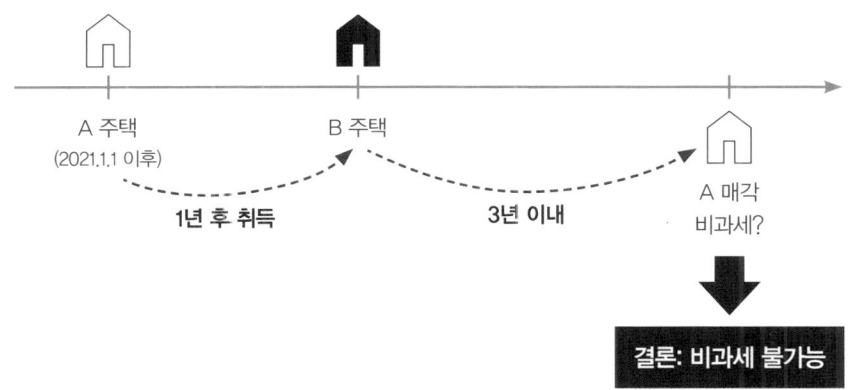

따라서 이 경우는 일시적 2주택 비과세가 불가하며, 꼭 비과세를 받고 싶다면 하나를 처분하고(분양권 상태 혹은 준공된 상태) 이후 남은 하나를 매각함으로써 1주택에 대해 '1세대1주택 비과세'를 받아야 한다. 그러면 만약 먼저 취득한 분양권이 2020년 12월 31일 이전 분양권이라면 어떨까?

분양권(20.12.31 이전)+ 주택인 경우

결론부터 말하면, 이 경우는 조건에 맞으면 일시적 2주택 비과세가 가능할 수 있다. 그림과 함께 설명해 드리겠다.

'분양권(20.12.31 이전)+주택인 경우' 그림을 보면 2020년 12월 31일 이전 취득한 분양권이고 이때는 분양권이 주택 수에 들어가지 않을 때다. 이는 세법 개정 이전의 규정이 적용되어 분양권이 주택 수에 포함되지 않았던 시기의 혜택이다.

이후 B 주택을 취득했고(실제로는 1번으로 취득한 주택), 이후 해당 분양권이 A 신

■ 분양권(20.12.31 이전)+주택인 경우

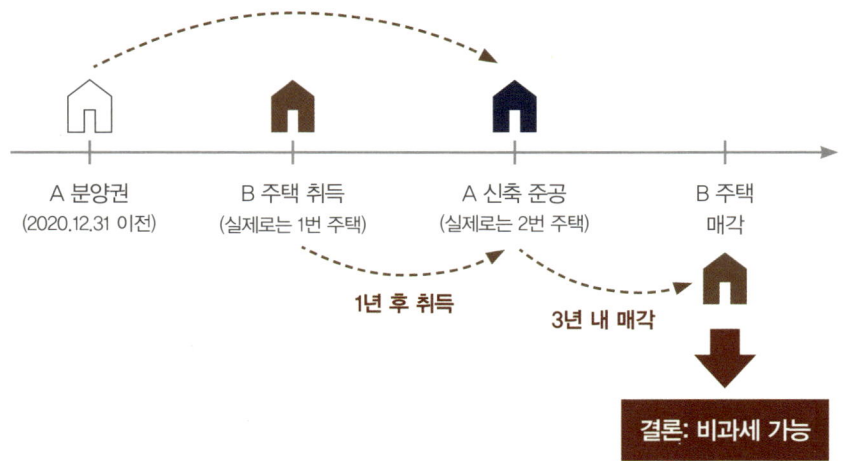

축이 되었는데(실제로는 2번으로 취득한 주택), 둘 간에 1년 후 취득 요건을 성립하니 일시적 2주택 비과세도 가능하다. 이때는 나중에 취득한 A신축 준공일로부터 3년 내 종전주택인 B 주택을 매각하면 일시적 2주택 비과세가 가능하다. 다시 말하지만, 이 케이스는 운이 좋은 경우이고 먼저 취득한 A 분양권이 2020년 12월 31일 이전 취득한 분양권이기에 가능한 것이다.

분양권 신축 준공 후+ 주택인 경우

역시 분양권을 먼저 취득한 경우다. 그런데 이번에는 곧바로 주택을 취득하지 않고 해당 분양권이 주택으로 준공된 경우다. 이 경우 준공된 주택이 1번 주택, 즉 분양권이 A 주택이 되고 이로부터 1년이 지나서 신규주택 B를 취득하면 둘 간에

■ 분양권 준공 후 주택인 경우

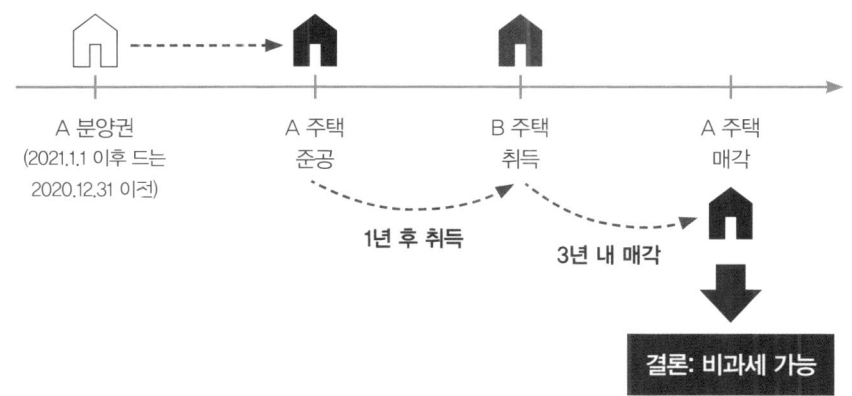

일시적 2주택 비과세는 가능하다. 이때 먼저 취득한 분양권은 2021년 1월 1일 이후인지 여부를 따지지 않는다.

'분양권 준공 후 주택인 경우' 그림을 보면 복잡해 보이지만, 천천히 살펴보면 당연한 과정이며 결과다. 왜냐하면 A 분양권이 주택으로 준공되고 다시 1년이 지나서 신규주택을 취득한 경우로, 이건 주택+주택인 경우 일시적 2주택 비과세와 동일하기 때문이다. 즉 '분양권 준공 후 주택인 경우'와 '주택+주택인 경우'가 동일하다. 그 결과 A, B 2채 모두 비과세가 가능하다. 하지만 모두 비과세를 받는 것만이 능사는 아니다.

진정한 '갈아타기'란?

지금까지 우리는 일반적인 일시적 2주택 비과세를 기본으로 해서, 분양권이 포함된 경우 일시적 2주택 비과세 특례에 대해 살펴보았다. 무엇보다, 2021년 1월

1일 이후 취득한 분양권인지 아닌지에 따라서 비과세 전략이 완전히 달라진다는 사실을 알 수 있었다. 이는 분양권 투자의 핵심 변수라 할 수 있다.

다만, '비과세 받는 것이 무조건 좋다!'라고 생각하는 건 조금 신중했으면 좋겠다. 예를 들어 수도권 구축을 하나 보유한 상태에서 새롭게 분양권을 취득했다고 가정하겠다.

이 경우는 앞에서 본 것처럼 분양권 취득일로부터 3년 내 종전주택을 처분하거나(주택+분양권, 3년 이내 처분하는 경우), 혹은 3년 경과 후 종전주택을 처분하되(더 길게 보유) 취득한 분양권이 신축으로 준공되면 해당 신축에서 거주함으로써 역시 종전주택 비과세를 받을 수 있다.

문제는 그 다음이다. 이제 신축 한 채를 보유하고 있는 상황인데, 해당 신축은 언제 처분할 계획인가? 당연히 준공 후 2년 이상 보유(조정대상지역이면 2년 거주)하면 역시 비과세가 가능하다. 그 결과 종전주택 그리고 신축, 두 채 모두 비과세가 가능은 하다.

하지만 그 다음을 어떻게 할지 계획이 있어야 한다. 계속해서 갈아타기를 하려면 역시 신축 준공 후 1년 지나서 다른 주택을 매수하면 될 것이다. 그렇지 않고 신축은 보유하면서 적당하게 투자수익을 내고 싶다면 굳이 1년 후 취득과는 상관없이 적당하게 세를 끼고 사두거나(갭투자), 혹은 매매업을 위한 주택을 취득한 후 단기매도를 할 수도 있을 것이다(매매사업자).

아니면, 이미 신축 하나는 안정적으로 보유하고 있으니 오래 보유하면서 장기적인 시세차익을 노리는 동시에 향후 신축이 될 수 있는 초기 단계의 재개발 물건 혹은 입주권, 분양권 등을 추가로 취득하여 포트폴리오를 다변화할 수도 있을 것이다. 이러한 방법들은 각각 서로 다른 세무 전략과 투자 목표를 수반하며, 투자자의 현금 흐름 상황과 위험 감수 성향에 따라 선택이 달라질 수 있다.

중요한 것은 이러한 다양한 전략을 통해 부동산 자산을 효과적으로 불리면서 이 과정에서 발생하는 취득세, 보유세, 양도세 등의 세금 부담은 합법적인 방법으로 최대한 줄이는 것이다. 결국 절세와 수익 극대화라는 두 마리 토끼를 동시에 잡는 것이 핵심이다.

상생임대주택 비과세, 실수하기 좋은 8가지 사례

앞으로 양도세 비과세 중요도는 더더욱 커질 것이다. 여전히 부동산 세제 규제가 남아 있는 상태에서 주택 수를 늘리는 것은 큰 부담이 된다. 즉 현명하게 대처하려면 1~2채 이내에서 운영하는 것이 유리한 것이다.

그런데 이 정도 주택 수에서는 1주택 비과세 혹은 일시적 2주택 비과세 등 양도세 비과세 받는 것이 상대적으로 용이하다. 그리고 이 비과세 전략을 사용한다면 생각보다 빠르게 자산을 불리면서 상급지 이동을 하는 것도 가능하다.

하지만 비과세를 받지 못하는 경우도 있을 것이다. 예를 들어 세를 끼고 매수했는데 취득 당시 조정대상지역이었다면 2년 거주 요건을 채우지 못하는 경우가 있을 것이다. 반대로 비과세 거주 요건은 필요없지만 양도가 12억 원 초과인 고가주택인 경우라면 12억 원 초과분에 대해 세금이 나오는데 이때 최대 80%인 '표2 장기보유특별공제'를 받으려면 최소 2년, 최대 10년 거주를 해야 가능하다.

그런데 이러한 비과세 2년 거주 그리고 표2 장특공 거주 요건을 모두 면제해주는 제도가 있으니 그게 바로 '상생임대주택 비과세 특례' 제도다. 상생임대주택 비과세 관련 사례 그리고 유권해석을 살펴봄으로써 어떤 부분을 유의해야 하는지, 또 어떻게 해야 거주없이 비과세가 가능한지를 체크해 보도록 하겠다. 앞으로 살펴보는 사례가 최소 수백만 원에서 많게는 수천만 원 이상의 가치가 있다고 필자는 자신한다. 꼼꼼히 살펴보기 바란다.

매수자와 동일 내용의 임대차계약 체결 시 직전 임대차계약에 해당하지 않는다

가장 많이 오해하고 실수하는 내용이다. 구체적으로, 매도자와 매수자간 매매계약을 했는데 매도자와 임차인이 우선 임대차계약을 하고 이후 특약으로 매매잔금 시 매수자와 임차인간 임대차계약을 맺은 경우다. 과연 이 계약은 취득 후 계약, 즉 직전 임대차계약에 해당이 될까?

이에 대해 과세당국은 '직전 임대차 계약에 해당하지 않음'으로 판단했다. 이에 대해서는 그렇게 어렵지 않을 것으로 보인다. 그림으로 이해해 보겠다.

■ 상생임대주택 직전 임대차계약 해당 여부 – 유권해석 1

> 양도, 기획재정부 재산세제과-1446 [법규과-3341], 2022.11.18
>
> [제목]
> 상생임대주택 특례의 직전 임대차계약 해당 여부
> [요지]
> 전 소유자와 임차인간 임대차계약을 체결한 후 신 소유자가 같은 내용의 임대차계약을 체결한 후 임대차계약기간이 시작된 경우 소득령§155의3에 따른 직전 임대차계약이 아님
> [회신]
> [질의] 전 소유자와 임차인이 될 자 사이에 임대차계약이 체결된 후, 임대차보증금의 잔금 지급 및 임대차 목적물 인도 전에 당해 임대차계약의 임대인의 명의를 신 소유자로 변경한 경우, 임대차계약이 소득령§155의3의 '직전 임대차계약'에 해당하는지
>
> (제1안) 직전 임대차 계약에 해당함
> **(제2안) 직전 임대차 계약에 해당하지 않음**
>
> [회신] 귀 청의 질의는 제2안이 타당합니다.
> [관련법령]
> 소득세법 시행령 제155조의3【상생임대주택에 대한 1세대1주택의 특례】

■ 유권해석 1

사실관계는 다음과 같다.

- 2020.9.29 – 갑(매도자)이 을(매수자)과 조정대상지역에 위치한 A 주택에 대해 매매계약 체결
- 2020.10 – 갑(매도자)과 병(임차인)은 A 주택에 대해 임대차계약 체결. 임대차 계약서 특약사항으로 '임대차계약 보증금의 잔금 지급일에 임대차계약서의 임대인 명의를 을(매수자)로 고쳐 작성'하기로 함
- 2020.12.1 – A 주택 매매대금 잔금일. 특약 내용대로 임대인명의를 갑(매도자)에서 을(매수자)로 바꾸어 동일한 내용의 임대차계약서를 작성한 후, 임대차보증금을 지급하고 병은 전입 신고함

언뜻 보면, '매매잔금과 동시에 임대차계약서를 다시 작성한 것이므로 취득 후가 맞지 않은가?'라고 생각할지 모르겠지만 이에 대해 유권해석은 '그렇지 않다'라고 명확히 밝혔기에 유의 바란다. 이는 상생임대주택 특례 제도의 '취득 후 체결' 요건을 엄격하게 해석한 결과다. 그렇다면 이 경우 상생임대주택 혜택을 받으려면 어떻게 해야 할까?

- 2020.12.1 ~ 2022.11.30 : 일반적인 임대차계약
- 2022.12.1 ~ 2024.11.30 : 직전 임대차계약
- 2024.12.1 ~ 2026.11.30 : 상생 임대차계약 → 거주 요건 없이 비과세 혜택 가능

매수 당시 동시에 맺은 임대차계약은 직전도 아니고 상생도 아니지만 이후 맺은 임대차계약은 직전 임대차계약이 된다. 다시 여기에서 5% 이내로 증액한 상생 임대차계약을 맺고 해당 상생 임대차계약이 종료되면 거주 없이 비과세가 가능한 것이다.

물론 이렇게만 한다고 비과세가 되는 것은 아니고, 세대 기준 주택 수가 1채 혹은 일시적 2주택과 같은 요건에 해당되어야 한다. 즉 2주택 이상 다주택인 경우라면 일단 비과세 특례에 맞는 주택 수부터 갖추고 여기에서 부족한 거주 요건만 상생 임대주택 비과세 특례를 활용해야 한다는 것이다. 필자가 생각하기에 이 부분을 놓치는 투자자들이 의외로 많다.

주택 취득 전 계약한 임대차계약은 직전 임대차계약에 해당하지 않는다

두 번째 사례는 주택 매매계약을 체결하고 이후 임대차계약을 체결한 경우로, 비록 주택 취득일 이후 임대 기간이 개시되더라도 주택 취득 전에 임차인과 작성한 임대차계약은 직전 임대차계약에 해당하지 않는다는 내용이다. 주택의 취득은 원칙상 잔금일인데 계약만 하고 아직 잔금을 하기 전인데 미리 임대차계약을 맺었으니, 이는 '취득 후' 임대차계약을 맺어야 한다는 조건에 맞지 않는다는 것이다.

관련 사실관계를 그림으로 이해하면 다음과 같다.

■ 상생임대주택 직전 임대차계약 해당 여부 – 유권해석 2

양도, 서면-2022-법규재산-2799 [법규과-3365], 2022.11.22
관련주제어 ▶ 양도 또는 취득의 시기

[제 목]
주택 매매계약 후 임대차계약을 체결한 경우 소득령§155의3의 "직전 임대차계약" 해당 여부

[요 지]
주택 매매계약 체결한 후 임대차계약을 체결한 경우로서 주택 취득일 이후 임대기간이 개시되더라도 임대인이 주택취득 전에 임차인과 작성한 임대차계약은 소득령§155의3의 "직전 임대차계약"에 해당하지 않는 것으로 기획재정부의 해석(기획재정부 재산세제과-1440, 2022.11.17.)을 참고하시기 바랍니다.

[회 신]
귀 서면질의 신청의 경우 기획재정부의 해석(기획재정부 재산세제과-1440, 2022.11.17.)을 참고하시기 바랍니다.

□ 기획재정부 재산세제과-1440, 2022.11.17.
[질의내용]
주택 매매계약 체결한 후 임대차계약을 체결한 경우로서 주택 취득일 이후 임대기간이 개시되는 경우 임대인이 주택취득 전에 임차인과 작성한 임대차계약이 「소득세법 시행령」 제155조의3의 "직전 임대차계약"에 해당하는지 여부
- (제1안) 직전 임대차계약에 해당
- (제2안) 직전 임대차계약에 해당하지 않음

[회신내용]
제2안이 타당합니다.
[관련법령]
소득세법 시행령 제155조의3[상생임대주택에 대한 1세대1주택의 특례]

■ 유권해석 2

2020.6월:
A 주택
매매계약
(전 소유자 거주)

2020.7월:
매수인과 새임차인이
임대차계약
(A 주택 취득일 이후
임대개시하는 조건)

2020.9.18:
A 주택 취득

2020.9.28:
임대개시

2022.9월:
임대차계약
갱신

A 주택에 대한 매매계약이 2020년 6월에 진행되고, 아직 잔금일 전인 2020년 7월 매수인과 새 임차인이 임대차계약을 맺는다. 그리고 'A 주택 취득일 이후 임대개시하는 조건'으로 특약을 넣는다. 이후 2020년 9월 18일 해당 주택을 취득, 즉 잔금을 치르고 10일 후인 2020년 9월 28일 임대개시를 한 것이다.

하지만 그렇다 하더라도 2020년 9월 28일 개시된 임대차계약은 직전 임대차계약에 해당하지 않는다. 주택의 취득일인 2020년 9월 18일 이후가 아닌 이전, 즉 2020년 7월에 임대차계약을 맺었기 때문이다.

한편으로는 설령 그렇다 하더라도 매수인과 임차인이 직접 계약을 체결했고, 해당 임대차계약이 대상 주택인 A 주택을 취득한 이후인 2020년 9월 28일에 개시하도록 특약까지 넣었는데 가능하지 않느냐고 생각이 들 수도 있겠다.

그러나 유권해석은 주택의 취득일 이후가 아닌 그 이전에 임대차계약을 맺었으므로 '직전 임대차계약에 해당하지 않음'으로 해석했다. 따라서 주의해야 할 것이다. 이는 상생임대주택 특례의 엄격한 시기 요건을 보여주는 대표적인 사례라 할 수 있다.

그렇다면 이 경우 상생임대주택 혜택은 받을 수 없는 것일까? 다음 날짜를 보자.

- 2020.9.28 ~ 2022.9.27 : 일반적인 임대차계약
- 2022.9.28 ~ 2024.9.27 : 직전 임대차계약
- 2024.9.28 ~ 2026.9.27 : 상생 임대차계약 → 거주 요건없이 비과세 혜택 가능

비록 2020년 9월 28일 임대 개시 계약이 직전 임대차계약은 아니지만 이후 직전 및 상생 임대차계약을 기한 내, 즉 2026년 12월 31일까지 충분히 할 수 있기에 이 역시 상생임대주택 비과세 특례 혜택이 가능한 경우다. 만약 2026년 12월 31일까지 한정된 상생임대주택 특례가 혹시 더 연장이 된다면 이런 혜택을 누릴

수 있는 경우는 더 많아질 것이다. 개인적으로는 이런 기회를 놓치지 말고 적극 활용할 것을 권한다.

분양 잔금 전에 체결한 임대차계약은 직전 임대차계약에 해당하지 않는다

분양권을 보유한 분들은 특히 잘 알아야 하는 내용이다. 예를 들어 분양권을 취득했는데 해당 분양권이 주택으로 완공되기전에 임대차계약을 맺고 이후 완공이 된 후에 임대개시가 되면 과연 직전 임대차계약에 해당하는지 여부다. 결론부터 말하면, 이 경우는 직전 임대차계약에 해당하지 않는다.

앞서 나왔던 유권해석 1,2를 유심히 확인했다면, '이건 안 되겠구나'라는 걸 곧바로 눈치챘을 것이다. 이유는 동일하다. 분양권이 주택으로 취득하는 때는 준공일, 즉 분양 잔금일인데 그 이전에 이미 임대차계약을 맺었기에 '취득 후'라는

■ 상생임대주택 직전 임대차계약 해당 여부 – 유권해석 3

양도, 서면-2022-법규재산-3529 [법규과-3534], 2022.12.07
관련주제어 ▶ 양도 또는 취득의 시기

[제목]
주택을 취득하기 전 체결한 임대차계약이 상생임대주택특례의 직전임대차계약에 해당하는지 여부

[요지]
주택을 취득하기 전 체결한 임대차계약은 상생임대주택에 대한 특례규정(소득령§155의3)의 직전 임대차계약에 해당하지 않음

[회신]
「주택법」에 따른 사업주체가 공급하는 주택의 입주자로 선정되어 취득하는 주택에 대하여, 해당 주택을 취득하기 전에 임차인과 체결한 임대차계약은 「소득세법 시행령」 제155조의3 제1항의 "직전 임대차계약"에 해당하지 않는 것입니다.

[관련법령]
소득세법 시행령 제155조의3(상생임대주택에 대한 1세대1주택의 특례)

■ 유권해석 3

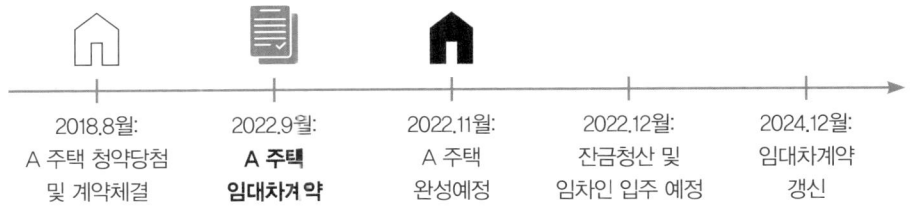

요건에 해당하지 않기 때문이다. 구체적인 사실관계를 '유권해석 3' 그림으로 보겠다.

2018년 8월에 A 주택 청약에 당첨된 경우로 해당 분양권이 주택으로 완공되는 때는 2022년 11월, 그리고 잔금청산 및 입주는 2022년 12월이다. 따라서 주택 취득일은 2022년 12월로 보아야 한다. 그런데 그림에 있는 것처럼 2022년 12월 이전인 2022년 9월에 임대차계약을 맺는다. 따라서 이 경우는 주택 취득 후가 아닌 그 이전이므로 직전 임대차계약에 해당하지 않는다.

분양권 투자를 해본 분이라면 굉장히 공감할 내용인데, 흔히 말하는 '입주장'이기에 임차인 맞추기가 쉽지 않다. 당연히 주택 준공전에 임차인을 구하고 이에 해당하는 보증금과 자기 자본을 더해서 잔금을 치르는 것이 일반적이다. 즉, 주택 취득 이전에 임대차계약을 맺는 경우가 대부분이기에 이때는 직전 임대차계약 요건을 갖출수가 없다. 이는 분양권 투자자들이 반드시 알아두어야 할 현실적 제약이라 할 수 있다.

그렇다면 상생임대주택 혜택은 받을 수 없는 것일까? 이번에도 마찬가지로, 상생임대주택 혜택 가능 여부를 살펴보겠다.

• 2022.12 ~ 2024.12 : 일반적인 임대차계약
• 2024.12 ~ 2026.12 : 직전 임대차계약

- 2026.12 ~ 2028.12 : 상생 임대차계약 → 거주 요건없이 비과세 혜택 가능 (당초 24.12.31 에서 → 2026.12.31까지 연장되었기에 가능)

정말 운이 좋은 경우다. 원래라면 상생임대차계약 유효 기간은 2024년 12월 31일까지이기에 관련 혜택을 받는 것은 불가능했지만, 이전 정부에서 해당 기간을 2026년 12월 31일까지 연장했기에 아슬아슬하게 혜택을 보는 경우다.

사례에서 보는 것처럼 비록 직전 임대차계약 요건을 처음에 갖추지 못했더라도 이후 기간 연장으로 인해 가능한 경우가 생각보다 많을 수 있다. 그러니 포기하지 말고 꼭 가능여부를 살핀 후 매각에 임하기 바란다. 만약 해당 제도가 추가 연장된다면 더 많은 분들이 혜택을 받을 수 있을 것이다. 필자라면 이런 기회를 놓치지 않고 적극 검토할 것을 권한다.

매도인이 임차인이 되면 취득 당일 임대차계약 체결 시 직전 임대차계약에 해당

개인적으로 많이 놀랐던 내용이다. '아니, 이 방법이 된다고?'라는 생각이 들어서다. 즉, 다음 사례를 보았을 때 필자는 직전 임대차계약에 해당하지 않을 것으로 예상했지만 결과적으로 유권해석은 '직전 임대차계약에 해당'이라고 나왔다. 그래서 이 방법을 하라고 자주 권해드렸는데, 어떤 내용인지 살펴보겠다.

주택을 취득하면서 해당 주택의 전 소유자, 즉 매도인이 매수인과 임대차계약을 체결하고 매수인이 주택을 취득함과 동시에 해당 임대차계약이 개시되었다면 '직전 임대차계약'으로 볼 수 있다는 해석이다. 이는 소위 '주인전세'라고 불리는 방법으로, 많은 투자자들이 활용하고 있는 전략이다.

■ 상생임대주택 직전 임대차계약 해당 여부 – 유권해석 4

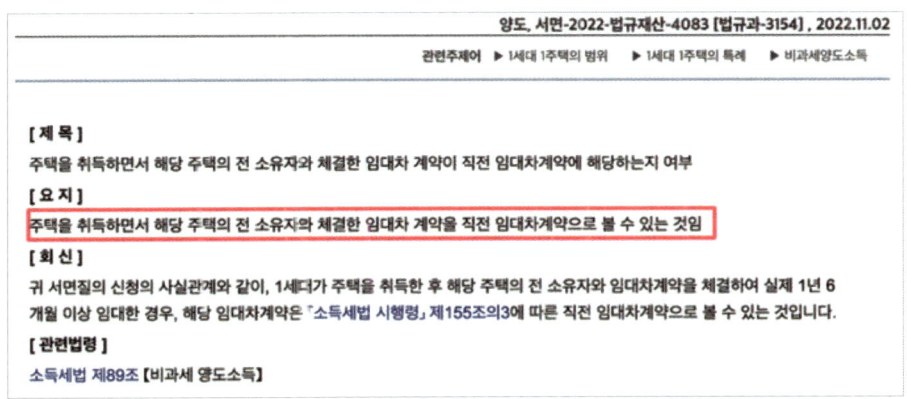

■ 유권해석 4

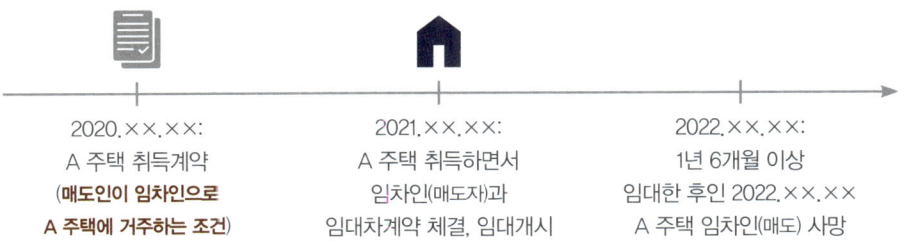

　매수인은 2020년 ××월 ××일 A 주택을 취득하는 매매계약을 하는데, 매도인이 임차인으로 해당 주택에 거주하는 조건으로 계약을 한다. 이후 매수인이 해당 주택을 취득하면서 임차인(매도자)과 임대차계약을 체결하고 임대개시를 한 후 1년 6개월 이상을 임대한 경우다. 이 경우 해당 임대차계약을 유권해석은 '직전 임대차계약에 해당함'이라고 해석했다.

　앞서 살펴본 것처럼 직전 임대차계약은 주택을 '취득 후' 맺어져야 하는데, 이 경우는 동시에 일어난 경우이기에 보수적으로 본다면 해당하지 않을 수 있겠다고 생각했다. 하지만 다행히 해석은 유리하게 나왔는데 이런 방식으로 세를 끼고 사둔 후 이후 상생 임대차계약을 맺으면 상대적으로 상생임대주택 기한을 앞당기는 효과를 볼 수 있다.

다만 현재는 강남3구와 용산 아파트의 경우 토지거래허가구역으로 묶인 점, 그렇지 않더라도 세를 끼고 매수할 때 담보대출 혹은 전세대출이 있으면 전입을 해야 하는 점(2024년 6월 27일 대출 규제 여파), 설령 이 모든 것을 뚫고 주인전세를 주더라도 직전 임대차계약은 최소 1년 6개월 이상을 해야 하고, 그 결과 2026년 12월 31일 기한 내 상생 임대차계약 맺기란 불가능한 점을 든다면 이미 그 이전에 주인전세를 활용해 상생 임대주택 조건을 맞추었어야 한다.

승계된 계약 갱신 후, 재갱신하면 각 '직전임대차계약' 및 '상생임대차계약'에 해당

언뜻 보면 무슨 말인지 이해하기 어려울 수 있다. 그러나 순차적으로 하나씩 요건을 따져보면 충분히 이해할 수 있는 내용이다.

개인적으로, 임대차시장 안정을 위해 가장 모범적인 사례라고 생각된다. 그런 의미에서 현재 2026년 12월 31일까지인 상생임대주택 제도를 추가 연장했으면 하는 것이 필자의 개인적인 소망이기도 하다.

매수자인 갑은 매도자인 을로부터 2020년 5월 매매계약을 체결하면서 기존 임대차계약을 승계한다. 그리고 주택을 '취득한 후'인 2020년 12월 매수자이면서 임대인인 갑은 기존 임차인인 병과 임대차계약을 갱신하는데 임대 기간은 1년 7개월로 하며, 임차인인 병은 이때 계약갱신청구권을 행사한다. 이 첫 번째 계약은 '직전 임대차계약'에 해당하는 것이고 이후 다시 갑과 병이 임대차계약을 재갱신하는데 직전 임대차계약보다 5% 이내로 인상했고(사례의 경우 종전 임대료유지로

■ 승계받은 임대차계약을 갱신한 경우 – 유권해석 5

양도, 서면-2022-법규재산-2849 [법규과-2917] , 2022.10.12

관련주제어 ▶ 1세대 1주택의 범위   ▶ 1세대 1주택의 특례   ▶ 비과세양도소득

[제목]
주택을 취득하면서 승계받은 임대차계약을 갱신한 경우 상생임대주택 특례 적용 여부

[요지]
전 소유자로부터 임대차계약을 승계받은 후 임차인이 계약갱신요구권을 행사하여 승계받은 계약을 갱신(갱신계약)하고 이후 그 갱신계약을 다시 갱신(재갱신계약)한 경우 갱신계약과 재갱신계약은 각각 "직전 임대차계약" 및 "상생임대차계약"으로 볼 수 있는 것임

[회신]
주택을 취득하면서 임대인의 지위를 전 소유자로부터 승계받은 경우로서 해당 주택을 취득한 후 임차인이 「주택임대차보호법」 제6조의3에 따라 계약갱신요구권을 행사하여 승계받은 계약을 갱신(갱신계약)하고 이후 그 갱신계약을 다시 갱신(재갱신계약)한 경우 갱신계약과 재갱신계약은 각각 「소득세법 시행령」 제155조의3제1항제4호 및 제1호의 임대기간, 임대보증금 또는 임대료 증가율 및 계약체결일 등 요건을 갖춘 경우 해당 규정에 따른 "직전 임대차계약" 및 "상생임대차계약"으로 볼 수 있는 것입니다.

[관련법령]
소득세법 시행령 제155조의3 [상생임대주택에 대한 1세대1주택의 특례]

■ 유권해석 5

0% 인상), 임대기간 역시 2년 이상이므로 '상생 임대차계약'에 해당한다.

해당 사례를 보면 매수자는 주택을 취득한 후에 임차인과 임대차계약을 맺었고(직전), 이후 조건을 갖춰 다시 임대차계약을 맺었으니(상생) 상생임대주택 요건을 갖춘 것이고 이후 2025년 2월 22일이 다 되어 해당 주택을 매도한다면 2년 거

주요건 없이도 비과세가 가능할 것이다. 이는 임대차 승계라는 현실적 상황을 잘 반영한 해석이라 할 수 있다.

이때 중요한 것은 계약갱신청구권의 5%와 상생 임대차계약의 5%는 별개라는 것이다. 임차인 입장에서도 상당히 유리한 조건이고, 그에 따라 임대인 역시 세제혜택을 받을 수 있으니 이런 게 바로 '상생' 아닐까? 계속해서 다음 사례를 보겠다.

주택 취득 후 임대 → 거주 → 임대의 경우
상생임대주택 적용 가능

이 경우는 주택을 취득하고 임대를 준 후, 중간에 본인 실거주를 하고 다시 임대를 준 사례다. 취득 후 임대이니 직전, 이후 다시 요건 갖추면 상생 임대차계약인데 중간에 거주를 해서 공백이 있더라도 상생임대주택 혜택은 가능하다는 해석이다.

■ 주택 취득 후 임대, 이후 거주, 재임대한 경우 – 유권해석 6

> 양도, 서면-2022-법규재산-0893 [법규과-3040], 2022.10.21
> 관련주제어 ▶ 1세대 1주택의 범위 ▶ 1세대 1주택의 특례 ▶ 비과세양도소득
>
> [제목]
> 주택을 취득한 후 임대, 거주, 재임대한 경우 상생임대주택 특례적용 여부
> [요지]
> 「소득세법 시행령」제155조의3제1항 각 호의 요건을 모두 갖추어 해당 주택을 양도하는 경우에는 상생임대주택에 대한 1세대 1주택의 특례를 적용받을 수 있는 것임
> [회신]
> 귀 서면질의 신청의 사실관계와 같이, 국내에 1주택을 소유한 1세대가 해당 주택을 취득한 후 임대하였다가 일정기간 자가 거주 후 재임대한 경우로서, 「소득세법 시행령」제155조의3제1항 각 호의 요건을 모두 갖추어 해당 주택을 양도하는 경우에는 상생임대주택에 대한 1세대 1주택의 특례를 적용받을 수 있는 것입니다.
> [관련법령]
> 소득세법 제89조 [비과세 양도소득]

■ 유권해석 6

이는 과거 기획재정부에서 발표한 '상생임대주택 10문 10답'에서도 나왔던 내용인데, 이번 해석으로 더욱 명확해진 것 같다. 역시 구체적인 사실관계를 그림으로 살펴보겠다.

2018년 ×월 매수자는 A 주택을 매수하고 거주한다. 이후 '주택 취득 후' 매수자는 2019년 X월 임대차계약을 체결해 직전 임대차계약 조건을 갖춘다. 해당 임대차계약이 만료되고 임차인은 임대차계약 갱신을 원했으나 실거주 사유로 매수자는 실거주를 하였고 이후 2022년도 중에 새로운 임대차계약을 맺으려고 한다(사례는 2022년 10월에 나온 해석으로 이후 실제 임대차계약을 맺었는지는 확인되지 않고 있다).

이 경우 2019년에 맺은 임대차계약은 직전 임대차계약 그리고 이후 추가로 맺을 임대차계약은 5% 이내 상승 등 요건을 갖춘다면 상생 임대차계약에 해당할 수 있다. 비록 직전 임대차계약과 상생 임대차계약 사이에 공백이 있으나 공백 여부와는 상관없이 각각의 조건만 갖추면 상생임대주택 비과세 특례가 가능하다는 해석이다. 이는 실거주 필요에 따른 임대 중단을 인정한 현실적인 판단이라 판단된다. 특별한 이슈는 없고 원칙대로 이해하면 될 것 같다.

임차인 조기 퇴거 시 2년 미만 임대라면 상생 임대차계약에 해당하지 않음

앞으로 살펴볼 유권해석 7번은 곧바로 나올 8번과 함께 보는 것이 좋겠다. 우선 7번부터 보겠다. 상생 임대차계약을 맺었지만 임차인이 2년을 다 채우지 못하고 조기퇴거를 한다면 혜택이 불가하다는 내용이다.

상생임대차계약은 1) 직전 임대차계약에서 5% 이내로 인상을 해야 하고, 2) 2026년 12월 31일까지 계약을 맺어야 하며, 3) 2년 이상 실제 임대를 한 이후에 해당 주택을 매각해야 한다. 즉 상생 임대차계약은 2026년 이내로 하면 되지만 해당 계약이 완료되고 난 이후(2년 이상 임대)에 해당 주택을 매각해야 하는데 사례에서는 2년을 다 채우지 못했으니 혜택이 불가하다는 것이다.

비록 임차인 사정으로 나간다고 하더라도 혜택을 받지 못하니 다소 불합리한 면이 있는데, 이에 대해서는 곧바로 살펴볼 유권해석 8번에서 살펴보겠다(사실관

■ **2년 미만 조기 퇴거한 경우 – 유권해석 7**

> 양도, 서면-2022-법규재산-1236 [법규과-3130], 2022.10.31
>
> 관련주제어 ▶ 1세대 1주택의 범위 ▶ 1세대 1주택의 특례 ▶ 비과세양도소득
>
> [제목]
> 상생임대차계약 체결 후 임차인이 조기퇴거하여 실제 임대한 기간이 2년 미만인 경우, 특례 적용 여부
> [요지]
> **상생임대차계약에 따라 실제 임대한 기간이 2년 미만인 경우에는 상생임대주택에 대한 1세대 1주택의 특례를 적용받을 수 없는 것임**
> [회신]
> 귀 서면질의 신청의 사실관계와 같이, 국내에 1주택을 소유한 1세대가 해당 주택을 취득한 후 「소득세법 시행령」제155조의3 제1항제4호에 따른 직전 임대차계약 및 같은 항 제1호에 따른 상생임대차계약을 체결한 경우로서, 임차인의 조기퇴거로 상생임대차계약에 따라 실제 임대한 기간이 2년 미만인 경우에는 상생임대주택에 대한 1세대 1주택의 특례를 적용받을 수 없는 것입니다.
> [관련법령]
> 소득세법 제89조 [비과세 양도소득]

계가 단순하고 이슈가 없는 유권해석 7번에 대한 설명은 생략하겠다).

임차인 사정으로 임대기간 미충족 시 새임차인과 동일 계약하면 임대기간 합산

앞서 살펴본 것처럼 상생 임대차계약은 2년 이상 임대를 해야 하는데, 임차인 사정으로 이를 채우지 못하고 나갈 경우 임대인 입장에서는 손해를 볼 수 있다. 상생임대주택 제도 초기, 이런 문제가 있을 수 있다고 논란이 많았었는데 이에 대해 보완이 될 수 있는 해석이 나왔다.

다만 한 가지 요건이 있는데 그건 바로, '종전 임대차계약의 임대보증금 또는

■ 2년 미만 조기 퇴거 후 새로운 임차인과 계약 체결 – 유권해석 8

> 양도, 기획재정부 재산세제과-1412 [ ] , 2022.11.10
>
> **[제목]**
> 임차인의 사정으로 의무임대기간을 충족하지 못하여 새로운 임차인과 종전의 임대차계약과 동일한 계약을 체결하는 경우, 소득령§155의3 적용 여부
>
> **[요지]**
> "직전 임대차계약" 또는 "상생임대차계약"을 체결하였으나, 임차인이 중도 퇴거하여 같은 항의 임대기간(이하 "종전 임대기간") 요건을 충족하지 못한 경우, 종전 임대기간과 새롭게 체결한 임대차계약(종전 임대차계약의 임대보증금 또는 임대료보다 낮거나 같은 경우에 한정함)에 따른 임대기간을 합산할 수 있는 것임
>
> **[회신]**
> [질의] "직전 임대차계약" 대비 임대보증금 또는 임대료의 증가율이 5%를 초과 하지 않는 임대차계약을 계약기간 2년으로 체결하였으나, 임차인이 개인적인 사정으로 조기 전출하여 다시 새로운 임차인과 임대차계약(이하 "쟁점임대차 계약")을 체결한 경우, 소득령§155의3에 따른 상생임대주택 특례를 적용받을 수 있는지 여부(쟁점임대차계약을 상생임대차계약으로 볼 수 있는지)
>
> (제1안) 상생임대주택 특례 적용 가능(쟁점임대차계약을 상생임대차계약으로 볼 수 있음)
> (제2안) 상생임대주택 특례 적용 불가(쟁점임대차계약을 상생임대차계약으로 볼 수 없음)
>
> [회신]「소득세법 시행령」제155조의3제1항을 적용할 때, "직전 임대차계약" 또는 "상생임대차계약"을 체결하였으나, 임차인이 중도 퇴거하여 같은 항의 임대 기간(이하 "종전 임대기간"이라 한다) 요건을 충족하지 못한 경우, 종전 임대 기간과 새롭게 체결한 임대차계약(종전 임대차계약의 임대보증금 또는 임대료보다 낮거나 같은 경우에 한정한다)에 따른 임대기간을 합산할 수 있는 것입니다.

임대료보다 낮거나 같은 경우로 한정'한다는 것이다. 이는 상생임대주택 제도의 취지를 생각하면 바로 이해가 될 것이다. 어떤 경우인지 구체적인 사례를 그림으로 살펴보겠다.

2019년 7월 갑은 A 주택을 취득한다. 이후 2020년 7월 갑과 을은 임대차계약을 체결하고 2년 계약, 임대 2년을 함으로써 직전 임대차계약 요건을 갖춘다. 주택 취득 후 맺은 계약이니 직전 임대차계약이라는 건 이슈가 없을 것이다.

이후 갑과 을은 2022년 7월에 다시 2년 계약으로 임대차계약을 맺는데, 이때 직전 임대차계약 대비 5% 이내로 인상을 하고(설령 계약갱신청구권을 행사하였더라도) 2년 실제 임대를 하면 상생 임대차계약 요건을 갖추게 된다.

그런데 1년이 지난 2023년 7월 임차인 사정으로 전출이 예정된 관계로 이렇게 전출이 된다면 2년 임대기간을 채우지 못하게 되어 상생 임대차계약 요건을 갖추지 못하게 된다(유권해석 7번).

하지만 과세당국은 이 경우 임차인 사정으로 2년 임대기간을 채우지 못한 것이므로 다른 임차인과 임대차계약을 체결한다면 이 둘의 계약기간을 합산함으

■ **유권해석 8**

로써 혜택을 받을 수 있도록 해석했다. '유권해석 8' 그림에서 박스로 묶은 부분이 그 내용을 표현한 것인데, 다만 유의해야 할 점은 '종전 임대차계약(사례에서는 2022년 7월 계약한 것) 임대료보다 낮거나 같은 경우로 한정'한다는 점이다.

    이 역시 상생임대주택 취지를 고려하면 충분히 납득이 가능한 해석이다. 그렇지 않고 무조건 합산을 허준다면 시세에 맞춰 임대료를 올릴 수 있는 지역이 나올 것이고, 일부는 이를 악용할 수도 있기에 이러한 방침은 제도 취지를 지키면서 임차인, 임대인 사정을 모두 고려한 나름의 합리적인 방안이라 생각한다. 혹시 임차인 조기 퇴거로 조건을 지키지 못한 경우라면 이 방법을 참고해 보기 바란다.

입주권을 활용한
갈아타기 비과세 완벽 정리

토지거래허가제 해제에 따른 후폭풍이 거셌었다. 연일 부동산 가격 신고가에 놀라움을 넘어, 허탈한 마음까지 들 정도였다. 지금이라도 해당 지역에 관심을 갖고 싶으나 물건도 없고 현실적으로 너무 올라간 가격이 부담스럽다.

그렇다고 인근 아파트를 보니 이곳도 비싸고, 지역을 넓혀서 적당한 매물이 보일 정도가 되면 '이렇게 해서 언제 나도 강남권으로 갈아타기를 해보나' 하는 생각마저 든다.

필자 역시 비슷한 생각이다. 지난 수도권 상승장에서 상대적으로 소액 주택 여러 채를 취득하고 주택임대사업자를 활용한 터라, 비록 자산은 많이 늘어났지만 요즘 인기인 '똘똘한 한 채'로 포지션을 갖춘 것은 아니기 때문이다.

그렇다고 그냥 넋 놓고 바라보고만 있어서는 안 된다. 이럴 때일수록 현실적으로 할 수 있는 일이 무엇인지를 냉정하게 찾아보고 실제 행동에 옮기는 것이 더 중요하다. 특히 현재와 같은 급격한 시장 변화 상황에서는 기존과 다른 접근 방식이 필요할 수 있다.

많은 사람이 '왜 시간이 오래 걸리는 입주권에 관심을 가져야 할까?'라고 생각할 수 있다. 이유는 간단하다. 이렇게 해야 상대적으로 적은 금액으로 큰 차익을 얻을 수 있고, 상대적으로 경쟁이 덜하기 때문이다.

현실적으로 대부분의 사람들이 지금 관심을 받는 토지거래허가 해제 구역 혹은 강남 물건을 구입하기란 쉽지 않다. 설령 그렇다 하더라도 수익률은 그렇게 좋지 못할 수가 있다. 이미 많은 투자자들이 몰린 상태에서 추가 상승 여력이 제한적일 수 있기 때문이다.

이런 상황에서, 1) 차후 상당한 시세차익이 예상되고, 2) 상대적으로 저렴하게 구입할 수 있는 부동산이 무엇일까? 필자는 그러한 상품 중 하나가 바로 '조합원 입주권(이하 입주권)'이라고 생각한다. 물론 아무 입주권이나 취득해서는 안 된다. 정비사업 진행 가능성이 높고, 추후 일정 수준 이상의 시세차익이 가능한 그런 상품이어야 한다. 그리고 양도세 비과세 전략이 가능한 상품이어야 한다. 그래야 시세 차익에 따른 세 부담을 현격히 줄일 수 있기 때문이다.

조합원입주권이란 무엇인가?

지금부터 설명할 입주권 비과세 특례는 세법에서 정한 입주권만 해당한다. 즉, '도시 및 주거환경정비법(이하 도정법)'에 따른 재건축, 재개발사업의 관리처분계획인가 그리고 '빈집 및 소규모주택 정비에 관한 특례법'에 따른 소규모재건축사업의 사업시행계획 인가로 취득한 입주자로 선정된 지위를 의미하는 것이다.

따라서 여기에 해당하지 않는 입주권은 아예 비과세 특례가 적용되지 않는다. 대표적으로 지역주택조합이 있다. 또한 가로주택정비사업 등 소규모재건축사업의 경우 2022년 2월 14일 이전에 취득한 것 역시 지금 설명하는 비과세 특례에 해당하지 않는다. 그러니 입주권이라고 해서 아무거나 구입해서는 안 된다.

이제 세법상 입주권을 취득했다면 본인이 원조합원인지 혹은 승계조합원인지를 구분해야 한다. 너무 어렵게 생각하지 않아도 된다. 정비사업 단계 중 '관리처분계획인가(이하 관처)' 이전에 해당 부동산을 취득하면 원조합원, 이후 취득하면 승계조합원이라 한다.

이러한 구분은 단순히 명칭의 차이가 아니라 세법상 중요한 의미를 갖는다. 양

■ 원조합원 vs 승계조합원

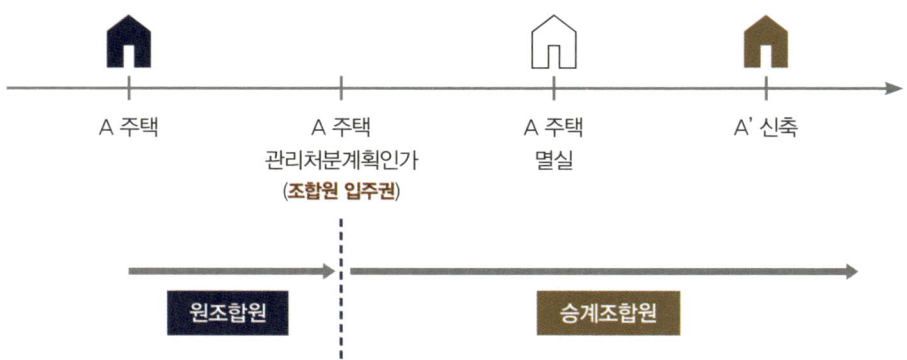

도세 계산 방식과 비과세 적용 요건이 달라지기 때문이다.

　원조합원의 경우 해당 부동산을 취득한 날은 '당초주택의 취득일'로 본다. 그에 반해 승계조합원은 관처 이후 입주권을 취득했지만 주택으로 취득한 날은 해당 입주권이 신축으로 완공되고 난 이후의 '사용승인일'이 된다.

　따라서 원조합원은 추후 신축으로 완공되고 매각을 할 때 '관처 이전'과 '관처 이후', 이렇게 두 번 양도세를 계산해야 한다. 보유 기간에 따라 장특공이 달라지기 때문이다. 이를 그림으로 표현하면 '원조합원인 경우 양도세 계산' 그림과 같다.

　그에 반해 승계조합원은 입주권 보유 기간 따로, 그리고 이후 해당 입주권이 신축으로 사용승인을 받으면 그때부터 다시 주택 보유 기간을 따로 계산해야 한다. 당연히 입주권은 2년 이상 보유한 후에 매각해야 기본세율이 적용되며, 이후 신축으로 준공이 되더라도 다시 2년 이상을 보유해야 한다. 마치 주택 분양권과 유사하다고 하겠다.

　이렇듯 관처 이전에 주택 상태를 취득을 한 원조합원, 그리고 관처 이후 입주권 상태에서 취득을 한 승계조합원의 양도세 계산은 각기 다르다. 그렇다면 이들

■ 원조합원인 경우 양도세 계산

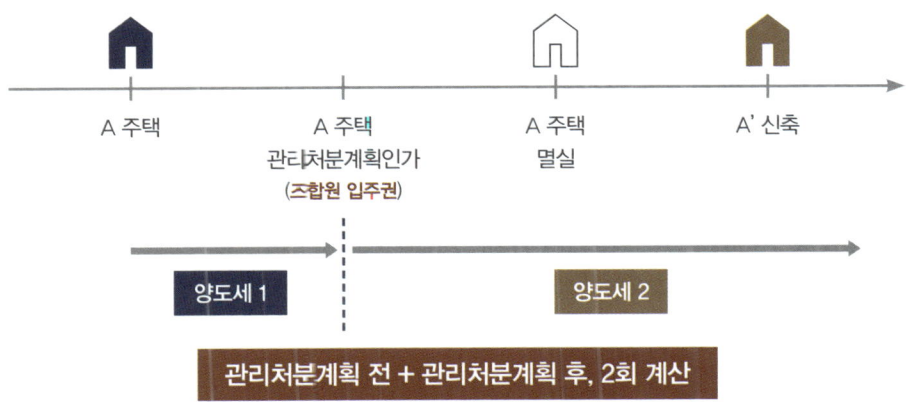

■ 승계조합원인 경우 양도세

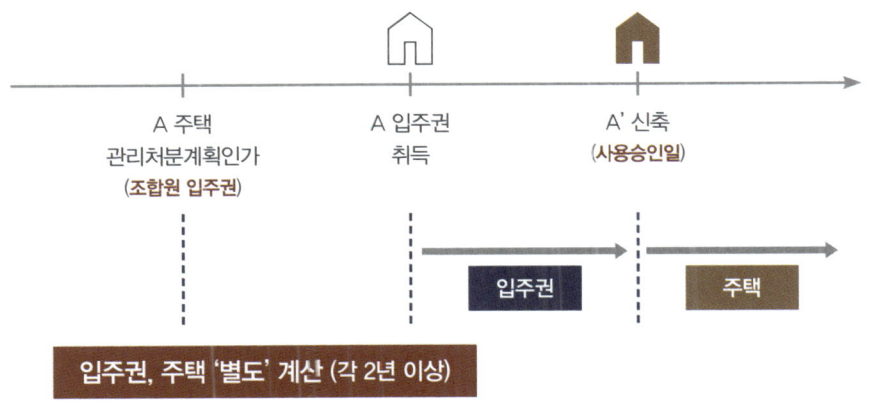

이 활용할 수 있는 비과세 전략에는 어떤 것들이 있을까. 그리고 제대로 갈아타기가 가능한 '돈 되는 비과세 전략'은 무엇일까?

원조합원 상태에서 활용하는 비과세 전략

원조합원이 받을 수 있는 비과세 전략은 크게 2가지다. 이중 '대체주택 비과세'에 집중하는 것이 좋다. 비과세를 받는 것도 좋지만, 우리의 목적은 이를 통해 자산을 불리고 더 좋은 상급지로 가기 위함이다. 구체적으로 살펴보면 이런 내용이다.

예를 들어 A 주택이 목동 단지라고 가정해 보자. 해당 지역은 토지거래허가구역으로 묶여 있음에도 불구하고 최근 거래 소식이 들려오고 있다. 그만큼 입지와 상품성이 좋다는 의미인데, 이런 상황에서 추가 주택을 구입해서 2채 모두 비과세가 가능하다.

예를 들어 기존 보유한 A 주택 정비사업이 진행되어 사업시행인가, 관리처분계획인가를 받고 이주, 멸실을 한다고 가정하자. 그렇다면 해당 주택에서 거주가 불가능하기에 따로 거주할 '대체주택'이 필요하다. 그림에서 파란색 주택인데, 본 제

■ 대체주택 비과세

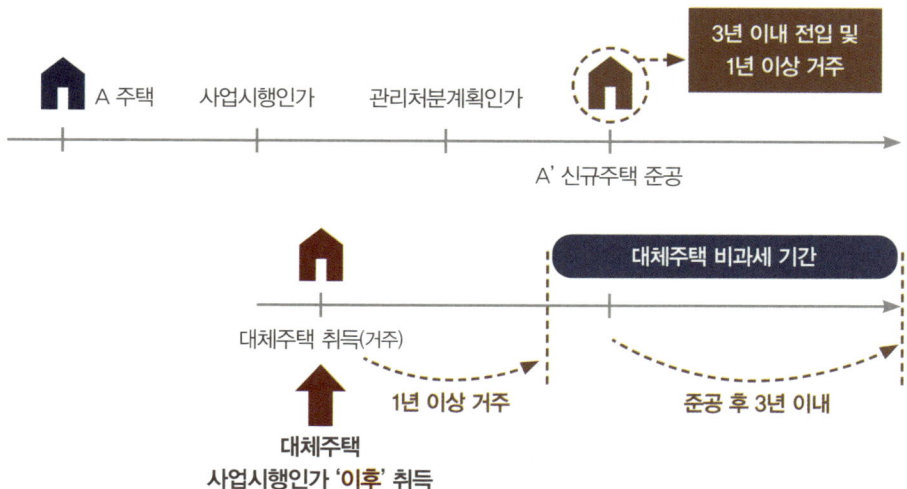

도는 대체주택에 대해 비과세를 해주고 추후 신축인 A' 주택 역시 비과세를 받을 수 있는 제도다. 다만 '대체주택 비과세' 그림처럼 복잡한 만큼 요건도 까다롭다.

- 사업시행인가 이후 대체주택을 취득할 것
- 대체주택에서 1년 이상 거주할 것
- 대체주택은 신규주택 준공 이전 혹은 준공 후 3년 내 매각할 것
- 신규주택 준공 이후 3년 내 전입하고, 1년 이상 계속해서 거주할 것

여기서 주의해야 할 것은 반드시 사업시행인가 이후 대체주택을 취득했어야 하며, 조정지역과 비조정지역 상관없이 대체주택 그리고 신규주택에서 거주를 해야 한다는 점이다. 특히 신규주택에서는 1년 이상을 '계속해서(연속해서)' 거주해야 하므로 1년을 채우기 전에 전출을 하게 된다면 대체주택 비과세는 받을 수 없다.

이 방법이 좋은 이유는 대체주택 비과세도 가능하지만, 원래 가지고 있던 종전주택 역시 추후에는 1주택 비과세가 가능하다는 점이다. 사례에서는 목동 단지를 예로 들었지만, 현재 진행되고 있는 정비사업 중에서 여력이 되는 물건을 찾고, 이후 사업시행인가를 받으면 다시 대체주택을 취득해서 위 방법대로 2채 모두 비과세를 받는다면 상당한 자산 상승을 경험할 수도 있다.

특정 단지를 말하기에는 그렇지만, 현재 서울 비조정대상지역 중에서도 준강남, 그러니까 조정대상지역 인근에 있는 정비사업 물건 중 상대적으로 소액(5억 원 내외)이면서 투자 가치가 충분한 물건들이 있어 보인다. 이후 해당 구역이 사업시행인가를 받게 된다면 위에서 말한 방법을 통해 2채 모두 비과세를 받을 수 있다.

여기까지가 첫 번째 방법, 즉 정비구역 내 주택을 먼저 매수하고 이후 대체주택 비과세를 활용해 2채 모두 비과세를 받고 추후 더 좋은 급지로 이동하는 방법이다.

승계조합원 상태에서 활용하는
비과세 전략

앞서 살펴본 것처럼, 승계조합원은 관리처분계획인가 이후 입주권 상태에서 이를 취득한 경우다. 승계조합원인 경우 입주권을 취득하고 해당 입주권이 추후 신축으로 준공된 후 다시 2년 보유(혹은 거주) 요건을 채운다면 '승계조합원인 경우 양도세' 그림에서 본 것처럼 1세대 1주택 비과세가 가능할 것이다.

하지만 이걸로는 살짝 부족할 수 있다. 우리가 필요로 하는 건 단순 비과세 전략이 아닌 자산증식이기 때문이다. 그렇다면 어떻게 해야 좋을까? 두 가지 방법을 보도록 하겠다.

첫 번째 방법은, 종전주택 A가 있는 상태에서 입주권 B를 취득하고, 이후 3년 내 종전주택 A를 처분하는 방식이다.

그림으로 표현하면 '승계조합원 비과세 (1)'의 내용과 같다. 어디서 많이 본 모습일 것이다. 주택+주택인 경우 일시적 2주택 비과세 혹은 주택+분양권(2021년 1월 1일 이후 취득분)인 경우 일시적 2주택 비과세와 모양이 같다. 물론 B 입주권은 세법에서 말하는 입주권이어야 하며 앞서 말한 대로 지역주택조합 등인 경우에

■ **승계조합원 비과세 (1)**

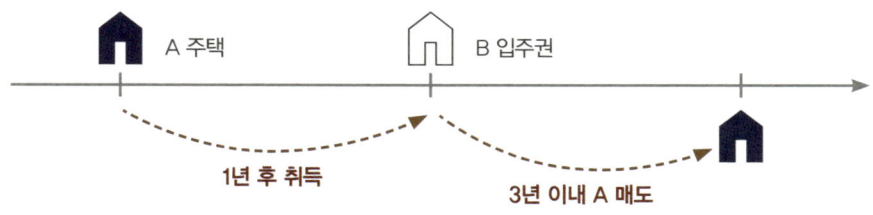

* A 주택 취득 후 1년이 경과한 상태에서 B 입주권을 취득하고, 다시 3년 이내에 A 주택을 매도하면 A 주택 비과세 가능
* 소득세법 시행령 156조의2 3항

■ 승계조합원 비과세 (2)

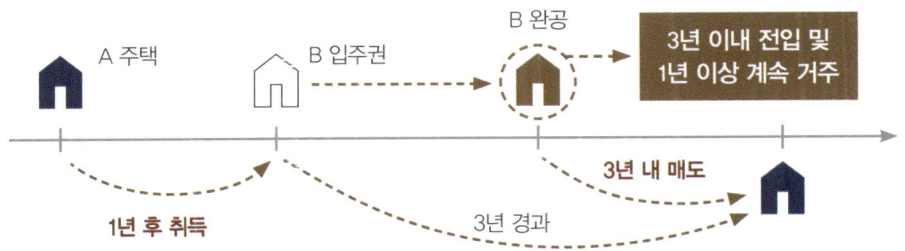

* (소득령 156조의 2 4항) A 주택 취득 후 B 입주권을 취득한 후,
  1) B 주택 완공 전 혹은 완공 후 **3년 이내** A를 매도하고
  2) B 완공 후 **3년 이내 전입** 및 **1년 이상 계속하여 거주**하면 A 비과세 가능
* B입주권 경우 '1년 후 취득' 없었으나 개정 (2022년 2월 15일 이후 취득분)

는 적용되지 않을 수 있으니 유의하기 바란다. 이 방법은 종전주택을 처분하면서 비과세 혜택을 받고, 추후 신규주택으로 되는 B 입주권을 보유하면서 추후 신축 아파트가 되는 B 주택에 대해서도 (당연히) 1주택 비과세 혜택을 받을 수 있는 방법이다.

다만 B 입주권의 경우 정비사업 특성상 공사가 늦어지는 경우도 있을 것이다. 혹은 이미 보유한 종전주택 A 투자 가치가 높은 경우도 있겠다. 이 경우는 A 주택 매각시점을 최대한 늦추는 것이 유리할 수 있을 텐데, 이럴 때에는 다음 방법을 사용해야 한다.

두 번째 방법은 복잡한 것도 있지만 주의해야 할 사항이 많으므로 잘 보아야 한다. 먼저 종전주택 A가 있는 상태에서 1년이 지나서 입주권 B를 취득해야 한다. 단 2022년 2월 14일 이전 취득한 입주권의 경우 '1년 후 취득'이 요건이 없었다. 자금력만 받쳐줬다면 상당히 유리했던 경우다.

이 상태에서 입주권 B가 신축 B로 완공되기 전 혹은 완공 후 3년 이내 종전주택 A를 매각한다. 이때 입주권 B를 취득하고 3년이 경과되더라도 종전주택 A 비과세가 가능하다는 점이 '승계조합원 비과세 (1)'과 비교했을 때 가장 큰 차이다.

하지만 아직 끝나지 않았다. 이 경우 반드시 완공된 신축 B에 3년 내 전입을 해야 하며, 1년 이상 '계속해서' 거주해야 한다. 꼭 이 부분을 잘 준수해야 종전주택 A 비과세가 가능하다.

여기에서 많이 실수하는 내용으로는 첫째, 비조정지역이니 거주하지 않아도 된다고 판단한다는 점(그렇지 않다), 둘째, 1년만 채우면 되므로 7개월 살다가 추후 5개월을 다시 채워도 된다고 판단하는 점이다(그렇지 않다. 연속해서 1년을 거주해야 한다).

이는 종전주택 A 처분기한을 3년에서 그 이상으로 늘려준 것에 대한 일종의 '제한'으로 이해해야 한다. 본인에게 유리한 조건이나 혜택이 있다면 반드시 그에 대한 추가 요건 등이 있다는 점을 꼭 기억하기 바란다.

5장

자산 승계의 기술 – 증여와 상속

제네시스박의 부동산 세금 트렌드 2026

소중한 자산을 지키는 법, 증여 혹은 상속

증여와 상속 모두 부의 '무상 이전'이라는 점에서는 공통점이지만 증여는 살아 생전에 하는 것이고, 상속은 사후에 하는 것이기에 엄밀히 말해 선택은 불가하다. 특히 상속 관련 이야기를 할 때는 필자 역시 매우 조심스럽다. 상속개시라는 것은 피상속인의 사망을 의미하기 때문이다. 이러한 점을 고려해서 여기에서 말하는 사항은 어디까지나 둘을 비교해서 이해하는 것이 목적이라는 점을 기억해주기 바란다. 이제 하나씩 살펴보겠다.

증여를 할까? 상속을 할까?

가장 많이 고민하는 내용 중 하나일 것이다. 물론 이에 대한 명확한 정답은 없지만 부의 이전 그리고 자녀의 자산증식 관점에서 본다면 대체적으로는 미리 증여하는 것이 유리하다고 생각한다. 왜 그러한지, 다음 사례를 통해 구체적으로 살펴보겠다.

예를 들어 30억 원 상당의 주택을 보유하고 있는데 이를 상속 또는 증여 중 어떤 것을 할지 고민 중이라고 하겠다. 배우자 그리고 자녀는 2명인 경우로 가정한다. 먼저 상속세를 보겠다. 상속세의 경우 아직 별다른 개편이 없기 때문에 일괄공제 5억 원 그리고 배우자공제 5억 원을 적용하면 대략 4억 4,000만 원 상당의

■ 30억 원 주택 보유 시

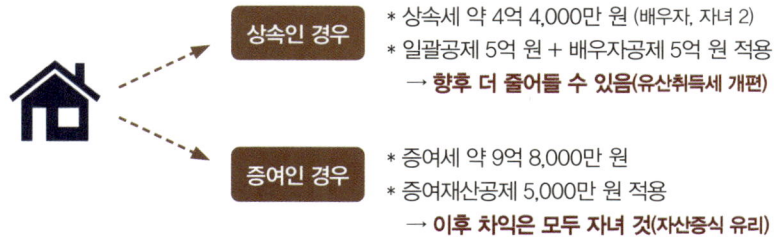

세금이 나온다.

다만 정부에서는 유산취득세 개편을 추진하고 있고, 국회에서도 공제금액 상향이라는 데에 구두상으로 합의를 한 만큼 어떤 방향으로든 개편이 추진될 것으로 생각된다. 즉 상속세 부담은 지금보다는 줄어들 것으로 예상된다.

다음은 증여다. 상속세와 달리 증여세는 받은 만큼만 내는 방식이다. 따라서 배우자와 자녀에게 분산해 증여하면 세 부담이 더 줄어들지만 여기에서는 편의상 자녀 한 명에게 증여한다고 가정해 보겠다. 이 경우 증여세는 약 9억 8,000만 원으로 10억 원 가까이 나온다. 성년 자녀에게 증여하는 만큼 증여재산공제 5,000만 원을 활용했다고 가정했다.

증여의 장점은 증여 이후 해당 자산의 가치가 올라간다면 이는 모두 수증자인 자녀의 몫이 된다는 점이다. 따라서 자녀의 자산증식에는 증여가 더 유리할 수도 있다. 참고로 자녀 둘에게 절반씩 증여한다면 증여세는 각각 4억 원 상당이 나오므로 둘을 더하면 총 8억 원이 되어 지금보다 증여세 부담은 더 줄어들긴 한다. 물론 해당 자산을 추후 처분(매각 등)할 때에는 두 자녀의 합의가 중요하다는 점도 고려해야 한다.

이상의 내용을 요약한다면 '상속 vs. 증여' 같은 표로 정리될 것이다. 특히 증여에 있어서는 부담부증여 혹은 더 나아가 특수관계자 저가양수도까지 해볼 수도

■ 상속 vs. 증여

구분	상속	증여
장점	세 부담 상대적 유리	자녀 자산증식 유리
단점	부의 이전 늦어지는 현상	자녀 세 부담 증가
고려 사항	상속세 개편 (유산취득세, 공제액 인상)	다주택자 증여 고려해야 함 (부담부증여, 직거래 등)

있을 것이다. 다만 이때는 증여자의 세대 기준 주택 수(채무 부분에 있어서 양도세가 발생하는데 이를 비과세 받는 것이 유리하므로), 수증자의 세대 기준 주택 수(저가양수도, 부담부증여시 매매 취득세가 발생하고 다주택자 취득세 중과를 조심해야 하므로) 등도 고려해야 한다.

유산취득세가 개편된다면

유산취득세 개편은 상속세 과세방식을 완전히 바꾸는 제도로, 시간은 다소 걸리겠지만 결국엔 이 방향으로 가야 하지 않을까 생각한다. 이는 '받는 만큼' 세금을 내는 방식이므로 '응능부담의 원칙'에도 부합하고 공평과세에도 더 적합하다.

'유산세 vs. 유산취득세' 그림에서 보는 것처럼 현행 유산세 과세방식은 돌아가신 피상속의 재산 총액에 대해 과세를 한다. 당연히 모든 재산이 합산되므로 과세대상은 많아지고 그 결과 상속세 과표가 올라가면서 세 부담은 커질 수밖에 없다. 이후 상속세가 도출되면 남아 있는 상속인들이 연대납세의무를 지면서 이를 납부하는 방식이다.

■ 유산세 vs. 유산취득세

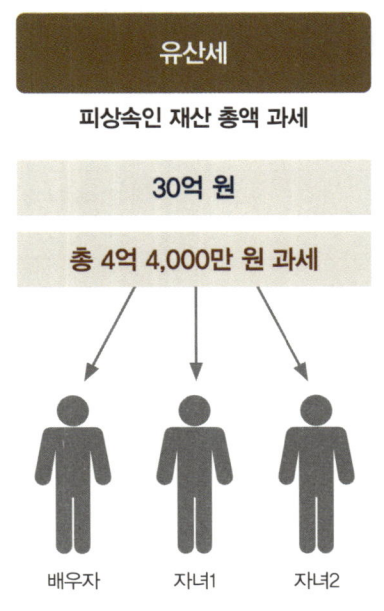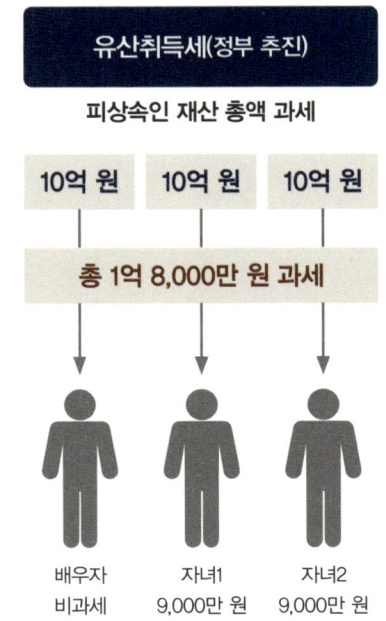

이 방식은 계산이 용이하고 조세부과가 상대적으로 쉽기에 국세부과 확보에 유리하다는 장점이 있다. 즉 정부에 좋은 방식이다. 과거 조세 행정능력과 효율성이 지금처럼 높지 않을 때에는 세수확보에 더 유리했을 것이다.

반면 현재 정부가 추진하는 유산취득세 방식은 각 상속인이 취득한 상속재산에 대해 상속세가 부과되는 방식이다. 즉 받은 만큼 세금을 부담하라는 방식으로, 만약 피상속인의 총 재산 30억 원을 배우자, 자녀 1, 자녀 2에게 각각 10억 원씩 상속한다고 가정을 하면 배우자는 비과세로 개편을 하고(동일세대이고 자산형성 과정에 기여했으므로), 자녀 한 명당 공제금액을 5억 원으로 상향함으로써 1인당 9,000만 원의 상속세를 부담하면 된다. 그 결과 총 상속세 부담은 1억 8,000만 원으로 유산세 방식의 4억 4,000만 원보다 크게 낮아지게 된다.

이 방식은 상속인이 받은 재산에 대해 과세가 되므로 조세형평에 더 부합한다는 장점이 있다. 다만 상속인 각자에 대한 유산을 모두 확인해야 하고 이를 취합하는 과정에서 더 많은 행정력이 소요된다는 점이 단점이다. 또한 유산을 받는 상속인을 허위로 하는 등 부당하게 조세부담을 줄이는 행위가 늘어날 수 있는 가능성이 있다.

그럼에도 불구하고 장기적 관점에서는 유산취득세로 개편되는 것이 맞다고 본다. 현재 조세 행정력은 과거와 달리 매우 광범위하고 정교해졌고 납세자 의식 수준도 높아졌으며, 무엇보다 받은 유산에 대해서만 세금을 부담하는 것이 더 합리적이기 때문이다.

1주택자가 해야 할 신중한 판단

필자라면 일단 조금 더 기다려보는 것을 추천한다. 특히 1주택자라면 말이다. 1주택자라면 자산 대부분이 해당 부동산일 가능성이 높다. 따라서 이에 대한 처분은 신중해야 하는데, 이때 처분이란 매각(양도), 상속, 증여 이렇게 세 가지다. 물론 처음에도 말한 것처럼 상속은 냉정히 말해 선택의 영역이라 보기가 상당히 힘들다. 인명은 재천인데, 상속이 언제 개시될지 그 누가 알겠는가? 다만 이런 경우는 조심해야 한다.

'1주택자 실수 사례' 그림으로 나타낸 것처럼 장기보유한 주택이 있는데 양도차익이 상당하다고 가정해 보자. 취득가 10억 원, 양도차익이 20억 원이라고 한다면 30억 원에 매각이 가능하다. 그런데 이 주택 소유자가 '상속세를 내느니 차라리 이걸 매각하고 현금 증여하자'라고 생각한다면 어떻게 될까.

우선 양도세의 경우 비과세라고 가정을 하면 약 7,700만 원 정도가 나온다(보

■ 1주택자 실수 사례

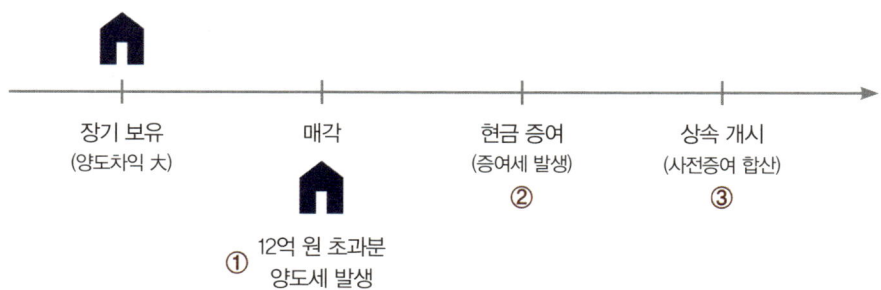

유기간 15년 이상, 거주 10년 이상). 주의할 점은 12억 원 초과 고가주택이므로 단순 보유기간뿐만 아니라 거주기간도 매우 중요하다는 점이다. 가령 똑같은 경우라 하더라도 2년 미만 거주를 했다면 비과세라고 하더라도 양도세는 3억 4,700만 원으로 올라간다.

그러면 안 되겠지만, 비과세 요건을 놓쳐서 일반과세가 된다고 가정한다면 대략 6억 2,000만 원 정도가 나온다(단독명의, 15년 이상 보유, 장특공 30%, 필요경비 없다고 가정). 즉 비과세인 경우 10년 이상 거주했다면 세후 약 29억 2,000만 원, 비과세라도 2년 미만 거주라면 세후 약 26억 5,000만 원, 일반과세라고 한다면 세후 약 23억 8,000만 원 정도가 남는다. 이 역시 별도 대출이나 보증금이 없을 때 이야기다.

이제 이걸 자녀들에게 현금증여 한다고 가정해 보자. 자녀 두 명에게 1인당 10억 원씩 증여한다고 가정하면 각각 2억 3,200만 원, 총 4억 6,400만 원 정도의 증여세를 자녀가 부담해야 한다(증여재산공제 없다고 가정). 따라서 다음과 같은 결론이 나오게 된다.

먼저 증여자는 30억 원 자산에 대해 양도세를 부담하고 다시 여기에서 자녀 2명에게 각각 10억 원씩, 총 20억 원을 증여하므로 증여 후 남은 자산(현금)은 각각 9억 2,300만 원부터 3억 8,000만 원으로 달라진다. 당연히 양도세 비과세를 받

■ 1주택자 실수 사례 비교 정리

구분	비과세 (10년 거주)	비과세 (2년 미만 거주)	일반과세 (15년 이상 보유)
증여자 (양도세)	7,700만 원	3억 4,700만 원	6억 2,000만 원
증여 후 남은 자산	9억 2,300만 원	6억 5,300만 원	3억 8,000만 원
수증자 1	2억 3,200만 원 (현금 10억 원 증여받고 세금 제하면 7억 6,800만 원 남음)		
수증자 2	2억 3,200만 원 (현금 10억 원 증여받고 세금 제하면 7억 6,800만 원 남음)		
총 세 부담	5억 4,100만 원	8억 1,100만 원	10억 8,000만 원

아야 하고, 12억 원 초과 고가주택이므로 거주기간이 길수록 양도세는 줄어든다.

이제 수증자인 자녀는 현금 10억 원을 받고 이에 대해 증여세 2억 3,200만 원을 부담한다. 증여세 부담은 수증자인 자녀 몫이다. 따라서 세금을 제하고 나면 7억 6,800만 원 상당의 현금이 남게 된다.

가장 맨 아래 '총 세 부담'을 보면 증여자와 수증자가 부담하는 총 세금을 의미하는데 5억 4,100만 원에서 10억 8,000만 원까지 달라지게 된다. 즉, 해당 자산을 사전 증여하기 위해 매각할 경우 양도세 비과세가 아닌 일반과세로 매각을 한다면 재산의 3분의 1정도를 세금으로 헌납해야 한다.

물론 이렇게 하더라도 사전에 이를 활용할 수 있다면 이 역시 좋은 방법이 될 수 있다. 비과세+10년 이상 거주한 경우에는 증여자의 경우 세후 약 9억 2,300만 원 정도를 현금을 보유하게 되고 자녀들은 각각 7억 6,800만 원을 활용할 수 있다. 다만 매각한 30억 원 상당의 주택 현물은 사라지게 되므로 실거주에 대한 고민은 해보아야 한다.

여기에서 주의할 점은 '나는 자녀에게 더 많은 자금을 세금없이 주고 싶다'라고 해서 현금 증여 신고를 하지 않는 경우다. 예를 들어 '1,000만 원 이하라면 괜찮겠지'라고 생각해서 이를 몰래 증여할 경우 추후 상속이 개시되면 최근 2년간 입출금 내역은 물론 최대 10년 내역까지 과세당국이 체크할 수 있으므로 증여 무신고는 생각하지 않기를 바란다.

만약 상속한다면 어떻게 되는가?

그렇다면 상속을 하게 되면 결과는 어떻게 될까? 앞 사례와 동일하게 시가 30억 원 상당의 주택에 대한 상속이 진행된다면 약 4억 4,000만 원 상당의 상속세를 부담해야 한다(배우자, 자녀 2명 가정). 여기까지는 별다른 이슈가 없는데, 이제 상속받은 주택을 처분할 때는 고민을 해야 한다.

예를 들어 해당 주택을 그 동안 장기보유했으니 이제 이 정도에서 처분을 해야겠다고 마음 먹었다면 상속개시일로부터 6개월 내 매각을 추천한다. 이 경우 취

■ 상속주택 처분 가정

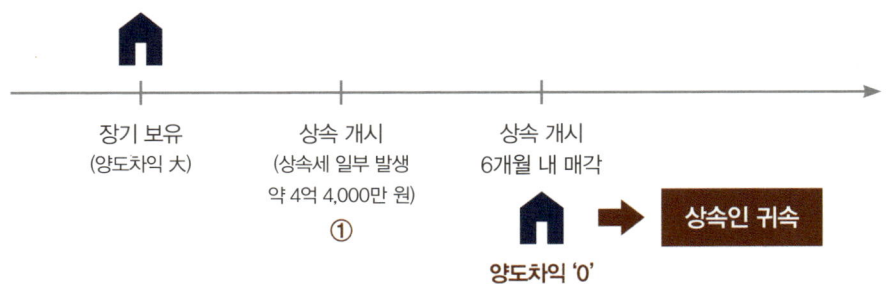

득가액과 양도가액이 동일하게 되어 양도세는 나오지 않는다. 즉 상속세만 부담하면 된다.

'상속주택 처분 가정' 그림에서 보는 것처럼 장기보유한 주택에서 계속 거주를 하다가 상속이 개시된다면 상속세는 약 4억 4,000만 원 정도가 발생한다. 이후 해당 주택을 6개월 내 매각하면 추가 양도세는 나오지 않고 매각 대금은 상속인에게 귀속되므로 이를 온전히 활용할 수 있다.

이 방법은 총 세 부담은 줄이면서 해당 주택에서 상속때까지 거주가 가능하다는 장점이 있다. 게다가 추후 상속세 개편이 된다면 상속세 부담은 더 줄어들 수 있다. 주택 매각 대금을 자녀 등 상속인이 활용할 수 있다는 점도 장점이다. 다만 부의 이전은 늦어지게 된다는 점은 고려해야 한다.

만약 상속주택을 더 오랫동안 보유하고 싶다면 어떻게 해야 할까? 투자 가치가 높거나 향후 개발호재 등이 있는 경우에 말이다. 이 경우 역시 상속개시 6개월 내로 별도의 '감정평가'를 받아서 취득가를 올려두는 것이 필요하다.

이에 대한 내용을 '상속주택 장기 보유' 그림으로 시각화 해보았다. 상속주택을 곧바로 처분하지 않고 장기 보유하고 싶다면 이 경우에도 상속 개시일로부터 6개월 내 별도의 감정평가를 받고 해당 금액을 취득가액으로 신고하는 게 좋다.

■ **상속주택 장기 보유**

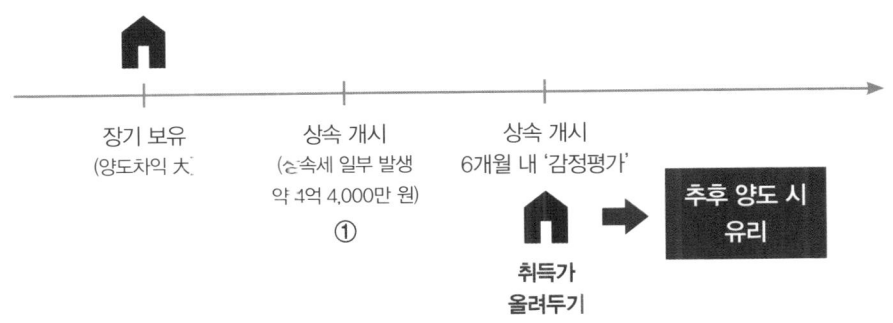

물론 이렇게 하면 상속세는 더 부담해야 할 수 있겠으나 해당 상속주택을 추후 매각 시 그만큼 양도차익이 줄어들게 되어 양도세 부담을 줄일 수 있다. 이 방법은 더 많은 시세차익을 기대할 수 있고, 상속주택을 계속해서 활용(실거주 혹은 임대 등)할 수 있다는 장점이 있다. 다만 해당 자산을 처분하는 시점이 늦어지니 현금 활용성 측면에서는 다소 아쉬울 수는 있겠다.

2주택 이상 보유한 사람의 신중한 판단

2주택 이상인 사람들은 무엇보다 1) 해당 자산의 투자 가치를 볼 수 있는 안목, 그리고 2) 해당 자산 처분에 대한 절세 전략이 중요하다.

앞서 살펴본 1주택 사례 역시 상속을 받고 곧바로 처분할지 혹은 장기보유할지에 따라 전략이 달라짐을 보여드렸는데, 문제는 '이걸 더 가지고 갈 것인가. 아니면 팔 것인가' 하고 고민하는 경우다. 이에 대한 판단은 그 누구도 대신해 줄 수 없고 본인 스스로 해야 한다.

■ **2주택 이상인 경우**

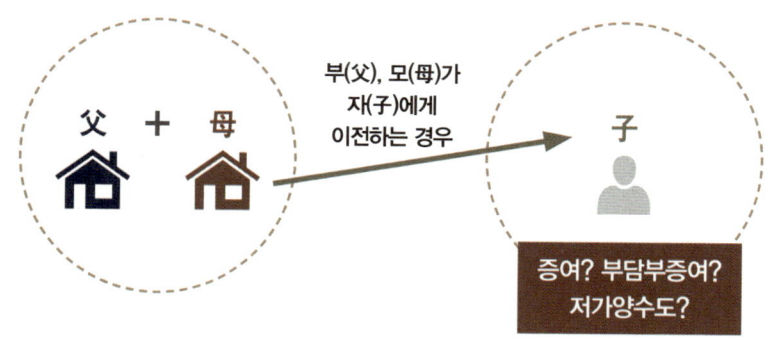

간혹, 주변에서 혹은 부동산에서 권유해서 매각 혹은 매수하는 경우가 있는데 (심한 경우 본인이 비용을 지출하고 그에 대한 의사결정을 대신 받길 원하는 분도 보았다), 매우 안타깝게 생각한다. 소중한 재산에 대한 관리를, 본인이 아닌 남에게 맡겨서는 안 된다.

만약 2주택이라고 한다면 큰 틀에서는 가장 좋은 것은 남겨두고 추후 상속 혹은 증여를, 그리고 남은 1채는 다시 투자 가치를 고려해서 매각을 하거나 자녀에게 증여하는 방식을 고민해 볼 것이다. 이때 자녀에게 증여하는 방식에는 일반증여, 부담부증여 그리고 특수관계자 저가양수도가 있다.

최종 결론, 증여 그리고 상속

이제 처음 우리가 했던 질문으로 다시 가보기로 하겠다. 증여가 좋을까, 아니면 상속이 좋을까? 세 부담 자체로만 보면 상속이 좋아보인다. 게다가 상속세 개편 가능성도 있다. 그럼에도 불구하고 부의 이전 그리고 자녀 자산증식이라는 점을 고려해본다면 증여를 고려하지 않을 수 없다.

하지만 "내 전 재산을 증여해 주고 나면, 나는 뭐가 남는가" 할 수도 있겠다. 전 재산이 집 한 채인데, 그것을 미리 증여하라고 옆에서 누가 말한다면 필자 역시 별로 달갑지 않을 것 같다. 이럴 때는 생각을 조금 바꾸는 것도 좋다. 즉 1채로는 답이 안 나온다면 하나를 더 추가하는 것도 방법이다.

예를 들어 1채는 실거주를 하고 다른 1채는 투자 혹은 자녀 증여용으로 구입을 하는 것이다. 이때 추가로 구입하는 주택은 비조정대상지역이 유리하다. 취득세 중과를 피할 수 있기 때문인데, 그래도 향후 가격 상승을 고려한다면 조정대상지역 인근에 있는 지역이 더 유리하다.

꼭 증여를 하지 않아도 된다. 자녀가 아직 미성년자거나 더 많은 자산을 먼저 증식하는 것이 필요하다면 당분간은 본인이 2채를 보유하면서 하나는 보유, 다른 하나는 시세차익을 남기고 매각해서 자산을 불리는 것도 매우 좋다. 당연히 이때 매각하는 자산에 대해서는 양도세가 나온다. 그렇지 않고 비과세 전략으로 간다면 둘 간에 일시적 2주택 비과세 전략을 활용하면서 계속해서 갈아타기를 하는 것도 방법이다. 조금 더 적극적으로 하는 분들은 자녀가 어릴 때 자녀명의로 부동산을 취득해 주기도 한다.

증여 절세법 5가지와
세금납부 재원조달 방법

 증여가 유리할까, 아니면 상속이 유리할까? 부동산을 처분할 때에는 단순히 매각, 즉 양도세만 고려해서는 안 된다. 양도세와 함께 살펴봐야 할 것으로 증여세와 상속세가 있다. 이는 해당 자산을 유상으로 처분할지(양도) 혹은 무상으로 이전할지를 동시에 따져야 하는데 부의 무상 이전을 살아 있을 때 하면 증여, 사후에 하면 상속이 되기 때문이다. 이는 부동산의 '생로병사'와도 같다고 표현할 수 있다.

 '부동산 생로병사' 그림에서 보는 것처럼 해당 자산을 취득할 때에는 취득세를 부담하는데 이는 통상 1회에 한한다. 이후 해당 자산을 보유하면 매년 보유세(재산세, 종합부동산세)를 부담하는데 만약 다주택이거나 고가 1주택 월세를 주고 있다면 임대소득세도 부담한다.

 이제 마지막 처분 단계다. 제3자에게 매각을 한다면 양도세를 부담해야 하는데, 그동안 발생한 차익에 대해 당연히 세금이 발생한다. 가령, 10억 원에 취득한 자산이 20억 원 정도가 올라서 30억 원에 매각한다면 이때 발생하는 양도세는 대략 8억 원 정도가 된다(비과세가 아니라고 가정).

 물론 이는 명의, 보유 기간, 필요경비 등에 따라 천차만별이지만 상당한 세금이라 할 수 있다. 특히 최근 몇 년간 급등한 부동산 시장에서는 양도차익이 크게 발생하는 경우가 많아 양도세 부담 역시 크게 늘어났다.

 그런데 이를 시가 30억 원 정도에서 증여를 한다면 어떻게 될까. 똑같은 자산의 처분이지만 양도는 해당 자산대신 현금으로 받는 것이고, 증여의 경우 해당

■ 부동산 '생로병사'

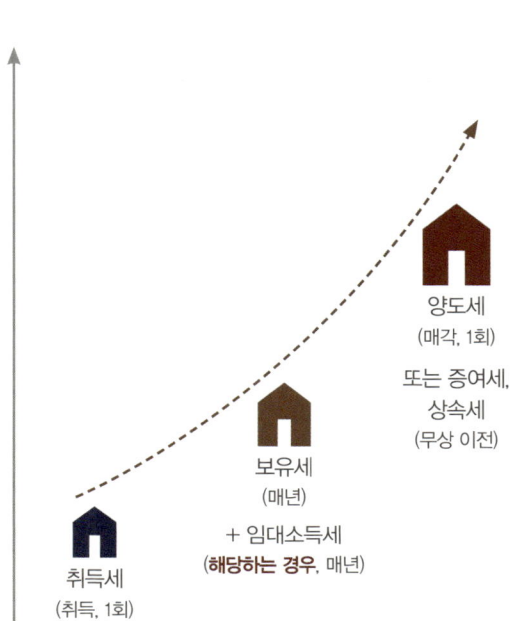

자산을 고스란히 자녀 등에게 물려줄 수 있으므로 그 효용가치가 다르다. 이때 발생하는 증여세는 대략 9억 8,900만 원으로 약 10억 원에 육박하는데, 앞서 살펴본 양도세보다 당연히 크지만 해당 자산을 계속해서 보유할 수 있다는 이점이 있으니 이 역시 고려해 볼 만하다.

만약 같은 부의 무상이전인데 사후에 진행을 하겠다라고 생각한다면 이때는 상속으로 가야 한다. 그리고 상속세는 현재 상태에서는 대략 6억 2,000만 원 정도다(배우자 외 상속인인 자녀에게 상속했다고 가정). 하지만 앞으로 상속세 부담은 낮아질 가능성이 더 높다고 판단된다.

방법 1: 가급적 일찍 증여하기

'미리 증여하라'라는 말은 정말 많이 들어본 이야기다. 그럼에도 불구하고 너무나도 중요하기 때문에 계속해서 강조되는 표현이다. 물론 뒤에서 추가로 보는 절세법과도 연계되어 있으니 잘 봐두기 바란다.

먼저 자녀가 태어나면 2,000만 원을 증여한다. 이는 미성년자 자녀에게는 2,000만 원까지 세금없이 증여를 할 수 있기 때문이다. 여기에서 해당 금액을 차감하는 이유는 '증여재산공제' 때문이다. 이렇게 해서 태어날 때 2,000만 원, 10년 후 다시 2,000만 원, 이후 10년 후에는 성년자녀가 되었으므로 5,000만 원까지 가능하고, 다시 10년 후에는 역시 5,000만 원이 가능하다. 이렇게 하면 총 1억 4,000만 원을 증여하면서도 증여세는 0원으로 수렴할 수 있다.

참고로 현행 증여세법의 증여재산공제는 다음과 같은데, 10년마다 공제금액이 생기기 때문에 미리미리 증여하는 것이 좋다는 이유다.

증여재산공제 활용 시 유의점은 증여자를 '그룹'으로 보아서 공제를 적용한다는 점이다. 가령, 본인을 기준으로 직계존속인 아버지 혹은 할아버지가 증여를

■ **가급적 일찍 증여**

■ **가급적 일찍 증여할 때 계산**

증여자 (그룹)	증여재산공제액
배우자	6억 원
직계존속	5,000만 원 (수증자가 미성년자라면 2,000만 원)
직계비속	5,000만 원
그 밖의 친족	1,000만 원

한다고 가정해 보자. 이때 아버지 5,000만 원, 할아버지 5,000만 원을 각각 따로 공제받는 게 아니고 아버지와 할아버지가 직계존속으로 같은 '그룹'이므로 한 번만 공제가 가능하다. 뒤에 설명할 '증여순서'와도 밀접한 관련이 있으니 꼭 기억해 두기 바란다.

방법 2: 증여세 최저세율인 10%에 맞추어 증여하기

두 번째 방법은 증여세 최저세율인 10%에 맞춰 증여하라는 것이다. 물론 이는 앞서 살펴본 비과세 구간보다 더 많은 부담이 드는 게 사실이지만, 여력이 되거나 혹은 조부모 등 다른 가족의 지원이 가능하다면 미리미리 이렇게 해두는 것이 좋다.

증여세율은 과표 30억 원 초과 시 50%로 매우 높다. 그에 반해 종합소득세율 과표 10억 원 초과 시 45%로 상대적으로 낮아 보인다. 하지만 과표 10억 원 이하로 구간을 한정하면 이야기가 달라진다. 즉 해당 구간에서는 오히려 증여가 유리할 수 있다. 예를 들어 증여세 과표 1억 원까지는 10% 세율이 적용되지만 종합소득세율에서는 과표 1억 원에 해당하는 구간을 보면(8,800만 원~1억 5,000만 원) 35% 세율이 적용되므로 증여세 세율 대비 세 배가 넘는다.

따라서 우리는 이걸 적극적으로 활용할 필요가 있다. 즉 증여세 최고세율은 50%로 매우 높지만 과표 구간이 10억 원 이하인 경우에는 오히려 증여가 유리할 수 있다는 점이고 이중에서 가장 낮은 세율 구간인 10%, 즉 증여세 과표 1억 원까지를 집중 공략할 필요가 있다. 참고로 증여세율은 상속세율과 동일하다.

이제 예시와 함께 살펴보겠다. 증여재산공제가 아닌 증여세 최저세율, 즉 증여세 과표 1억 원에 맞춰 증여를 해보도록 하겠다(자금은 충분하다고 가정). 먼저 자녀가 태어나면 2,000만 원이 아닌 1억 원을 더한 1억 2,000만 원을 증여한다. 그 결과 증여재산공제 2,000만 원을 차감하면 증여세 과표는 1억 원이 되고 이는 증여세 최저세율 10%에 해당한다. 따라서 증여세는 1,000만 원(=증여세 과표 1억 원×증여세율 10%)이 나오고 이는 수증자인 자녀가 부담해야 하므로 증여세를 차감한 세후 증여액은 1억 1,000만 원이 된다.

이런 식으로 태어날 때 한 번, 이후 10년마다 증여세 최저세율에 맞추어 세 번

■ **증여 최저세율 10%에 맞추어 증여하기**

더 증여를 한다면 총 5억 4,000만 원을 증여하게 되고, 이때 발생하는 증여세는 4,000만 원이므로 증여세를 모두 부담하더라도 자녀는 세후 5억 원이라는 거금을 손에 쥐게 된다(신고세액공제 3%는 생략했지만 이것까지 고려한다면 세후 자금은 더욱 커지게 된다). 이렇듯 증여세 부담이 크다고는 하지만 최저세율 10%에 맞춰 증여를 하게 된다면 꽤 괜찮은 효과를 얻을 수 있다.

방법 3: 증여는 두 번이 아닌 한 번만 하기

세 번째 방법은 '세대생략증여'로 이는 조부모가 손자녀에게 곧바로 증여하는 것을 의미한다. 이렇게 하면 조부모 → 부모 증여시 한 번, 그리고 부모가 다시 자녀에게 증여시 또 한 번의 세금을 내야 하는 것을 1회로 줄일 수 있다.

다만 과세당국도 이걸 모르는 것은 아니기에 이에 대해서는 할증과세가 되는데, 부담해야 하는 세액의 30%가 더해진다(증여받은 손자녀가 미성년자이고 증여재산

■ 세대 생략 증여 활용

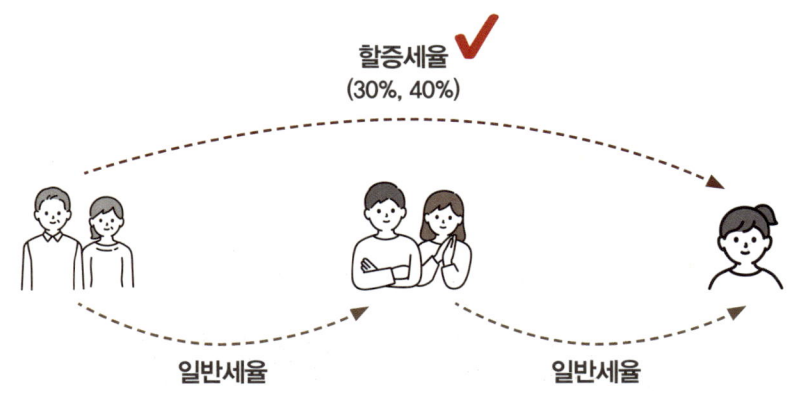

가액이 20억 원을 초과하던 40% 가산).

예를 들어 조부모가 자녀에게 5억 원을 증여하고, 수년 안에 자녀가 성인인 손자녀에게 5억 원을 증여하면 전체 증여세는 1억 6,000만 원이 나온다(각각 8,000만 원씩 증여세 부담, 신고세액공제 생략).

그런데 이를 조부모가 손자녀에게 바로 증여한다면 총 증여세는 8,000만 원에서 30%가 할증된 1억 400만 원이 나오게 되어 세대생략 증여를 통해 총 5,600만 원의 증여세를 줄인 셈이 된다.

비슷한 경우로 앞서 그림 자료와 함께 살펴본 증여 최저세율 10%에 맞춰 증여를 한 경우 만약 이를 조부모가 도와준다면 어떻게 될까. 세대생략 증여가 되므로 30% 할증이 붙지만 기존 4,000만 원에서 5,200만 원이 되어 1,200만 원이 추가되는 정도이니 30년이라는 긴 시간을 고려한다면 해볼 만하지 않을까.

또 하나, 조부모가 손자에게 곧바로 증여를 하게 된다면 이는 5년만 지나면 상속재산에서 제외가 된다. 현행 상속, 증여세법에 따르면 손자녀 등 상속인(자녀 등) 이외 사람에게 증여한 재산은 상속개시일로부터 5년 이내에 증여한 재산을 '사전증여재산' 형태로 합산하기 때문이다. 이는 일반적인 상속인에게 적용되는 10년

■ **세대 생략 증여 활용 결과**

보다 짧은 기간으로, 손자녀에게 증여한 뒤 5년이 지나면 상속재산에서 제외되기 때문에 상속에서도 좋은 방법이 될 수 있다.

방법 4: 성년자녀에게 교차 증여하기

네 번째 방법은 '교차 증여'다. 이는 성년자녀, 특히 결혼을 앞두고 있다면 더더욱 유용한데 앞서 살펴보았던 증여세 최저세율 10%에 맞춰 양쪽 부모가 증여하는 방식이다.

혼인신고를 한 부부를 가정하겠다. 이때 남자는 부모로부터 증여를 받을 수 있고(1번), 장인과 장모로부터 역시 증여를 받을 수 있다(4번). 여자도 마찬가지다(2번+3번). 이때 얼마까지 증여가 가능할까. 둘 다 동일하게 적용되니 한 명을 구하고 이에 대해 2배 적용을 하면 된다.

우선 남자는 1번에 있어서 2억 5,000만 원까지 증여가 가능하다. 증여세 최저세율 10%에 맞춘 경우로, 증여재산공제 5,000만 원 그리고 혼인 증여재산공제 1억 원을 적용한 결과다. 즉, 증여받은 2억 5,000만 원에서 공제금액 1억 5,000만 원(=증여재산공제 5,000만 원+혼인 증여재산공제 1억 원)을 차감하면 증여세 과표가 1억 원이 나오고, 이때 증여세 최저세율 10%가 적용되어 증여세 1,000만 원을 차감하면 세후 2억 4,000만 원이 남는다. 이게 1번이다.

아직 4번이 남아 있다. 장인, 장모로부터 증여를 받는 것인데 이때 주의할 점은 장인, 장모는 '기타 친족'이므로 증여재산공제가 1,000만 원만 적용된다. 또한 혼인 증여재산공제는 '직계존속'만 가능하기에 이때는 적용되지 않는다. 아무리 부모-자식처럼 친하게 지내더라도 세법상은 남남인 것이다. 따라서 증여세 과표 1억 원까지 받는다고 가정을 한다면 1억 1,000만 원까지 가능하므로, 증여재산공제 1,000만 원을 차감하면 역시 증여세 과표는 1억 원, 증여세는 1,000만 원이 되어 세후 1억 원이 남는다. 이게 4번이다.

이제 1번과 4번을 더하면 남자는 3억 6,000만 원을 증여받고, 이에 대해 2,000만 원 증여세만 부담하면 되므로 세후 3억 4,000만 원이 남는다. 여기에 여성 역시 동일하게 증여를 받는다면 똑같이 3억 4,000만 원이 남게 되므로(그림에서 2번, 3번) 둘의 자금을 더하면 6억 8,000만 원이 된다.

이제 해당 자금으로 무엇을 하면 될까. 요즘에는 맞벌이가 보통이므로 둘 다 소득이 있다고 가정시, 필자는 이미 혼인신고가 된 상태이므로(그래야 혼인 증여재산공제가 가능하다), 부부공동명의로 여력이 되는 선에서 가장 좋은 것 '하나'를 취

■ **교차 증여 내용 정리**

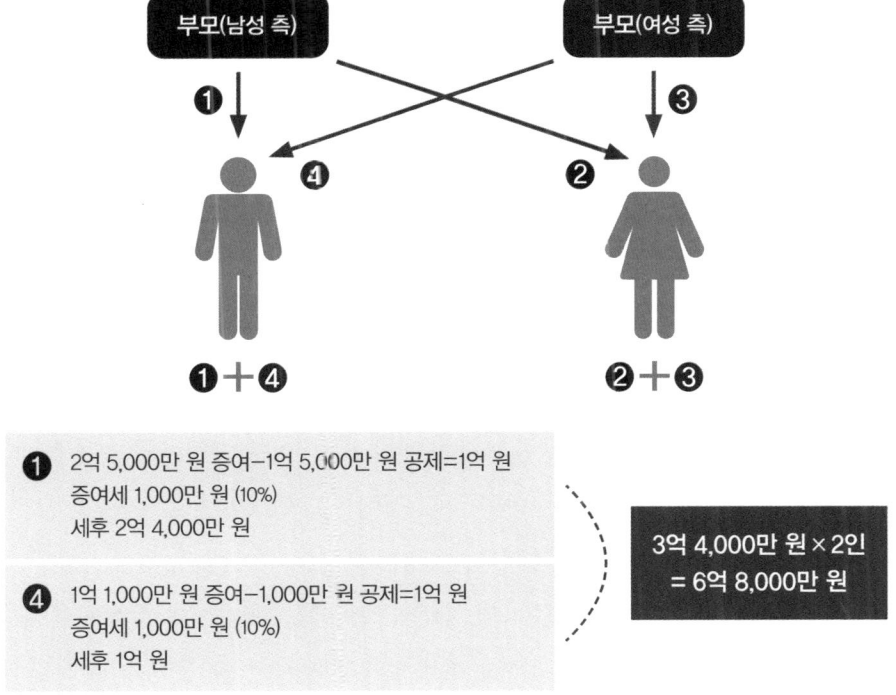

❶ 2억 5,000만 원 증여−1억 5,000만 원 공제=1억 원
증여세 1,000만 원 (10%)
세후 2억 4,000만 원

❹ 1억 1,000만 원 증여−1,000만 원 공제=1억 원
증여세 1,000만 원 (10%)
세후 1억 원

3억 4,000만 원 × 2인
= 6억 8,000만 원

득할 것이다.

대출을 받아서 실거주를 해도 되고, 그렇지 않으면 그냥 전세를 끼고 사두는 것도 좋다. 중요한 건 할 수 있는 선에서 가장 좋은 것을 매수해야 한다는 것 그리고 가급적 공동명의로 해야 절세효과 역시 극대화가 된다는 점이다.

방법 5: 비거주자 자녀는 증여세 대납이 가능하다

마지막 다섯 번째 방법은 자녀가 비거주자인 경우다. 이때 비거주자란 거주자가 아닌 모든 자를 일컫는 말로, 세법상 거주자란 국내에 주소를 두거나 183일 이상의 거소를 둔 개인을 의미한다. 간혹, 양도세 비과세에서 나오는 조정대상지역 거주자, 비거주자와 착각하는 경우가 있는데 이와는 전혀 다른 내용이니 유의하기 바란다.

실제 거주자, 비거주자 판단은 그렇게 단순하지 않은데(세무대리인의 도움을 받기를 권한다), 가령 자녀가 해외 유학 등으로 비거주자 신분일 경우 국내에 있는 부모가 이에 대해 증여세를 대납할 수 있고 이때는 증여세 대납에 대한 추가 증여세가 나오지 않는다.

즉, 비거주자인 자녀는 증여재산공제가 불가하다는 단점이 있지만 이를 증여하는 부모가 증여세를 대납하더라도 추가 증여세는 나오지 않는다는 나름의 장점도 있는 것이다. 이는 해외에 있는 증여세 납세의무자인 자녀에게 과세당국의 영향력이 미치기 힘들기에, 증여자인 부모 등에게도 연대납세의무를 지우고 그 결과 증여자인 부모가 자녀의 증여세를 대납하더라도 별도의 추가 증여세를 부담하지 않기 때문이다. 이는 거주자인 자녀의 증여세를 대납할 때 추가 증여세가 나오는 것과는 완전히 다른 것으로, 증여세 납세의무자는 증여를 통해 이득을 본 수증자라는 점을 기억하기 바란다.

예를 들어 부모가 자녀에게 5억 원을 증여하고 이때 발생하는 증여세를 대신 부담한다고 가정해보자.

만약 자녀가 거주자라면 이에 대해 부모가 대납할 경우 추가 증여세가 발생한다. 그 결과 총 납부세액은 1억 260만 9,309원이 된다(신고세액공제 3% 적용). 원래대로라면 5억 원 증여에 대해 8,000만 원의 증여세만 부담하면 되지만(신고세액공제 3% 미적용), 앞서 말한 대로 증여세 대납액을 증여로 보기에 증여세 과세가액이 늘어나게 되고 그 결과 증여세 부담이 커지는 것이다.

반면, 자녀가 비거주자라면 증여재산공제 5,000만 원은 받을 수 없지만(성년자녀 가정), 대신 증여세 대납액에 대해 증여로 보지 않기에 최종 증여세 부담액은 8,730만 원이 되고(신고세액공제 3% 적용), 더 좋은 점은 해당 자금을 부모가 대신

■ 비거주자 자녀 증여세 대납

구분	거주자 (증여세 대납액을 증여로 봄)	비거주자 (증여세 대납액을 증여로 보지 않음)
증여재산가액	5억 원	5억 원
증여세대납액	1억 260만 9,308원	-
증여세 과세가액	6억 260만 9,308원	5억 원
증여재산공제	5,000만 원	-
과세표준	5억 5,260만 9,308원	5억 원
세율 (공제)	30% (6,000만 원)	20% (1,000만 원)
증여세	1억 578만 2,792원	9,000만 원
신고세액공제 (3%)	317만 3,484원	270만 원
총 납부세액	1억 260만 9,309원	8,730만 원

납부해도 괜찮다는 것이다. 따라서 자녀가 유학 등으로 거주자가 아닌 비거주자 신분이 되었을 때에는 이러한 방법도 잘 활용해 보면 좋을 것이다.

10억 원 아파트를
자녀에게 물려주는 세 가지 방법

자산 시장이 상승할 때에는 해당 자산을 최대한 확보하는 것이 중요하다. 반대로 하락기에는 보유한 자산을 처분하거나(물론 그 이전에 매각하면 가장 좋긴 하다) 증여하는 것이 좋다.

특히 지금처럼 부동산 거래가 잘 이루어지지 않고 가격 조정을 받고 있을 때에는 해당 자산 증여를 적극적으로 알아보는 분들이 많다. 게다가 혼란스러운 정국으로 인해 '차라리 헐값에 파느니, 자녀에게 넘겨주자'라고 생각하는 분들도 많은 것 같다.

다만 전제 조건이 필요하다. 즉, 증여하는 자산이 추후 상승여력이 있는, 즉 자산가치가 높은 상품을 넘겨주는 것이 중요하다. 괜히 안 팔린다고 좋지 않은 물건을 넘겨줘서는 더 좋지 않은 결과를 초래할 수 있다. 특히 현재와 같은 시장 상황에서는 장기적 관점에서 투자 가치를 신중하게 판단해야 한다.

예를 들어 시가 10억 원 하는 아파트가 있다고 가정할 때, 이를 자녀 등에게 소유권을 이전하는 방법은 어떤 것이 있을까. 그리고 이 과정에서 거래비용을 최소화하는 방법은 무엇일까. 그 외 고려해야 하는 사항은 어떤 것들이 있을까.

가장 쉽게 생각할 수 있는 방법은 증여를 하는 것이다. 우리가 알고 있는 바로 그 방법이다. 조금 더 고민을 해본다면 부담부증여가 있겠다. 뒤에 자세히 살펴보겠지만 꽤 괜찮은 절세방법 중 하나다. 마지막으로 특수관계자 저가양수도가 있다. 시세보다 훨씬 싸게 매도하는 방법이다.

다만 증여의 경우, 부모와 자녀 등 특수관계자 사이에서 일어나는 거래가 대부분이므로 전체 총 세 부담액을 고려해야 할 필요가 있다.

방법 1: 증여하는 경우

첫 번째 방법은 시가 10억 원 아파트를 단순 증여하는 경우다. 편의상 부모와 자녀는 별도 세대, 자녀는 직장인으로 소득요건을 갖췄다고 가정하겠다.

■ 증여 개념

✓ 증여자(부모)
✓ 부동산 등 소유권 이전

✓ 수증자(자녀)
✓ 대가 지급하지 않음

참고로 증여란 '그 행위 또는 거래의 명칭, 형식, 목적 등과 관계없이 직접 또는 간접적인 방법으로 타인에게 무상으로 유무형 재산 또는 이익을 이전하거나 타인의 재산가치를 증가시키는 것'으로 정의한다. 이 정의를 꼭 기억하기 바란다. 이제 구체적으로 어떤 세금이 발생하는지 살펴보겠다.

시가 10억 원 상당의 아파트를 증여한다고 가정했을 때, 일단 증여자는 별도 세금이 발생하지 않는다. 다만 이를 받는 수증자의 경우 해당 자산을 무상으로 받음으로써 증여세가 발생하고, 소유권이전에 따른 취득세가 발생하는데 이때

■ 일반적인 증여

- ✓ 증여자(부모)
- ✓ 별도 세금 없음
- ✓ 수증자(자녀)
- ✓ 증여세
- ✓ 증여 취득세

취득세는 증여 취득세가 발생한다. 증여세 계산에 앞서 증여세 계산구조와 세율을 표로 정리한 내용으로 확인해 보면 되겠다.

■ 증여세 계산구조

구분	비고
증여재산가액	증여재산 평가액
(−) 채무인수액	부담부증여 시 채무인수액
(+) 증여재산가액	**10년 내 증여재산합산(동일인인 경우)**
(=) 증여세과세가액	−
(−) 증여재산공제	**수증자별 증여재산공제**
(−) 감정평가수수료 공제	500만 원 한도
(=) 증여세 과세표준	세율표 참조
(×) 세율	10~50%
(=) 증여세 산출세액	−
(−) 납부세액공제	사전증여재산가액분
(−) 신고세액공제	납부세액의 3%
(=) 차가감납부세액	**연부연납 혹은 분할납부 가능**

■ 증여세 세율

과세표준	세율	누진공제액
1억 원 이하	10%	-
1억 원 초과~5억 원 이하	20%	1,000만 원
5억 원 초과~10억 원 이하	30%	6,000만 원
10억 원 초과~30억 원 이하	40%	1억 6,000만 원
30억 원 초과	50%	4억 6,000만 원

다음은 증여세 세율이다. 이상을 바탕으로 자녀 증여세를 계산해 보면, 일단 시가 10억 원 아파트에서 과거 10년 동안 증여받은 재산이 없다면 성년 자녀이므로 5,000만 원 공제가 된다. 따라서 증여세 과표는 9억 5,000만 원이 되고 여기에 세율 30%, 누진공제 6,000만 원을 차감하면 증여세는 2억 2,500만 원이 도출된다.

즉 10억 원 아파트 증여 시 증여세는 2억 2,500만 원이 나오고, 이는 혜택을 본 자녀가 모두 부담해야 한다. 만약 해당 증여세까지 부모가 대납을 한다면 이에 대해 다시 증여세가 부과될 수 있다.

그렇다면 이러한 증여세를 줄이려면 어떻게 해야 할까. 먼저, 우리 세법은 증여세 기한 내(증여일이 속하는 달의 말일로부터 3개월) 신고를 하면 3% 세액공제를 해준다. 사례의 경우 675만 원(=2억 2,500만 원×3%)을 아낄 수 있다.

다음으로 최근 개정된 혼인, 출산 증여공제를 받을 수도 있다. 혼인 신고일 전후 각각 2년 그리고 출산 또는 입양 후 2년 내라면 적용이 가능하다. 이 경우 증여재산공제는 추가로 1억 원을 받을 수 있고(단, 혼인 및 출산 또는 입양 총 1억 원 한도) 그 결과 증여세는 1억 9,500만 원으로 기존대비 3,000만 원(=증가한 공제금액 1억 원×30% 세율)을 더 절세할 수 있다.

■ 증여 취득세율

기존 증여 취득세율	현행
3.5%	✓ 조정대상지역 외 공시가 3억 원 이상: 12% ✓ 그 외: 3.5% • 단, 1세대 1주택자가 소유주택을 **배우자, 직계존비속** 등에게 증여한 경우 3.5% 세율 적용

여기에서는 계산 편의상 별도 신고세액공제는 생략하고 혼인, 출산 증여공제는 없다고 가정한다(이하 사례 역시 모두 동일하다). 그렇다면 10억 원 아파트를 증여받은 자녀가 2억 2,500만 원의 세금만 내면 끝날까. 그렇지 않다. 증여 취득세를 다시 부담해야 한다.

증여 취득세율 역시 다주택자 취득세율처럼 중과가 적용된다. 다만 모두 적용되는 건 아니고 조정대상지역에 위치한 공시가격 3억 원 이상 주택에 대해 적용된다. 그리고 전체가 아닌 일부 지분을 넘겼다고 하더라도 해당 부동산 가액이 공시가격 3억 원 이상이라면 중과세율이 적용된다.

물론 1세대 1주택자가 소유한 주택을 배우자 혹은 직계존비속에게 증여했다면 여전히 3.5% 증여 취득세가 적용되니 이 역시 잘 활용해 보아야 한다.

따라서 이 경우에는 부모 세대 주택 수, 조정대상지역 여부, 공시가격 3억 원 이상 여부 등을 추가로 따져봐야 하나, 계산 편의상 3.5% 취득세 적용으로 한다(지방교육세율 등 제외, 면적 미적용).

추가로 2023년도부터는 시가인정액 도입으로 증여 취득세 과표는 시가라고 하겠다. 즉, 증여 취득세는 시가 10억 원의 3.5%인 3,500만 원을 추가로 부담해야 한다. 따라서 단순증여시 부담해야 할 세 부담은 다음과 같다.

- 부모 : 없음

- 자녀 : 증여세 2억 2,500만 원 + 증여취득세 3,500만 원, 총 2억 6,500만 원이 된다

방법 2: 부담부증여하는 경우

두 번째 방법은 부담부증여다. 부담부증여란 '채무를 인수하는 증여'인데, 이때 채무란 증여하는 자산과 직접적인 연관성이 있어야 한다. 즉 사례의 경우 아파트 담보대출이 될 수 있고, 아파트에 거주하는 전세 임차인의 보증금이 해당이 될 수 있다.

시가 10억 원 아파트에 6억 원의 채무가 있다고 가정하겠다. 이때, 어떤 세금이 각각 발생할까. 결론부터 말하자면 채무 6억 원에 대해서는 부모 양도세, 자녀는 일반매매 취득세가 적용되고 시가 10억 원에서 채무 6억 원을 차감한 4억 원에 대해서는 자녀 증여세 그리고 증여 취득세가 적용된다.

중요한 건 왜 이렇게 과세가 되는지 '이해'하는 것이다. 구체적인 계산은 세무사 사무실에 맡기면 되지만, 우리는 이걸 이해하고 의사결정을 하는 사람들이기 때문이다. 먼저 시가 10억 원 아파트에 낀 채무 6억 원을 그대로 받는 부담부증여라는 것을 이해해야 한다. 수증자인 자녀의 경우 채무 6억 원에 대해서는 오히려 빚이 늘어난 것이므로 순수하게 재산이 늘어난 이익 부분은 10억 원에서 6억 원을 차감한 4억 원에 해당한다.

앞서 우리는 증여의 개념을 살펴보았다. 무언가 이득을 본 것에 대해 증여세가 부과될 수 있기에 자녀는 4억 원에 대한 증여세만 납부하면 된다. 이제 구체적인 계산을 해보겠다.

증여재산 4억 원에 증여재산공제 5,000만 원을 적용하면 증여세 과표는 3억

■ 부담부증여인 경우

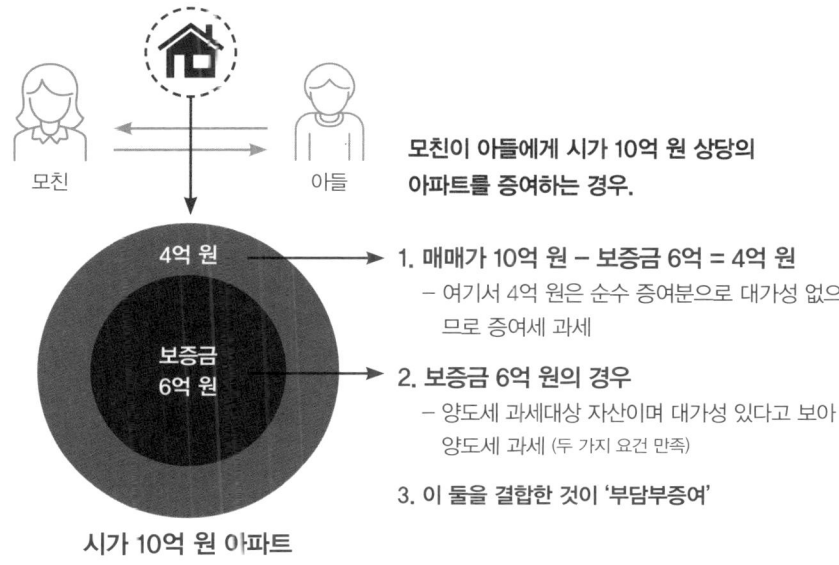

시가 10억 원 아파트

모친이 아들에게 시가 10억 원 상당의 아파트를 증여하는 경우.

1. 매매가 10억 원 − 보증금 6억 = 4억 원
   − 여기서 4억 원은 순수 증여분으로 대가성 없으므로 증여세 과세

2. 보증금 6억 원의 경우
   − 양도세 과세대상 자산이며 대가성 있다고 보아 양도세 과세 (두 가지 요건 만족)

3. 이 둘을 결합한 것이 '부담부증여'

5,000만 원, 여기에 20% 세율에 공제금액 1,000만 원을 적용하면 증여세는 6,000만 원이 나온다(신고세액공제 제외).

중요한 건 이 4억 원에 대해서는 마찬가지로 증여 취득세가 적용된다는 점이다. 따라서 조정지역 여부, 공시가 3억 원 이상 여부 등을 따져봐야 하나 여기에서는 해당되지 않는다고 가정한다.

이렇게 보면 단순증여시 증여세 2억 2,500만 원보다 훨씬 부담이 줄어든다. 그럼 부담부증여가 무조건 좋을까. 그럴 수도 있고 아닐 수도 있다. 왜냐하면 채무 6억 원에 대해 다른 세금이 붙기 때문이다.

앞서 말한 대로 채무 6억 원에 대해서는 이를 넘겨준 부모가 양도세를 부담해야 하는데, 우리 세법에서는 이 경우 1) 양도세 과세대상 자산인 부동산(아파트)을 넘겨준 것이고, 2) 부모 채무를 자녀가 떠안아서 줄어든 채무에 대해 '대가성'이

있다고 보아 부모에게 양도세를 부과한다. 그렇다면 채무 6억 원에 대해 양도세는 어떻게 계산할까?

이를 계산하려면 당초 취득가를 알아야 하는데 편의상 취득가가 5억 원이라고 한다면 이때 양도가는 6억 원(채무액), 취득가는 5억 원×(6억 원/10억 원)=3억 원이 된다. 따라서 양도차익은 3억 원(=양도가 6억 원-취득가 3억 원)이 되는데 이때 양도세는 대략 1억 원 정도가 나온다.

그런데 여기에서 재미있는 부분이 있다. 만약 부모세대 주택 수가 해당 주택 하나만 있어서 양도세 비과세가 가능하다면 어떻게 될까. 이때는 채무 6억 원에 대한 양도세를 '0'으로 만들 수 있다. 반대로 다주택이고 조정대상지역에 위치하고 있으며, 양도세 중과배제 유예 등이 적용되지 않는다면 말 그대로 세금폭탄을 맞을 수도 있다. 따라서 부담부증여는 반드시 해당 자산을 넘기는 부모 측의 양도세를 꼼꼼하게 계산해 보아야 한다.

하나 더 있다. 채무 6억 원에 대해 양도세가 적용된 것처럼, 이를 받는 자녀는 이 6억 원에 대해 증여 취득세가 아닌 일반 취득세가 적용이 되는데, 만약 자녀세대 기준 주택 수가 이미 3주택인 상황에서 부담부증여를 일으키면 채무 6억 원에 대해서는 12% 취득세 중과가 적용될 수 있다. 여기에서는 편의상 전체 10억 원에 대해 3.5% 취득세를 적용해 3,500만 원이 든다고 가정하겠다.

부담부증여를 다시 정리하면 채무 6억 원에 대해서는 부모 양도세, 자녀 일반 취득세가 적용된다. 차액 4억 원에 대해서는 앞서 살펴본 일반 증여와 동일하게, 부모는 별도 세금이 없고, 자녀는 증여세 그리고 증여 취득세가 적용된다. 따라서 부담부증여는 양도세, 증여세, 증여 취득세, 일반 취득세 등 4가지를 모두 고려해야 한다.

우리는 결론만 기억하면 된다. 즉, '부모가 비과세가 가능한 주택을 부담부증여하고, 자녀는 주택 수가 없는 상태에서 이를 진행하는 것이 가장 좋다'는 것이다. 따라서 부담부증여 시 각각의 세 부담은 다음과 같다.

- 부모 : 없음 (1세대 1주택 비과세 가정)
- 자녀 : 증여세 6,000만 원 + 취득세 3,500만 원, 총 9,500만 원이 된다

그 결과 부담부증여는 일반증여 대비 1억 6,500만 원이 더 절세된다. 물론 해당 자산을 넘겨주는 부모가 양도세 비과세가 되기에 가능한 금액이다. 비과세가 아닌, 특히 다주택자 양도세 중과가 나온다면 오히려 부담부증여는 세 부담이 더 커질 수 있다. 따라서 양도세 중과배제가 시행중인 지금, 자산가들은 보유한 자산을 증여나 부담부증여로 자녀에게 이전하는 것이다.

방법 3:
저가양수도인 경우

이제 마지막 방법, 특수관계자 저가양수도다. 특수관계자 저가양수도란, 말 그대로 저가에 매각을 하는 것이므로 증여에 해당하지 않는다. 일반매매라고 보면 된다. 따라서 해당 아파트를 취득하는 자녀는 증여세가 아닌 '아파트 취득자금'을 준비해야 한다. 그럼 얼마까지 저렴하게 팔 수 있는 것일까.

우리 세법에서는 특수관계자 매수인의 경우 '시가의 30% 또는 3억 원 중 적은 금액'을 차감한 금액까지는 별도 증여가 나오지 않지만 그보다 낮은 가격으로 거래를 한다면 이득을 본 측에서 증여세를 부담하도록 하고 있다.

사례의 경우 시가 10억 원 아파트이므로 '시가의 30%, 3억 원 또는 3억 원 중 적은 금액'은 3억 원이 된다. 즉, 10억 원에서 3억 원을 차감한 7억 원까지는 봐주겠다는 의미다.

만약 이러한 조건에서 10억 원 아파트를 5억 원에 부모가 자녀에게 '매각' 한다면 어떻게 될까. 원래대로라면 10억 원 아파트를 7억 원까지 싸게 팔아야 하는

데, 그보다 낮은 5억 원에 팔았으니 차액 2억 원(=7억 원-5억 원)에 대해 자녀가 이득을 보았으므로 자녀는 증여세를 부담해야 한다. 그 결과 자녀가 부담하는 증여세는 증여재산 2억 원에서 공제금액 5,000만 원 차감하면 증여세 과표가 1억 5,000만 원이 되고, 이때 세율과 누진공제를 적용한 2,000만 원을 증여세로 부담해야 한다.

취득세의 경우 앞서 살펴본 증여가 아닌 일반매매 거래이므로 자녀가 만약 다주택자라면 취득세 중과세율이 적용될 수 있다. 또한 2023년부터는 '시가인정액' 도입으로 본 사례에서는 시가 10억 원에 대해 취득세율이 적용되고 자녀는 무주택이므로 3% 취득세, 즉 3,000만 원이 적용된다고 가정하겠다.

이제 부모 입장을 볼까. 사례의 저가양수도는 부모 자식간 특수관계자 사이에서 일어난 거래다. 우리 세법은 특수관계자간 부당한 거래를 통한 조세회피를 방지하기 위해 '부당행위계산부인'이 있다. 이는 시가의 5%를 넘기면 시세대로 적용한다는 개념이다. 즉, 비록 자녀는 낮은 금액으로 매수를 한다 하더라도 이를 매도하는 부모는 시가인 10억 원으로 양도세를 계산하라는 것이다. 다만 이 경우라도 부모가 1세대1주택 비과세 등이라면 양도세 비과세가 가능하니 양도세 부담은 줄일 수 있겠다.

이렇게만 본다면 특수관계자 저가양수도가 꽤나 좋아 보인다. 매각하는 부모는 비과세가 가능하고, 자녀는 취득세만 부담하면 되고, 세법에서 정한 금액보다 싸게 매수할 때 일부 증여세만 부담하면 되니까 말이다. 하지만 생각보다 많은 리스크가 있으니 유의해야 한다. 우선, 가격을 얼마로 정할 것이냐. 우리 사례에서는 '10억 원'이라고 단순화했지만 이 자체가 이슈가 될 수가 있으니 별도의 감정평가를 받아보길 권한다.

이뿐만이 아니다. 무엇보다 자녀는 5억 원이라는 거금을 아파트 매수자금으로 마련을 해야 한다. 이에 대해 부모가 우회 지원을 한다거나 제대로 된 자금출처 소명을 하지 못한다면 추가 증여세 이슈가 있을 수 있으니 꼭 유념해야 한다. 지금의 내용을 바탕으로 저가양수도시 발생하는 세 부담을 살펴보면 다음과 같다.

- 부모 : 없음 (1세대 1주택 비과세 가정)
- 자녀 : 2,000만 원 + 취득세 3,000만 원, 총 5,000만 원이 된다

6장

주택임대사업자와 매매사업자

제네시스박의 부동산 세금 트렌드 2026

매매사업자는
하나의 트렌드가 되었다

개인 매매사업자에 대한 관심과 인기는 여전하다. 특히, 경매와 공매를 활용해 시세보다 낮은 가격의 물건을 찾는 방법이 현재로서는 가장 유용하다. 매매사업자란 말 그대로 부동산을 사고 파는 것을 업으로 하는 것인데, 기존의 세를 끼고 투자하는 갭투자와는 많이 다르고 그만큼 조심해야 하는 사항도 많다. 그럼에도 불구하고 이렇게 인기가 많아지는 이유는 무엇일까?

가장 큰 특징은 말 그대로 '사업자'이므로 양도소득세가 아닌 사업소득, 즉 종합소득세율이 적용되기 때문이다. 그 결과 2년 미만 단기 양도세를 피할 수 있다. 이는 현행 단기 양도세율이 1년 미만 보유 시 70%, 1년 이상 2년 미만 보유 시 60%라는 점을 고려할 때 상당한 절세 효과를 가져온다.

또 하나, 매매사업자가 거주주택을 보유하고 있으면서 동시에 판매용 재고주택을 보유하고 있더라도 요건을 충족하면 거주주택 비과세도 가능하다. 주택 판매용으로 등록한 주택은 '재고자산'으로 인정받고 그 결과 주택 수가 제외되어 거주주택 비과세가 가능한 덕분이다.

이것만 본다면 개인 매매사업자가 매우 좋게 보일 수도 있겠다. 하지만 '무엇인가 이상한데?'라고 생각을 할 수 있어야 한다. 늘 강조했듯이 그렇게 세법적으로 허점이 있는 경우란 거의 없기 때문이다.

물론 요건을 갖추고 성실하게 매매업에 종사한 경우라면 앞서 언급한 혜택을 누릴 수 있지만 외형만 그럴싸하게 하고 실제로는 제대로 매매업을 하지 않는 상황에서 세제 혜택만 보려 한다면 오히려 더 좋지 않은 결과를 초래할 수 있다.

그렇다면 구체적으로 어떤 부분을 유의해야 할까? 매매사업자를 하기 전 준비해야 하는 사항은 무엇일까? 실제 이를 잘 운영하고 있는 사례는 무엇일까? 이번에는 매매사업자에 대한 이해 그리고 최신 개정세법과 연계해 이에 대한 활용법을 살펴본다.

내용에 들어가기 앞서 우선 개인 매매사업자가 무엇인지부터 확인해 보겠다.

매매사업자란 '부동산의 매매 또는 그 거래를 사업목적으로' 해야 한다. 여기에서 중요한 건 '사업상의 목적'이라는 점이다. 부동산 매매 자체를 업으로 해야 한다는 의미다. 따라서 단순히 부동산을 보유하고 있다가 우연치 않게 오른 차익에 대해 양도할 경우에는 매매업이 아닌 양도소득세로 처리될 가능성이 높다.

또한 가장 많이 물어보는 질문으로, '1회 이상 취득하고 2회 이상 판매하면 매매사업자 아닌가?'라는 것인데, 이는 하나의 단순한 예시일 뿐 이렇게 한다고 해서 무조건 매매사업자로 간주하는 것은 아님에 유의해야 한다. 과세당국은 거래의 규모, 빈도, 반복성 등을 종합적으로 검토해 사업성 여부를 판단한다. 이에 대해서는 계속해서 설명하겠다.

매매사업자는 양도소득세가 아닌 사업소득

가장 중요한 내용이다. 우선 소득세법의 과세체계에 대해 이해를 해야 하는데, 우리 세법은 개인명의로 벌어들인 소득에 대해서는 이게 어떤 소득인지 '소득구분'을 가장 첫 번째로 한다. 그리고 이게 가장 중요하다.

예를 들어 직장인 A가 아파트를 취득하고 팔아서 차익을 남겼다. 이건 어떤 소득으로 과세될까? 특별한 경우가 아니라면 이 경우 '양도소득세'로 과세가 된다. 그렇다면 본인 근로소득과 합산이 될까? 그렇지 않다. 양도세는 다른 소득과 합산되지 않는 '분류과세' 과세 방식을 취하고 있기 때문이다.

그런데 같은 직장인 A가 아파트 매매에 관심을 갖고, 이를 '계속적, 반복적'으로 했다. 이때는 어떤 소득으로 과세가 될까? 이 경우는 앞으로 설명할 몇 가지 요소를 만족한다면 '사업소득'으로 과세될 가능성이 높다. 즉 해당 행위를 '매매업'으로 보아 과세하고 이에 대한 소득은 사업소득에 해당되기 때문이다. 당연히 본인 근로소득과 합산이 되고, 이에 대해 매년 5월 종합소득세(근로소득+사업소득) 신고를 별도로 해야 한다.

역시 동일인물인 직장인 A가 이번에는 법인명의로 아파트를 사고팔았다고 하자. 이유는 종합과세가 되다 보니 세 부담도 커지고 혹시 회사에서 알 수 있지 않을까 우려가 되었기 때문이다. 이때 아파트 매매차익은 어떻게 과세가 될까?

법인명의로 거래를 했기에 해당 차익은 '법인세'로 과세가 되고, 주택의 경우 '토지 등 양도차익에 대한 추가법인세' 20%를 별도로 부담해야 한다. 하지만 본인 근로소득과는 합산되지 않는다. 소득세와 법인세는 완전히 다른 과세체계이기 때문이다.

■ **소득 구분 정리**

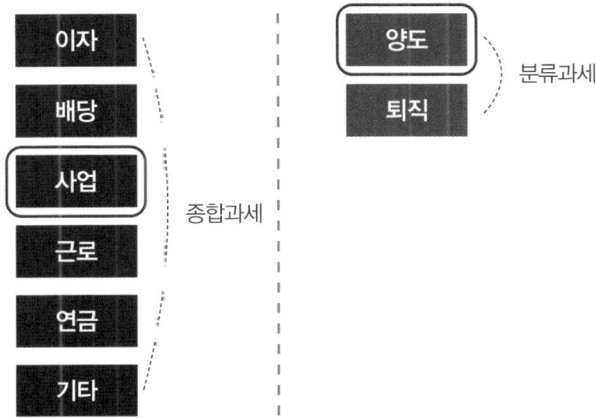

이상의 내용을 '소득 구분 정리' 그림 자료로 표현해 보았다. 한 번 직장인 A 입장이라고 생각해 보자. 직장 다니면서 아파트를 사고 팔았을 때 '혹시 회사에서 알면 어떻게 하지?'라는 걱정을 한 번이라도 했던가? 대부분 그렇지 않았을 것이다. 본인 근로소득과 합산될 일이 없기 때문이다.

하지만 투자를 하다보니 법인명의로 부동산 거래를 해보다가, 법인 규제가 워낙 심하니 이제는 '그래 개인 매매사업자를 해보자'라고 생각을 했을 것이다. 이때는 사업소득으로 과세가 되고 다른 소득이 있다면(가령 근로소득) 이와 합산이 되고 이에 대해 5월 종합소득세 신고를 해야 한다. 이러한 자세한 내용을 고려해야 한다.

그렇다면 이렇게 복잡하고 어려워 보이는 매매사업자를 왜 이 시점에서 하려는 것일까?

장점 1: 단기 매매 시 세 부담 측면에서 유리하다

매매사업자는 양도세가 아닌 사업소득이 적용되고 이때 적용되는 세율은 종합소득세율 6~45%다.

더 중요한 것으로 이러한 종합소득세율은 보유기간과는 무관하다는 것이다. 즉 직장인 A가 B 아파트를 취득하고 나서 극단적으로 단 하루만 보유한 후에 매각하더라도 6~45% 세율만 부담하면 된다. 이는 양도세가 아닌 종합소득세율이 적용되기 때문이다. 현행 단기 양도세제 하에서는 1년 미만 보유 시 70%의 중과세율이 적용되는 점을 고려하면 매우 큰 차이다.

■ 양도세 기본세율 = 종합소득세율

과세표준	세율	속산표
1,400만 원 이하	6%	과표×6%
1,400만 원 ~ 5,000만 원	15%	과표×15%-126만 원
5,000만 원 ~ 8,800만 원	24%	과표×24%-576만 원
8,800만 원 ~ 1억 5,000만 원	35%	과표×35%-1,544만 원
1억 5,000만 원 ~ 3억 원	38%	과표×38%-1,994만 원
3억 원 ~ 5억 원	40%	과표×40%-2,594만 원
5억 원 ~ 10억 원	42%	과표×42%-3,594만 원
10억 원 초과	45%	과표×45%-6,540만 원

* 개인명의 주택을 2년 이상 보유 후 매각 : 양도소득세 기본세율 적용
* 개인명의 주택을 매매업으로 매각 : 종합소득세율 적용 (보유기간 무관)
* 법인명의 주택을 보유 후 매각 : 법인세율 적용 (보유기간 무관)

표로 정리한 내용처럼 2년 이상 보유한 경우 양도세 기본세율이 적용되는데, 사업소득의 경우 그러한 보유기간이 필요 없고 곧바로 종합소득세율이 적용된다. 그리고 이러한 종합소득세율은 양도세 기본세율과 동일하다.

2년 미만 단기 양도세율 개정은 '아직'이다. 게다가 이에 대한 개정은 앞으로도 상당 기간 개정되지 않을 가능성이 높다. 이런 상황에서는 주택을 보유하고 1년 미만인 상태에서 매각하면 70%, 1년 이상에서 2년 미만 보유라면 60%의 단기 양도세율을 부담해야 한다. 지방소득세까지 더하면 각각 77%, 66%이니 세 부담이 상당하다. 따라서 이런 경우에는 개인 매매사업자를 활용할 경우 양도세가 아닌 '사업소득'으로 과세가 되되 그 결과 별도의 2년 이상 보유 요건이 없더라도 양도차익에 따라 6~45%의 세 부담만 하면 되는 것이다.

즉, 극단적으로 오늘 취득하고 내일 매도를 하는데 그 사이 1억 원이 올랐다면

양도세 적용 시 70%의 단기 양도세율이 적용되지만 매매사업자는 종합소득세율 35%가 적용되기에 단순히 보더라도 세 부담이 절반으로 뚝 떨어진다.

장점 2: 매매업의 경우
양도세 대비 필요경비 인정 범위가 넓다

매매업을 선호하는 이유 중 또 하나가 바로 '경비처리'다. 이미 살펴본 양도세 필요경비의 경우, 법에서 정한 항목만 가능한데 특히 인테리어의 경우에는 '자본적 지출'만 해당한다. 하지만 매매업의 경우에는 '사업 연관성'만 있다면 원칙상 모두 인정이 된다.

■ **법인 경비처리 개요**

일반 원칙
- 해당 법인의 **사업과 관련하여 발생하였는지** 여부가 가장 중요
- 일반적으로 인정되는 **통상적인** 것 또는 **수익과 직접 관련**된 것

예시 (부동산 법인 가정)
- **인건비 (개인 사업자 경우, 대표자 급여 불가)**
- 해당 자산의 수선비 또는 감가상각비
- 사무실 임차료
- 대출 이자
- 복리후생비 : 식대, 교통비, 업무용 휴대폰 등 (업무 연관성 필수)
- 각종공과금 : 재산세, 종부세 등
- 중개 수수료
- 양도한 자산의 장부가액 (취득가액 + 자본적지출 − 감가상각비)

'법인 경비처리 개요' 내용을 통해 법인 경비처리와 개인 매매업 경비처리를 한꺼번에 이해해 보자. 우선 대원칙은 '사업 연관성'이다. 그리고 일반적으로 인정되는 통상적인 것 또는 수익과 직접 관련된 항목이 필요경비로 인정받을 수 있다.

양도세에서는 인정받지 못했던 수익적 지출 역시 사업을 위한 것이라면 인정받을 수 있다. 그 외 사무실 임차료, 대출이자, 복리후생비 등이 포함될 수 있는데, 다만 개인 매매업의 경우 대표자 본인 급여는 비용처리가 불가하다. 어차피 동일한 명의이기 때문이다. 다만 직원을 고용하고 인건비를 지급하면 해당 인건비는 비용으로 본다.

이렇듯 양도세 대비 상대적으로 폭넓은 경비처리도 매매업의 장점 중 하나가 되겠다. 예를 들어 부동산 중개수수료, 등기비용, 취득세는 물론 매매업과 관련된 교통비, 통신비, 접대비 등도 합리적 범위 내에서 경비로 인정받을 수 있다. 다만 실무에서는 판단하기 어매한 경우들이 나올 수 있다. 이럴 때는 가급적 기장을 해주는 세무대리인과 협의해 판단하는 것이 중요하다.

장점 3: 매매사업자 거주주택 비과세가 가능하다

아마도 매매업을 선호하는 이유 중 하나가 바로 거주주택 비과세 특례일 것이다. 관련 해석을 보면 1세대 1주택 비과세 판단 시 부동산 매매업자의 판매용 재고주택은 주거용 주택으로 보지 않고, 그 결과 주택 수에서 제외가 되므로 남아 있는 1주택(거주주택)은 비과세가 가능할 수 있다.

■ 주택매매사업자의 재고주택 주택 수 포함 여부

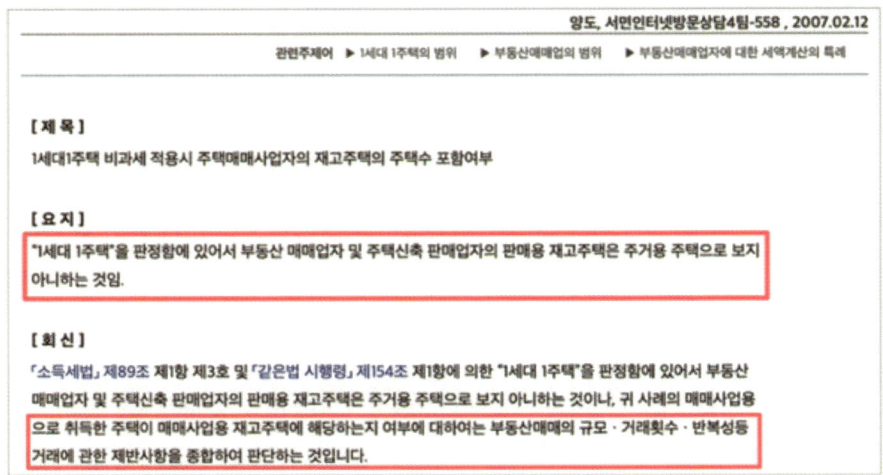

■ 거주주택 비과세 사례

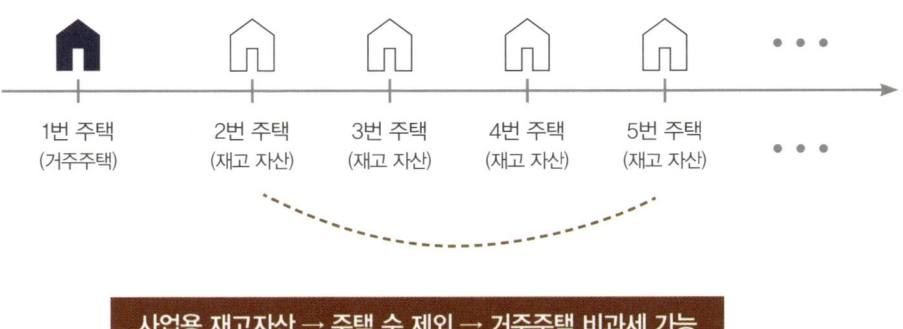

예를 들어 '거주주택 비과세 사례' 그림과 같은 모습이라고 할 때, 2번에서 5번 주택이 재고자산으로 인정받고 모두 주택 수에서 제외가 된다면 1번 주택은 비과세가 가능할 것이다.

하지만 '주택매매사업자의 재고주택 주택 수 포함 여부' 자료의 해석 하단을 다시 보아야 한다. '취득한 주택이 매매사업용 재고주택에 해당하는지 여부에 대해서는 부동산매매의 규모, 거래 횟수, 반복성 등 거래에 관한 제반사항을 종합해 판단하는 것'이라고 나와 있다.

그리고 관련 해석을 추가적으로 찾아보더라도 모두 동일한 답변을 과세당국은 내놓고 있다. 이 의미는 거주주택 비과세의 경우 개별 건에 대해 사실관계를 파악해 종합적으로 판단하겠다는 것으로 누구에게나 적용되는 동일하고 정량화된 기준은 '없다'라고 봐야 한다.

그나마 해볼 수 있는 건 1) 매매사업자 등록을 주택 취득 전에 하고, 2) 관련 신고를 성실히 하며, 3) 가급적 별도 사업장을 갖추고(소호사무실 등), 4) 세무대리인을 통해 장부를 작성하고, 5) 매년 5월 종합소득세 신고를 꼼꼼히 그리고 성실히 임하는 것이다.

물론 여기에 있는 내용 중 일부는 실천이 어려운 경우도 있을 것이다. 자가를 사업자 주소로 하고, 매월 기장보다는 5월 종합소득세 신고만 대행하는 경우 등이다.

다만 판매용 재고주택을 취득하기 전에는 꼭 매매사업자를 등록하길 권한다. 일부, 주택을 먼저 취득하고 이후 사업자등록을 해서 판매를 하는 경우도 있지만 그럴 경우 과세당국에서는 단기 양도세율을 회피하기 위한 조치로 보고 사업소득이 아닌 양도세를 부과할 수도 있다. 사업자등록의 시점과 주택 취득 시점의 선후관계는 매매업의 사업성을 입증하는 중요한 근거가 된다.

이렇듯 매매사업자는 1) 단기 양도세율을 피할 수 있고, 2) 상대적으로 경비처리가 용이하고, 3) 거주주택 비과세도 가능하다는 점이 장점이다. 그렇다면 반대로 조심해야 할 것은 없을까?

단점 1: 매매사업자 취득세 중과는 여전히 적용된다

늘 강조하지만 주택 수는 단계별로 구분해서 적용해야 한다. 안타깝지만 매매사업자를 하더라도 취득세 중과는 여전히 적용된다. 예를 들어, 사업자 본인 거주주택을 제외하고 재고자산용으로 3채를 구입했다고 가정하면, 취득세는 다음과 같을 것이다.

- 1번 주택 (거주주택) → 기본세율 1~3%
- 2번 주택 (재고자산) → 비조정이라면 기본세율 1~3%
- 3번 주택 (재고자산) → 비조정 8%, 조정 12%
- 4번 주택 (재고자산) → 비조정, 조정 모두 12%

따라서 거주주택이 있다면 이후 취득하는 판매용 재고주택은 1채 정도만 취득해서 이를 운영하는 것이 필자는 좋다고 본다.

또한, 최근 개정세법을 보면 취득세 중과 주택을 지방주택에 한해 기존 공시가

■ **거주주택 비과세 사례**

④ **지역경기 활력 제고를 위한 지방 우대 중심의 정책 설계**

❶ (부동산) 지방 부동산에 대해 세금 중과를 완화

- 취득세 중과가 제외되는 저가주택 기준을 지방 주택에 한해 완화 (공시가격 1억원 이하 → 2억원 이하)

격 1억 원에서 2억 원으로 상향한다는 내용이 있다.

이를 활용하면,

1번 주택 (거주주택) → 기본세율 1~3%
2번 주택 (재고자산) → 비조정 취득, 기본세율 1~3%
3번 주택 (재고자산) → 지방 저가주택, 기본세율 1~3%

이렇게 활용도 가능하다. 따라서 1번 주택은 실거주를 하면서 동시에 재고자산 2채를 취득하고 매각하는 방식을 취할 수도 있다. 이는 취득세 부담을 최소화하면서 매매업을 영위할 수 있는 현실적 방안이라 할 수 있다.

다만 지방 저가주택에 대한 관련 법 개정은 아직 완료된 것은 아니니, 조금 더 지켜본 후에 취득하는 것을 권한다.

단점 2: 단기 양도 시 '비교과세'를 조심해야 한다

매매사업자가 또 하나 반드시 조심해야 할 중요한 세무 이슈가 있는데, 그것은 바로 '비교과세' 제도다. 비교과세란, 특정 부동산을 매각할 때 비록 사업자 등록을 하고 매매사업자로 활동하고 있다 하더라도 종합소득세와 양도세를 각각 계산한 후 둘을 비교해 더 높은 세금으로 부과하는 방식을 말한다.

이는 매매사업자가 세율이 낮은 쪽을 선택적으로 활용해 세금을 회피하는 것을 방지하기 위해 도입된 제도다. 따라서 매매사업자는 부동산을 매각하기 전에 두 가지 세금을 모두 시뮬레이션해보고, 어느 쪽이 더 불리한지 미리 파악하는

■ **비교과세 개요**

- 분양권
- 비사업용 토지
- 미등기 양도자산
- 중과 대상 주택

MAX = (1, 2)
1) 종합소득 과표 × 기본세율
2) (주택 등 매매차익 − 장특공 − 양도세 기본공제) × 양도세율 + (종합소득 과표 − 주택 등 매매차익) × 기본세율

것이 중요하다.

분양권, 비사업용 토지, 미등기 양도자산 그리고 중과 대상 주택이 그 대상이고 계산방법은 '비교과세의 개요'의 우측과 같다. 현실적으로 분양권과 중과 대상 주택 정도가 해당이 될 것 같은데, 다행히 2025년 5월 9일까지는 양도세 중과 한시 배제이므로 큰 이슈는 없어 보인다.

하지만, 조정대상지역에 위치한 물건을 2년 미만 단기로 거래할 때에는 적용이 될 수 있으므로 가급적 비조정대상지역에 위치한 주택을 거래하는 것이 안전하다. 중과 한시 배제가 되는 주택은 '2년 이상 보유한 주택'을 대상으로 하기 때문이다.

비교과세 사례를 하나 보여주겠다. 근로소득금액 3,000만 원 소득자가 1억 원에 취득한 주택을 2억 원에 매각한다. 1년 미만 보유했다고 가정하고 일반관리비는 5,000만 원, 소득공제액은 1,000만 원을 가정한다.

우선 1번 종합소득세는 1,104만 원이 나온다. 근로 3,000만 원+사업(매매업) 5,000만 원으로 8,000만 원에 소득공제액 1,000만 원을 차감한 후 종합소득세율을 적용했다.

다음 2번이 중요한데, 주택 매매차익 양도세 계산 시 1년 미만으로 6,825만 원이 나오며(비교과세 대상이라고 가정), 주택 매매차익 외 종소세는 근로소득이 있으므로 174만 원이 나온다. 이제 이 둘을 더하면 2번 6,999만 원이 나온다.

■ 비교과세 사례

- 양도가 : 2억 원
- 취득가 : 1억 원
- 일반관리비 : 5,000만 원
- 근로소득금액 : 3,000만 원
- 소득공제액 : 1,000만 원

계산 결과:
MAX(1, 2) = 6,999만 원

1) 종합소득세=1,104만 원
2) 주택 등 매매차익에 대한 양도세를 단기양도세율로 계산 : 6,999만 원
 - 주택 매매차익 양도세=(2억 원−1억 원−장특공 0−250만 원)×70%(1년 미만)=6,825만 원
 - 주택 매매차익 외 종소세=(근로 3,000만 원−소득공제액 1,000만 원=2,000만 원)×15%−126만 원=174만 원

이제 1번과 2번 금액을 '비교'한다. 당연히 6,999만 원이 더 크다. 따라서 비교과세가 적용되면 1번 종합소득세 1,104만 원이 아닌 6,999만 원이 적용되고 이렇게 되면 굳이 매대사업자를 할 이유가 사라진다. 이는 단기 양도세율과 비교과세 규정이 맞물려 발생하는 현상이다.

매매사업자 특성상 2년 이상 보유하려는 주택은 거의 없을 것이다(취지에도 맞지 않는다). 게다가 현재 조정대상지역인 강남, 서초, 송파 그리고 용산구 주택은 상대적으로 가격이 높다. 따라서 가급적 비교과세 이슈가 없는 비조정대상지역 물건을 거래하는 것이 좋다.

추후, 부동산 규제가 강화되어 조정대상지역이 늘어난다면 그때는 개인 매매사업자 실익이 거의 없어지게 된다. 이 부분을 꼭 기억하기 바란다.

단점 3: 거주주택 비과세를 인정받기가 상당히 어렵다

앞서 장점 부분에서 언급한 거주주택 비과세다. 결론부터 말하자면 이를 인정받는 것은 상당히 어렵다. 다만 외형과 실질을 모두 갖춘 경우라면 해볼 만하다고 생각된다.

예를 들어 세대 분리를 다루어 보자. 외형, 즉 주민등록표상으로는 세대 분리가 되어 있지만 실제로는 생계를 함께하는 가족이 있다면 해당 가족의 주택 수를 모두 카운트해 양도세 비과세를 판단한다고 말했다. 따라서 주민등록표 분리는 물론(외형), 실제 유주택자 가족은 생계를 달리 하는 것이 필수라고 강조했다(실질).

매매사업자 역시 마찬가지다. 거주주택 비과세를 받으려면 실제 매매업에 종사하고 있고, 해당 물건이 재고자산이라는 것을 인정받아야 한다. 단순히 1~2개 거래를 하고 '매매사업자니까 거주주택 비과세 해달라'고 한다면 필자가 세무공무원이라면 필자 같아도 이를 의심하고 꼼꼼히 따져볼 것 같다.

그렇다면 3개를 매매하고 거주주택 팔면 비과세가 될까? 4개는 어떨까? 5개는 어떨까? 이는 단순 숫자 놀음에 불과하다. 크게 의미가 없다는 것이다. 과세당국은 거래의 규모와 빈도뿐만 아니라 거래 패턴, 자금 조달 방법, 사업장 보유 여부 등을 종합적으로 검토한다. 다만, 필자가 매매업을 한다면 필자는 이렇게 해보겠다.

첫째, 거주주택 비과세는 깔끔하게 포기한다. 이슈가 되는 건 그냥 안 하는 것이다. 다만 비과세를 무조건 포기할 순 없다. 따라서 꼭 받아야 하는 비과세는 재고자산을 모두 처분하고 난 이후, 1세대1주택 비과세를 받는 것이다. 이 방법이 훨씬 쉽다.

둘째, 꼭 거주주택 비과세를 받으려면 외형은 물론 실질도 갖춰 준비한다. 이에 대해서는 정량화된 정답이 없으니 예시를 드는 것이 좋겠다. 우선 매매사업자로 인정을 받으려면 너무나 당연하게도 1) 매매사업자를 내고 세무서에 등록하는 것이다. 가장 기본이겠다.

2) 이후 2월에 있는 사업장 현황신고에 성실히 임할 것이다. 이 자체가 내가 사업을 하고 있다는 좋은 증거가 되기 때문이다.

3) 별도 사무실(사업장)도 하나 마련할 것이다. 물론 매매업 특성상 물건지가 있는 현장이 더 중요하기에 사무실이 없어도 무방하나, 그래도 사업자이므로 관련 업무를 수행하는 사무실 정도는 작게라도 마련해서 외형을 갖출 것이다.

4) 장부 작성은 기본이다. 재무제표, 손익계산서 등을 만들어야 하는데 이럴 때에는 매월 일정 수수료를 부담하더라도 세무대리인에게 맡기는 것이 공신력도 있고 좋다.

5) 5월 종합소득세 신고는 필수다. 이는 당연히 해야 하는 사항이고, 이러한 신고자료가 쌓여서 누적되면 될수록 매매사업자로 인정받을 수 있는 확률이 높아진다. 연속성 있는 신고 이력은 사업의 계속성과 반복성을 입증하는 중요한 자료가 된다.

생각해 보자. 어떤 사람은 이제 막 사업자를 내고 재고자산을 취득한 후 곧바로 거주주택을 비과세라고 신청한 사람과, 다른 사람은 몇 년 동안 위에서 말한 사항을 충실히 이행한 후에 거주주택을 매각한 경우, 어떤 경우를 더 진짜 사업자로 인정할까? 이건 여러분들이 입장을 바꾸어 생각해 보면 곧바로 이해될 내용이다.

6년 단기임대 부활과
주택임대사업자 활용법

부동산 세금 제도 중 가장 어렵고 복잡한 내용을 한 가지 꼽으라면 필자는 단연코 '주택임대사업자(이하 주임사)' 제도를 고를 것이다. 두 가지 이유에서 그렇다.

첫째, 관련 법이 너무 많다. 가장 기본적인 민간임대주택에 관한 특별법(민특법)을 시작으로 취득세와 재산세를 담당하는 '지방세법'을 알아야 한다. 여기에 보유세 중 큰 비중을 차지하는 '종부세법'은 물론 등록임대주택 및 주택임대사업자의 거주주택 비과세 특례에 대한 '소득세법(이 중 양도세 파트)'을 알아야 한다.

그뿐만이 아니다. 등록임대주택 중 고율의 장특공에 대한 내용을 규정하고 있는 '조세특례제한법(조특법)'도 체크해야 한다. 5% 룰과 매우 밀접한 관계를 가지고 있기 때문이다. 이러한 복잡한 법률 체계는 일반 투자자들이 쉽게 접근하기 어려운 구조를 만들어내고 있다.

그 외에 주택임대이므로 기본적인 '주택임대차보호법'은 물론 보증보험, 부기등기 등 사업 운영 시 체크해야 할 사항 역시 알아둬야 한다. 이것만 해도 벌써 부담이 확 된다.

둘째, '말소제도'로 인해 관련 내용이 그야말로 누더기가 되었다. 2017년 12월 당시 정부는 '임대주택등록 활성화' 정책을 내놨지만 이후 1년도 채 되지 않아 2018년 9월 13일 대책으로 주임사 세제 혜택을 없애기 시작하더니, 2020년 7월 10일 대책에서는 급기야 단기 모든 유형 및 장기 중 아파트에 대해서는 '말소 제도'를 도입하고 아파트 신규 등록은 불가하다는 방침을 정한다. 주임사 제도가 집값 상승의 원흉이라는 것이다.

■ 임대주택 말소제도

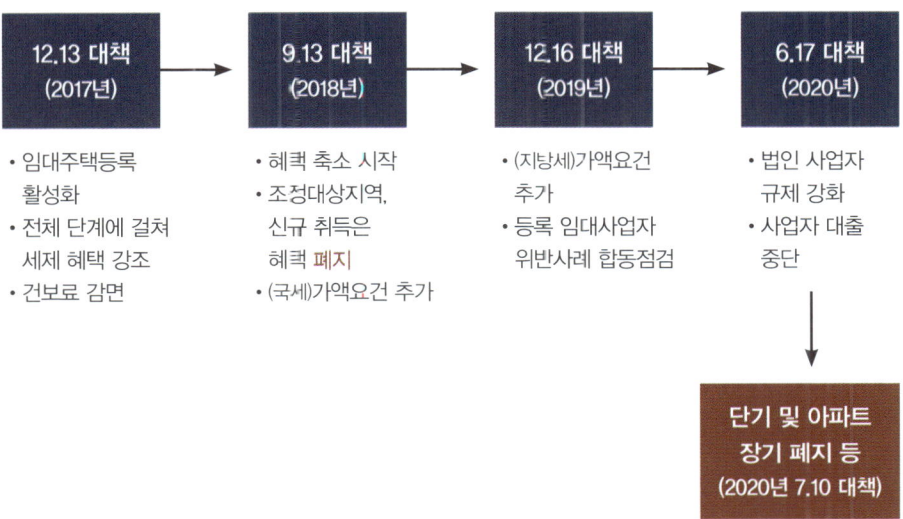

　'임대주택 말소제도' 그림 자료는 2017년 12월 활성화부터 2020년 7월 말소제도까지 주임사 제도 변화에 대해 '간략히' 기술한 내용이다. 이 모든 것이 만 3년이 되지 않은 짧은 기간에 이루어진 것도 놀라운데, 더 놀라운 것은 '같은 정부'에서 시행이 되었다는 점이다.

　관련 법이 매우 복잡해진 것은 두말할 것도 없고, 이로 인해 정책 일관성 부족 및 신뢰성 저하는 가장 큰 문제라 하겠다. 이러한 정책 변화는 기존 투자자들에게 상당한 혼란과 손실을 야기했고, 앞으로도 유사한 정책 변화 리스크를 고려해야 한다는 점을 시사한다.

　셋째, 6년 단기임대가 부활했다. 2025년 6월 4일부로 6년 단기임대가 다시 시행된다. 다만 여전히 비아파트를 대상으로 하고 있기에 아파트 신규등록은 불가능하다. 이 상황에서 6년 단기임대를 어떻게 활용하면 좋을까? 괜히 잘못 등록해서 또 고생만 하는 건 아닐까? 그럼에도 불구하고 관심을 가져야 하는 이유는 무엇일까?

주임사 제도, 왜 알아야 할까?

이 글이 필요한 분들, 그리고 꼭 읽어야 하는 분들은 크게 두 부류다. 첫째, 이미 주임사로 등록임대주택을 어떻게 처분할지 고민인 분들이다. 대표적으로 단기 모든 유형 그리고 장기 중 아파트는 민특법상 의무임대기간이 종료되면 자동말소가 된다. 이후 세금은 어떻게 되는 것일까? 그냥 팔아도 될까? 5%를 초과해서 증액해도 되는 것일까?

순간의 실수로 양도차익의 대부분을 세금으로 날릴 수 있다면, 당연히 이에 대해 공부를 해야 한다. 필자가 아는 분은 양도차익 10억 원 중 무려 7억 원이나 되는 거금을 양도세로 헌납을 해야 했다. 주임사였는데 비과세 판단을 잘못해서다. 이는 세제 혜택 요건을 정확히 이해하지 못해 발생한 사례로, 의무임대기간과 각종 요건을 꼼꼼히 체크해야 하는 이유를 보여준다. 우리는 이에 대해 공부할 것이다.

둘째, 이제 막 신규등록을 하고 이를 통해 자산을 자산을 급증시키고자 하는 분들이다. 아니, 조금 전만 하더라도 '등록하지 마라. 잘못하면 세금 폭탄이다!'라고 했었는데 갑자기 신규등록은 왜 나오는 것일까?

이미 등록을 한 분들은 (늦었지만) 제대로 등록을 했는지 체크해야 한다. 즉 요건에 맞게 등록을 했고, 세제 혜택이 가능한지를 봐야 하는 것이다. 하지만 반대로 이제 새롭게 신규등록을 하려는 분들은 본인에게 유리한지 불리한지를 따져서 이에 대해 '선택'을 할 수 있다.

즉 어느 정도의 재량권이 있다는 것인데, 당연히 무턱대고 등록을 해서는 안 되고 유리한 경우에만 해야 한다. 그리고 그 유리한 경우란, 본인의 자산이 매우 크게 증가할 수 있는 '퀀텀점프'하는 경우에만 이를 활용해야 한다.

대표적으로 재개발이 이에 해당한다. 그리고 이는 6년 단기임대를 활용할 때 그 활용도가 높아질 수 있다. 재개발 지역의 특성상 장기간 보유가 전제되는 경우가 많고, 종부세 부담을 줄이면서 향후 개발 이익을 극대화할 수 있는 전략적 접근이 가능하기 때문이다.

등록 전에 체크해야 할 것들

자, 일단 여기에서 한 번 멈추는 게 좋다. 왠지 좋아 보인다고 무턱대고 등록을 했다가 크게 후회할 수 있기 때문이다. 가장 큰 문제가 '의무임대기간'이다. 최소 6년 혹은 10년을 강제로 임대해야 하는데 나중에 봤더니 혜택은 별로 없고 의무사항만 많다면 매우 후회할 수 있다. 금전적 손실도 발생한다.

따라서 아래의 사항을 반드시 미리 체크한 후에 등록할지 말지를 의사결정해야 한다. 어떤 것들을 체크해야 할까?

첫째, 등록하려는 임대주택 기준시가가 6억 원(수도권 밖 3억 원) 이하인지 체크해야 한다(6년 단기임대는 4억 원, 수도권 밖 2억 원 이하). 주임사를 등록하려는 가장 큰 목적은 '세제 혜택'에 있다. 뒤에 말하겠지만 보증보험, 부기등기 등 각종 의무사항을 준수해야 하는데 세제 혜택을 받지 못한다면 의미가 없다.

그런데 그 세제 혜택이라는 것이 워낙 복잡하고 다양한데, 이 중 핵심이 되는 것이 기준시가다. 즉 '임대개시 6억 원(수도권 밖 3억 원) 이하' 요소가 매우 중요하다. 임대개시 이후에는 해당 금액을 초과하더라도 무방하다. 이는 등록 시점의 가액 요건만 충족하면 되므로, 임대 기간 중 시세 상승으로 인한 가격 변동은 고려하지 않는다는 뜻이다.

최근 신설된 6년 단기는 임대개시 기준시가가 4억 원(수도권 밖 2억 원) 이하를 충족해야 한다. 따라서 등록 당시 해당 가액 요건을 충족하는지, 특히 고가주택이

■ **2020년 1분기 신규등록 임대주택 현황, 국토교통부**

< '20년 1분기 신규등록 임대주택 유형별 세부현황 >

종류별 구분		합계	아파트	다세대	다가구	단독	오피스텔	기타
합계		61,624호 (100%)	15,880호 (25.8%)	8,010호 (13.0%)	16,439호 (26.7%)	4,093호 (6.6%)	15,897호 (25.8%)	1,305호 (2.1%)
공시가 존재		40,451호 (65.6%)	14,169호 (89.2%)	6,742호 (84.2%)	14,846호 (90.3%)	3,627호 (88.6%)	-	1,067호 (81.8%)
	3억원 이하	21,738호 (53.7%)	10,098호 (71.3%)	6,220호 (92.3%)	2,968호 (20.0%)	1,485호 (40.9%)		967호 (90.6%)
	3억원 초과 6억원 이하	13,457호 (33.3%)	3,294호 (23.2%)	346호 (5.1%)	8,061호 (54.3%)	1,669호 (46.0%)	-	87호 (8.2%)
	6억원 초과	5,256호 (13.0%)	777호 (5.5%)	176호 (2.6%)	3,817호 (25.7%)	473호 (13.1%)		13호 (1.2%)
공시가 부존재*		21,173호 (34.4%)	1,711호 (10.8%)	1,268호 (15.8%)	1,593호 (9.7%)	466호 (11.4%)	15,897호 (100%)	238호 (18.2%)

* 공시가격이 존재하지 않는 오피스텔과 '19년 가격 공시 이후 건설된 주택 등

라면 이미 초과했을 가능성이 높기 때문에 매우 신중해야 한다.

해당 자료는 국토교통부에서 발표한 2020년 1분기 신규등록 주임사 현황이다. 매 분기 발표했던 세부현황이 2020년 1분기를 마지막으로 더 이상 나오지 않고 있는데, 해당 자료를 보면 해당 기간 총 61,624호가 신규등록을 했고 이 중 공시가가 존재하는 신규등록 중 13.0%인 5,256호가 공시가격 6억 원을 초과했다.

이 경우 종부세 합산배제 및 양도세 중과배제 혜택이 불가하며, 주임사의 거주주택 비과세 특례 역시 불가하다.

바로 그 위, 즉 '3억 원 초과에서 6억 원 이하' 역시 무려 33.3%인 13,457호나 해당이 되는데 만약 이 중에서 수도권이 아닌 지방에 있는 주택이라면 동일하게 주요 세제혜택이 불가한 상황이다.

6년 단기임대는 더욱 요건이 까다롭다. 임대개시 당시 기준시가가 6억 원이 아닌 4억 원 이하여야 하기 때문이다. 이마저도 수도권 밖에 위치한 경우라면

2억 원 이하로 내려가니 더욱 유의해야 한다.

이미 주임사 등록을 한 분들은 알겠지만 2018년 4월부터는 과거 '준공공'이라 불리던 8년 장기임대주택으로 등록을 해야 하는데 2020년 1분기이므로 2025년인 지금, 이제 겨우(?) 5년 정도 의무임대기간을 채웠을 것으로 보인다.

그동안 종부세 합산배제 혜택은 불가했을 것이고(표 기준, 최소 13% 이상), 추후 해당 주택을 매각할 때 다주택자이고 조정대상지역에 위치하게 된다면 양도세 중과배제 혜택 역시 불가하다. 가장 좋은 혜택인 주택임대사업자의 거주주택 비과세 역시 불가하니 이 모든 과정을 진행할 때 매우 유의해야 한다. 따라서 이제 막 신규등록을 하려는 분들은 해당주택의 기준시가가 요건을 준수하는지 여부를 반드시 확인하기 바란다.

둘째, 종부세 합산배제 혜택에 집중하기 바란다. 등록임대주택은 단계별 세제혜택이 가능하다. 즉, 취득세에서는 취득세 감면, 보유세에서는 재산세 감면과 종부세 합산배제(종부세를 비과세하겠다는 의미), 그리고 양도세에서는 양도세 중과배제와 고율의 장특공이 가능하다.

다만 이 중에서 실질적이고 효과가 좋은 세제 혜택은 '종부세 합산배제'가 유일하다고 필자는 생각한다(뒤에 나오는 6년 단기는 소형주택과 결합 시 추가 혜택이 있긴

■ 주택임대사업자 세제혜택 - 요약

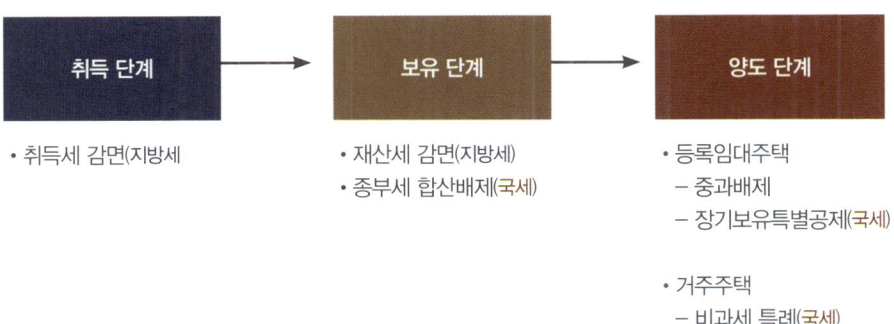

하다).

먼저 취득세 감면은 최초 등기하는 신축이고 공동주택만 해당하는데 아파트는 현재 불가한 상황이고, 전용면적이 60㎡ 이하로 제한된다. 이마저도 '최소납부제도'가 있어서 취득세가 200만 원을 초과한다면 15%에 해당하는 세 부담을 해야 한다. 크게 메리트가 없다.

재산세는 '2호 이상 등록' 요건이 뼈아프다. 거주주택이 한 채 있고, 재산세 감면을 위해 등록임대주택을 만약 2채 취득해서 등록한다면 벌써 3주택이 되기에 취득세가 최소 8%(비조정인 경우)가 나온다. 즉 등록임대주택은 취득세 주택 수에서 제외되지 않는다. 그에 반해 재산세 감면 효과는 크지 않으니 그야말로 '소탐대실'이다.

마지막 양도세 중과배제는 매각 당시 다주택이고 해당 주택이 조정대상지역에 위치해야 한다. 하지만 2025년 6월 조정대상지역은 서울시 강남구, 서초구, 송파구 그리고 용산구만 해당한다. 대부분 지역이 비조정대상지역이고 추후 조정대상지역으로 다시 지정될지 모르는 상황에서 양도세 중과배제 혜택을 받기 위해 주임사 등록을 한다는 건 좋은 전략이라 할 수 없다.

따라서 남은 건 이제 '종부세 합산배제'인데, 보유세에서 가장 부담이 되는 종부세를 면해주는 것이기에 장기보유하고 추후 자산 가치 상승이 기대되는 주택을 등록하려는 계획이라면 해볼 만하다. 그리고 그러한 물건은 주로 정비사업에 해당이 되며, 재건축초과이익환수제가 있는 한 상대적으로 재개발이 더 유리하다 할 수 있다. 재개발의 경우 환수제 대상에서 제외되고 추가부담금 부담도 상대적으로 적어 순수익 측면에서 더 유리한 구조를 가지고 있기 때문이다.

셋째, 주임사 등록은 '똘똘한 한 채'를 먼저 취득한 이후에 하는 것이 좋다. 앞서 말한 대로 등록임대주택이 취득세 주택 수에서 제외되지는 않는다(단, '소형주택'은 제외). 따라서 등록임대주택이 가령 2채 정도가 있는데 추후 자금이 생겨 중심지 주택을 취득한다면 해당 주택은 세 번째 취득하는 주택이 되고 이 경우 취득세율은 최소 8%가 적용된다(조정대상지역인 경우 12%).

따라서 이왕이면 중심지 물건을 먼저 취득한 후 등록임대주택을 취득하거나 혹은 전략적으로 자산형성 초기라면 등록임대주택을 먼저 취득한 후 해당 주택으로 승부를 보거나, 추후 취득세 중과가 개정이 되면 그때 중심지 물건을 취득하는 방법을 써야 한다. 물론 두 번째 방법은 취득세 측면에서는 상당한 리스크가 있다는 것을 기억해야 한다.

넷째, 임대소득을 원하는 분은 주임사 등록이 좋지 않을 수 있다(5% 증액제한). 주택을 임대하면 임대소득이 발생하는데 전세보증금 상승분과 월세가 그것이다. 이 중 월세는 덜할 수 있지만 전세보증금의 경우 지금처럼 전세가격이 오르는 분위기라면 그 상승분을 모두 받아서 재투자를 하고 싶은 마음이 대부분일 것이다.

하지만 등록임대주택은 '5% 임대료 증액제한'이 걸려있으며 보통의 임대차계약이 2년이라는 것을 감안하면 2년마다 5%씩밖에 올릴 수가 없다. 간혹 '1년 단위 계약을 하고 5%씩 올리면 되지 않나?'할 수 있지만 이 경우는 임차인 동의가 필수다. 주택임대차보호법에서는 기본적으로 2년 임대차계약을 보장하기 때문이다.

매달 받는 월세라면 5% 상승을 하더라도 괜찮을지 모르겠다. 따라서 10년 의무임대를 하면서 월세를 받거나, 혹은 전세 임대 중이라면 2년마다 5%만 올려도 괜찮은 경우인지를 확인한 후에 등록 여부를 결정하기 바란다. 이 역시 전세인 경우 2년마다 5% 올려도 괜찮은 물건은 오래된 빌라나 다세대 등 즉 재개발과 궁합이 맞을 것이다. 재개발 예정지의 경우 임대료 상승보다는 개발 이익에 더 초점을 맞추는 투자 전략이 적합하기 때문이다.

다섯째, 각종 의무사항 준수에 대한 각오가 있어야 한다. 지금까지는 세제 혜택을 중심으로 말했는데, 주임사의 경우 '과태료' 역시 무시할 수 없다.

임대차계약 신고, 보증보험, 부기등기 등 각종 의무사항을 준수해야 하는데, 이를 어길 경우 거액의 과태료를 부담해야 한다. 더 중요한 건 그다음으로, 주요

■ 주택임대사업자 과태료 – 요약

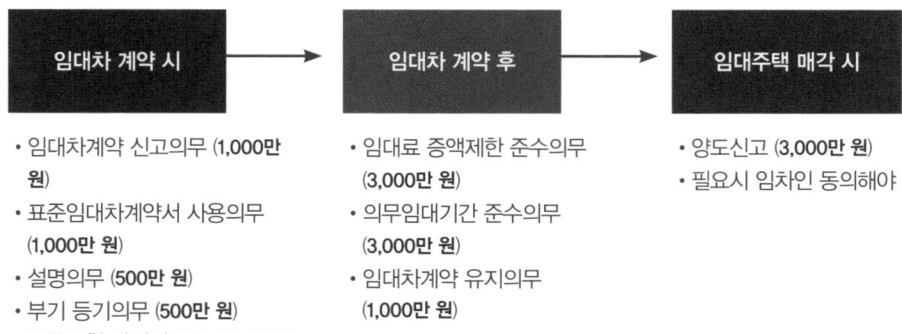

공적의무사항을 어기면 거액의 과태료에 세제 혜택까지 박탈된다.

예를 들어보겠다. 앞서 우리는 주임사라면 의무임대기간을 준수하면서 해당 기간 계약 시 '5% 임대료 증액제한'이 걸린다고 말했다.

만약 이를 어긴다면 '주택임대사업자 과태료-요약' 자료에서 정리한 것처럼 3,000만 원의 과태료를 부담해야 할 수 있다(횟수, 위반 정도에 따라 달라질 수 있으며 최대 3,000만 원이다).

문제는 여기에서 그치지 않는다는 것이다. 먼저 해당 연도와 다음 연도 종부세 합산배제 혜택을 받지 못한다. 그리고 추후 매각 시 양도세 중과배제 혜택 역시 못 받는다.

마지막, 주택임대사업자 거주주택 비과세 역시 받을 수 없다. 즉 의무임대기간 중 5%를 초과해서 임대를 하게 되면 거액의 과태료 납부에서 그치는 것이 아닌, 종부세 및 양도세 관련 세제 혜택을 거의 받지 못한다고 생각하면 된다. 이는 한 번의 실수로 수년간의 세제 혜택을 모두 잃을 수 있다는 의미로, 매우 신중한 관리가 필요하다는 점을 시사한다.

그렇다고 중간에 '저 안 할래요' 한다고 하더라도 남은 의무임대기간을 채워야 하며, 다시 이를 어길 시에는 또 과태료가 부과된다(의무임대기간 미준수, 최대 3,000만 원).

따라서 앞서 말한 세제 혜택에만 집중해서 함부로 등록을 해서는 절대 안 되며, 세제 혜택을 받을 수 있는 요건은 갖추었는지, 그 전략이 본인의 자산관리 전략과 맞는지, 마지막으로 의무임대기간 동안 각종 공적의무사항을 잘 준수할 자신이 있는지 등을 먼저 체크해야 한다.

이미 등록한 사람들은 어떻게 되는 것일까?

주택임대사업자 신규등록은 본인에게 필요한지, 유리한 점이 무엇인지 등을 충분히 생각해보고 하더라도 늦지 않는다. 다만 이미 등록한 사람들은 어떻게 해야 할까? 가장 먼저 본인이 등록한 물건이 말소 대상인지를 꼭 알아야 한다.

먼저 단기임대주택은 모든 유형이 말소가 가능하다. 즉 과거 4년 등 단기로 등록한 주택은 유형과 상관없이 모두 말소가 가능한데, 대부분 2018년 초에 등록을 많이 했으므로 이미 자동말소가 되었을 것이다.

참고로 자동말소는 민특법상 의무임대기간이 경과하면 해당 지자체에서 자동으로 말소를 시키게 되고, 이후 보유세 과세기준일(6월 1일)이 되면 보유세 과세대상에 포함이 된다.

이에 반해 장기임대주택은 '아파트만' 말소가 가능하다. 즉 단독, 다가구, 다세대, 오피스텔 등을 장기임대주택으로 등록했다면 이는 말소 자체가 되지 않으며 특별한 사정이 없는 한 민특법상 의무임대기간을 준수해야 한다. 의무임대기간이 종료되면 이후 주임사가 지자체에 신고해서 말소를 할 수 있다는 점이 자동말소와 다른 점이다.

■ 주택임대사업자 말소제도

구분	주택 유형	자동 말소 가능 여부
단기임대주택	모든 유형	말소 가능
장기임대주택	아파트	말소 가능
	단독, 다가구, 다세대 등	말소 불가

구분	자진 말소	자동 말소
말소 주체	주택임대사업자	지방자치단체장
말소 시기	의무임대기간 경과 전	의무임대기간 경과 후
임차인 동의서	필요	불필요

그렇다면 자진말소는 무엇일까? 앞서 살펴본 말소 가능 주택, 즉 단기 모든 유형 및 장기 중 아파트인 경우에는 의무임대기간이 경과하기 전이라도 주임사가 말소를 할 수 있는데, 다만 임차인 보호를 위해 '임차인 동의서'를 반드시 첨부해야 한다. 임차인 동의서를 받지 못한다면 자진말소는 불가한데, 과태료를 피하려면 포괄양수도를 통해 매각하는 것 외에는 방법이 없어 보인다. 하지만 추후 다루겠지만 포괄양수도인 경우 과태료 측면에선 유리할지 몰라도, 세제 혜택은 또 별도로 살펴봐야 하니 유의해야 한다.

또한 자진말소의 경우 비록 의무임대기간 경과 전이라도 양도세 혜택은 임대기간 중 2분의 1 이상을 반드시 임대한 후에 매각해야 한다. 종부세와 양도세 세제 혜택이 다른데 종부세는 2분의 1 이상 임대 요건이 없지만 양도세 관련 혜택은(중과배제 및 거주주택 비과세 특례) 2분의 1 이상 임대 후 매각을 전제조건으로 하기 때문에 주의를 요한다. 결론적으로, 말소대상 임대주택은 가급적 자동말소를 추천한다. 이유는 다음과 같다(모두 관련 요건 준수했다고 가정한다).

첫째, 언제 매각하더라도 양도세 중과배제가 가능

특히 내년 5월 10일부터는 다주택자 양도세 중과배제가 될 가능성이 높다. 이럴 때 중과배제 주택은 상당히 유리해진다. 세 부담이 커지면 아무래도 매도가를 높일 가능성이 높은데, 중과배제가 된다면 더 높은 가격에 매도하면서 양도세는 일반과세가 가능하니 상당히 유리하다.

둘째, 8년 장기인 경우 장특공 50%가 가능

4년 단기는 모든 유형 그리고 8년 장기는 아파트만 자동말소 대상인데, 특히 8년인 경우 5% 임대료 증액 제한 등을 잘 준수했다면 장특공 50%가 가능하다. 양도세 부담을 꽤 줄일 수 있는데, 이를 바탕으로 아주 좋은 매도 전략을 세울 수 있다.

즉, 장특공 50% 등록임대주택을 먼저 매각하고 이후 남은 주택은 비과세를 받는 전략이다. 물론 개별 물건 사안마다 모두 달라질 수는 있겠지만 큰 틀에서는 이 방법이 매우 유용하다. 이러한 전략적 매도 순서를 통해 전체적인 세 부담을 최소화할 수 있다는 장점이 있다. 이렇듯 말소 대상은 관련 요건을 모두 채우고 가급적 나중 매각하는 것이 더 유리할 수 있다.

6년 단기 등록 전에 알아야 할 핵심 개념

6년 단기 역시 '틈새 활용법'이 있다. 어떤 것일까? 6년 단기는 비아파트를 대상으로 한다. 2025년 6월 4일부터 등록이 가능한데, 요건을 갖출 경우 취득세 주택 수 제외, 종부세 합산배제, 양도세 중과배제 그리고 거주주택 비과세 특례가 가능하다. 요건을 정리하면 다음과 같다.

- 지자체 및 세무서 등록 필수
- 최소 6년 이상 의무임대
- 의무임대 기간 중 임대료증액제한 5% 준수
- 아파트는 등록 불가
- 임대개시 당시 공시가격 4억 이하 (수도권 밖은 2억 이하) 등

다만 위 요건은 최소한의 것으로 각각의 경우에는 미세하게 달라진다. 먼저 종부세 합산배제는 유주택 상태에서 조정대상지역 물건을 취득한 경우에는 적용받을 수 없다는 유의점이 있다. 가령 현재 주택이 있는 상태에서 조정대상지역인 용산 비아파트를 취득해서 등록을 하면 위 요건을 모두 준수했다고 하더라도 보유세 과세기준일인 6월 1일 조정대상지역이라면 종부세 합산배제가 불가하다. 양도세 중과배제 역시 마찬가지이지만, 양도세 중과는 '양도일'을 기준으로 하는 것이고 매각 당시 비조정대상지역이라면 양도세 중과는 해당하지 않는다.

주택임대사업자 거주주택 비과세 특례는 요건만 맞으면 가능하고, 2025년 5월 28일 이후 양도분부터는 '평생 1회' 횟수 제한도 사라졌으니 상황에 맞게 활용하면 되겠다. 이는 기존에 한 번 활용했던 투자자들에게도 다시 기회가 열린다는 의미로, 포트폴리오 정리 시 더 유연한 전략 수립이 가능해졌다. 이렇게만

■ 6년 단기관련 보도자료, 국토교통부

< 비(非)아파트 6년 단기등록임대주택 시행 >

□ 6월 4일(수)부터는 단기임대주택 등록이 가능하며, 해당 주택에 종부세 합산배제, 양도세 및 법인세 중과배제 등 세제혜택*이 제공된다.

  * (세제혜택 대상) 건설형 공시가 6억 이하, 매입형 4억 이하(비수도권 2억 이하)
  ** 법인세 중과배제는 건설형만 허용

보면 특별한 것이 없을 수 있는데, 6년 단기임대는 다음의 경우 활용하는 것이 좋다.

첫째, 주임사 등록을 통해 토지거래허가구역 물건을 매수할 수 있다. 토지거래허가구역에 위치한 물건은 실거주 등 요건을 갖춰 지자체장의 허락을 득해야 한다. 따라서 투자용 혹은 임대용인 경우에는 취득이 쉽지 않은데 이를 해결하기 위해서는 경공매로 낙찰을 받거나 혹은 주임사 등록을 통해 임대를 주면 예외적으로 허용이 된다.

가령, 중심지에 주택을 보유하고 있고 투자용으로 토지거래허가구역에 물건을 취득하려고 할 때 일반적인 경우에는 취득이 불가하겠지만 주임사 6년 단기 등록을 통해 해결할 수 있다. 물론 10년으로 등록해도 되지만 혹시 모르니 요건만 맞으면 기간이 짧은 6년으로 하는 것이 더 편할 수 있겠다. 6년 이후에는 상황에 맞게 매각도 가능하기 때문이다.

둘째, '소형주택' 특례를 활용하면 취득세 부분에 있어서도 혜택이 가능하다. 소형주택의 경우 신축과 기축으로 나뉜다. 신축 소형주택의 경우는 다음과 같다.

- 전용 60M^2 이하
- 수도권 6억 이하 (수도권 밖 3억 이하, 둘 모두 취득가격)
- 다가구 주택, 연립/다세대, 도시형 생활주택, 주거용 오피스텔 등
- 2024.1.10~2027.12.31 까지 구입

기축 소형주택의 경우는 다음과 같다.

- 전용 60M^2 이하
- 수도권 6억 이하 (수도권 밖 3억 이하, 둘 모두 취득가격)
- 다가구 주택, 연립/다세대, 도시형 생활주택, 주거용 오피스텔 등

- 2024.1.10~2027.12.31 까지 구입 + 취득 후 60일 내 임대주택 등록으로 요건이 거의 같습니다.

이때 중요한 건 '취득세 주택 수 제외'라는 혜택이 있다는 점이다. 그런데 이 취득세 주택 수 제외가 다소 재미있다. 즉, 취득세 중과규정을 적용할 때 해당 소형주택은 제외하되 그 소형주택을 제외한 '나머지 주택 수'로 중과 여부를 판정하는 것이다.

■ 소형주택 사례 (1)

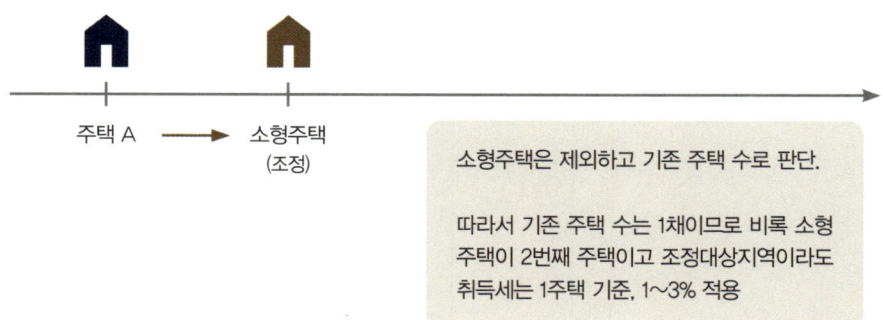

소형주택은 제외하고 기존 주택 수로 판단.

따라서 기존 주택 수는 1채이므로 비록 소형주택이 2번째 주택이고 조정대상지역이라도 취득세는 1주택 기준, 1~3% 적용

■ 소형주택 사례 (2)

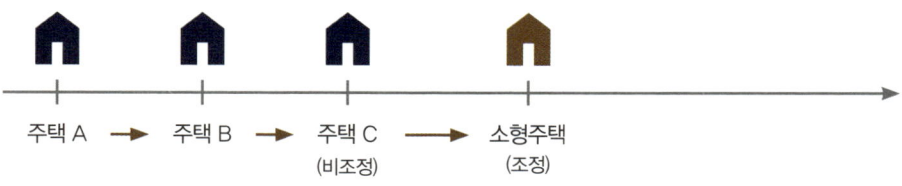

소형주택은 제외하고 기존 주택 수로 판단.

따라서 기존 주택 수는 3채이므로 비록 소형주택이 4번째 주택이고 조정대상지역이라도 취득세는 3주택, 비조정 기준, 8% 적용

■ 소형주택 사례 (3)

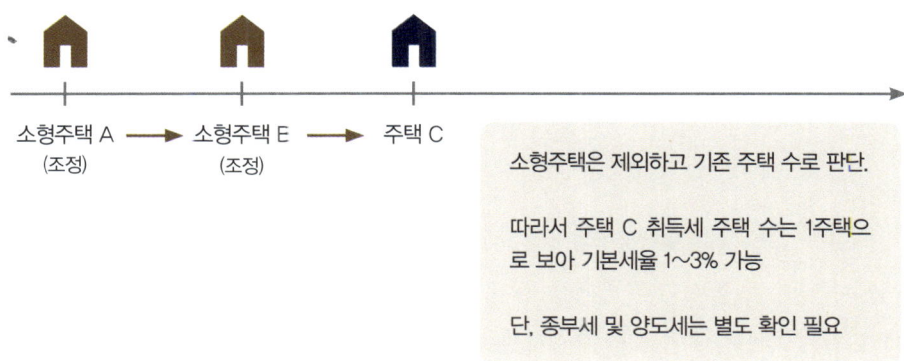

'소형주택 사례 (1)'에서 알 수 있는 것처럼 1주택 상태에서 조정대상지역 주택(노란색 주택)을 취득하면 8% 취득세가 적용된다(단, 종전주택을 3년 내 처분 시 1-3% 가능). 그런데 해당 주택이 소형주택이므로 취득세 주택 수에서 제외되고 이때 소형주택 취득세율을 기존 주택 수로 판단하기에 1주택이므로 1-3% 취득세율이 가능하다.

'소형주택 사례 (2)' 역시 마찬가지로 3주택이 있는 상태에서 4번째 노란주택을 취득하면 조정/비조정 무관하게 12% 취득세율이 적용되지만 소형주택은 취득세 주택 수 제외되고 기존 주택 수로 판단하므로 3주택+비조정이므로 8% 취득세율이 가능하다. 비록 취득세 중과는 되지만 그래도 12%보다는 유리하다.

'소형주택 사례 (3)' 자료는 반대로 소형주택을 먼저 취득한 경우다. 이후 세 번째 주택 C를 취득한다면 취득세 판단 시 소형주택은 주택 수 제외됨으로 주택 C는 1~3% 취득세 기본세율이 가능하다. 물론 종부세, 양도세 판단 시에는 별도 확인해야 한다.

6년 단기 활용 방법

이쯤 되면 '6년 단기를 어떻게 활용할까' 하는 생각이 들 텐데, 결론부터 말하자면 재개발 투자가 가장 유리할 수 있다.

   토허제 지역 물건을 매수할 수 있고, 상대적으로 단기(6년)만 임대하면 되고, 기존 주택 수가 적다면 취득세에 있어서도 일부 혜택이 가능하다. 이후 조합설립인가 혹은 사업시행인가 단계에서 적당히 매각하거나 혹은 장기보유해 신축 아파트를 받을 수도 있을 것이다. 재개발 사업의 특성상 6년 정도면 상당한 진행이 이루어질 수 있고, 그 과정에서 자산 가치 상승과 함께 적절한 매도 타이밍을 잡을 수 있다는 장점이 있다.

   실제 최근 상담을 한 분 역시 이와 유사한 사례였는데, 기존 2주택 보유 상태에서 소형주택을 활용해 재개발 투자를 하려는 분이었다. 2채를 더 추가 취득하려고 계획 중이었는데, 취득세 8%(3번 주택), 12%(4번 주택)를 각오하고 있는 상황에서 위 내용을 말했다.

   그렇다면 종전주택 2주택 모두 비조정이므로 추가 취득하는 소형주택은 취득세 기본세율이 나올 수 있을 것이다. 이렇게 된다면 절세할 수 있는 취득세만 하더라도 수천만 원은 되기에, 뜻하지 않은 부분을 절세할 수 있었다고 무척 좋아했던 기억이 난다. 혹시 비슷한 상황이라면 잘 활용해 보기 바란다.

주택임대사업자 거주주택 비과세와 고가주택 2주택자 간주임대료 강화

정부는 매년 7월 말쯤 '세법개정(안)'을 내놓는다. 그리고 이에 대해 연말 국회에서 법이 개정되면 이에 대한 후속 조치로 '시행령 개정(안)'을 그다음 해 연초에 발표한다.

세법개정과 달리 시행령개정은 정부가 국무회의를 거쳐 이를 공포하면 되는 것이기에, 큰 이슈 없이 통과될 가능성이 높다. 그리고 보통 이는 2월 중에 최종 결정이 난다(물론 변동될 수 있다). 이러한 절차적 특성 때문에 시행령 개정안의 내용을 미리 파악하고 준비하는 것이 투자자들에게 매우 중요하다고 할 수 있다.

올해도 어김없이 이에 더한 내용이 나왔는데, 생각지도 못한 주임사 관련 내용이 나와서 깜짝 놀랐다. '평생 1회'로 제한되었던 주택임대사업자 거주주택 비과세 특례가 이제는 요건만 갖추면 무제한 가능하며, 단기 6년 임대사업자 역시 부활할 것으로 보인다. 다만 여전히 아파트 신규등록은 불가하다.

이 외에도 중요한 내용들이 많이 있다. 이번 내용에서는 시행령 개정안 중 부동산 세제 관련 중요한 내용을 살펴보고, 이를 어떻게 활용하면 좋을지 살펴본다. 특히 기존 투자자들이 놓치기 쉬운 세부 요건들과 새로운 기회 요소들을 중점적으로 다루어 실질적인 도움이 되도록 하겠다. 추가로, 실제 의사결정 시에는 반드시 최종 확정된 내용을 확인 후 진행하길 당부한다.

고가주택 2주택자는 앞으로
간주임대료에 대해 과세된다

기준시가 12억 원을 초과하는 고가주택 2주택 보유자는 앞으로 전세보증금에 대한 간주임대료 과세대상에 추가된다.

지금까지 2주택자는 간주임대료에 대해 비과세가 되었는데, 앞으로 고가주택을 2주택 보유하고 해당 전세보증금 합계액이 12억 원을 초과한다면 이에 대해 과세가 된다. 참고로 이때 주택 수는 '부부합산 주택 수'다. 이는 고가주택을 활용한 절세 전략에 상당한 제약을 가하는 조치로, 향후 임대소득 관리 전략의 근본적 변화가 필요할 것으로 판단된다.

■ **고가주택 2주택자 간주임대료 과세대상 구체화, 보도자료**

(6) 고가주택 2주택자의 간주임대료 과세대상 구체화(소득령 §53②)

< 법 개정내용(소득법 §25) >

□ 고가주택(기준시가 12억원 초과) 2주택 보유자의 전세보증금을 간주임대료 과세대상에 추가(※ '23.12월 소득법 개정, '26.1.1. 시행)

ㅇ 과세대상이 되는 전세보증금 금액 기준은 시행령에 위임

현 행	개 정 안
<신 설>	□ 고가주택(기준시가 12억원 초과) 2주택자의 전세보증금에 대한 간주임대료 과세 대상 ㅇ 전세보증금 합계액이 12억원을 초과하는 경우

<개정이유> 과세형평 제고
<적용시기> 26.1.1. 이후 발생하는 소득 분부터 적용

■ 주택임대 과세 요건

부부합산 주택 수	월세	간주임대료
1주택	비과세 (단, 고가주택 과세 기준시가 12억 원 초과)	비과세
2주택	과세	비과세 ✔ (고가주택 2주택자 과세 예정)
3주택 이상	과세	과세 (단, 보증금 합계액 3억 원 초과분)

'주택임대 과세 요건'에서 보는 것처럼 부부합산 주택 수가 1주택이라면 월세, 간주임대료에 대해 비과세가 된다. 단, 해당 1주택이 기준시가 12억 원 초과 고가주택이면서 월세에 대해 임대를 하고 있다면 이때는 과세대상이 된다.

2주택은 월세에 대해서간 과세가 되고, 3주택 이상은 월세 그리고 간주임대료에 대해 과세가 되는데 이때 간주임대료란 보증금 합계액이 3억 원을 초과하는 것으로, 다만 이 경우 소형주택(전용면적 40m² 이하이면서 동시에 기준시가 2억 원 이하인 경우)에 대해서는 간주임대료 과세대상에서 제외된다. 그런데 이번 개정안으로 고가주택을 2주택 보유하면서 동시에 전세보증금 합계액이 12억 원을 초과하는 경우에는 간주임대료에 대해 과세가 될 예정이다.

해당 시기는 2026년 1월 1일 이후 발생하는 소득분부터 적용되며, 이렇게 될 경우 절세 사각지대는 점차 사라지게 된다. 그 이후에는 비고가주택 2주택자 역시 간주임대료에 대해 과세가 될 것으로 예상되기 때문이다. 정부의 임대소득 과세 강화 의지가 명확히 드러나는 대목이라 할 수 있다. 따라서 주택에서 임대소득이 발생하는 경우에는 향후에는 이에 대한 과세가 더욱 강화될 것을 예상하고 미리 대응하는 것이 좋겠다.

주택임대사업자 거주주택
비과세 특례

주임사가 거주하고 있는 주택을 양도할 때, 요건을 갖춰 등록한 임대주택은 주택 수에서 제외가 된다. 그 결과 거주주택에 대해서는 양도세 비과세가 가능한데, 이를 활용하면 주택 수가 아무리 많아도 주택임대사업자 거주주택에 대해서는 계속해서 비과세가 가능했다.

하지만 너무 좋은 제도라서 그랬을까? 지난 정부에서 주택임대사업자 혜택을 크게 축소했는데, 이 중 거주주택 비과세에 대해서도 '평생 1회'로 제한을 하기에 이르렀다. 그러던 것이 이번 시행령 개정안에서 횟수 제한을 완화하게 된 것이다. 이는 기존 주임사에게는 상당한 호재가 될 것으로 보인다.

횟수 제한 완화는 영 시행일 이후 양도하는 분부터 적용된다. 따라서 이미 거주주택 비과세 특례 혜택을 받은 경우라면 최종 개정된 사항을 본 후에 요건을 갖춰 매각을 한다면 추가 혜택도 가능할 것이다. 다만 여기에는 주의해야 할 사항이 있다.

'거주주택 비과세를 연속으로 받을 경우' 자료에서 알 수 있는 것처럼 거주주택 비과세를 연속적으로 받을 경우, 직전 거주주택을 매각하고 그 이후 양도차익에 대해서만 비과세 혜택을 받을 수 있다. 예를 들어 A 주택에서 2년 거주를 하고 이를 매각할 때, 등록된 C, D 주택은 요건을 갖출 경우 주택 수가 제외되고(기준시가 6억 원 이하 등 세법상 '장기임대주택' 요건을 갖춰야 하는데 즉, 단순 등록했다고 제외되는 게 아니다) 그 결과 A 주택은 양도차익에 대해 비과세가 가능하다.

이후 B를 취득하고 다시 2년 거주를 하고(이때는 비조정이라도 거주 필요) 이를 다시 매각한다면 마찬가지 논리로 C, D는 요건을 갖추었으므로 주택 수에서 제외가 되고, 이때 B양도차익은 A를 매각한 이후 발생한 양도차익에 대해 비과세가 가능한데 이때는 A와 B가 함께 보유한 기간이 없었으므로 B 양도차익 전체에 대

■ **주택임대사업자의 거주주택 양도세 비과세 합리화, 보도자료**

(2) 주택임대사업자의 거주주택 양도소득세 비과세 합리화(소득령 §155㉑)

① 장기임대주택 보유자의 거주주택 양도소득세 비과세 횟수제한 완화

현 행	개 정 안
□ 장기임대주택 보유 거주자는 본인 거주주택 양도시 양도소득세 비과세	□ 비과세 횟수 제한 완화
○ (거주요건) 거주주택 보유기간 중 2년 이상 거주	○ (좌 동)

○ (대상) 장기임대주택 외 거주주택
  - 최초 거주주택에 대해서만 비과세
    (생애 1회로 제한)
  ※ 장기어린이집은 횟수 제한 없음
	○ (좌 동)
	- 횟수 제한 없이 거주주택에 비과세 적용

○ (임대주택 범위) 양도세 중과 배제 임대주택*
  * 사업자등록, 임대료 증가율 5% 이하 준수 필요
  - 장기임대주택(신규 등록은 10년형만 가능)
    <추 가>
	○ (좌 동)
	
	- 단기민간임대주택*
	  *「민간임대주택법」에 따라 아파트 제외

〈개정이유〉 임대주택 공급 지원

〈적용시기〉 영 시행일 이후 양도하는 분부터 적용

해 비과세가 가능하다.

  문제는 C 혹은 D 주택 비과세를 받을 때다. 가령 C 주택 의무임대기간이 종료

■ 거주주택 비과세를 연속으로 받을 경우

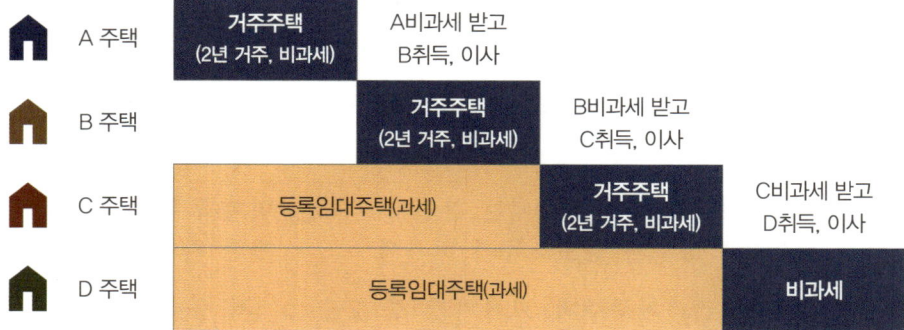

되어 해당 주임사가 직접 거주가 가능하다고 할 경우, 마찬가지로 C 주택을 거주주택으로 만들고 이를 2년 거주 후 매각한다면 등록한 D 주택이 주택 수가 제외되어 비과세가 가능하다.

다만 이미 거주주택 비과세 특례를 받았던 A와 B 주택을 보유했던 시기, 즉 그림에서 C 주택 노란색 부분 기간의 양도차익에 대해서는 비과세가 되지 않고 과세가 된다. 이는 지나치게 과도한 혜택을 방지하기 위함으로, 남은 D 주택을 1주택 비과세를 받더라도 동일하게 적용된다. 이러한 중복혜택 방지 장치는 제도의 취지를 고려할 때 합리적 조치라 판단된다.

'거주주택 비과세 유의점' 그림 자료에 정리한 두 가지 사례를 통해 이해하면 좋은데, 위에 있는 사례는 거주주택 양도차익 5억 원 그리고 임대주택 양도차익 3억 원, 총 8억 원에 대해 비과세 혜택을 받은 경우다. 앞서 말한 대로 함께 보유한 기간 동안 오른 양도차익 즉 임대주택의 2억 원 상승분에 대해서는 과세가 된다.

그런데 아래 경우를 보면 거주주택 양도차익 2억 원 그리고 임대주택 양도차익 3억 원, 총 5억 원에 대해 비과세 혜택을 받는다. 거주주택 비과세를 받을 때 임대주택 상승분이 5억 원으로 더 컸기 때문이다.

■ **거주주택 비과세 유의점**

* 양도차익이 작은 거주주택의 경우, 오히려 불리할 수 있음
* 거주주택 비과세 특례의 경우, 선택권 없으므로 잘 고려해야 함

예를 들어 현재 거주 중인 주택은 그렇게 투자 가치가 높지 않은데, 등록한 임대주택 입지가 더 좋고 추후 상승분이 더 크다면 거주주택 비과세 특례를 받는 것이 오히려 더 손해를 보는 경우가 나올 수 있다는 점이다. 이는 투자자들이 반드시 고려해야 할 중요한 변수라 할 수 있다. 그렇다고 "저는 거주주택 비과세 안 받을래요" 하고 선택할 수가 없다. 이에 대해 과세당국은 선택이 불가하며 요건 충족 시 거주주택 비과세를 적용함을 원칙으로 하기 때문이다.

따라서 양도차익이 큰 임대주택이 있는 경우 등에는 역설적으로 다른 주택을 추가한다든지 혹은 2년 거주 요건을 미충족함으로써 거주주택 비과세를 받아서는 안 될 것이다. 비록 여러 번 거주주택 비과세가 되더라도 앞의 내용에서 보았듯이 오히려 손해를 보는 경우도 있기 때문이다.

앞으로 이에 대해서는 다양한 사례가 나올 것이고, 이를 활용한 투자전략도 나올 것으로 보인다. 특히 재개발과 연계지어 생각해 보길 권한다. 재개발 지역의 특성상 장기간에 걸친 가치 상승이 예상되므로, 이러한 제도 변화와 결합할 때 새로운 투자 기회를 창출할 수 있을 것으로 예상된다.

다주택자 양도세 중과 한시적 배제
1년 연장 및 단기임대 부활 예고

예고한 것처럼 다주택자 양도세 중과 한시적 배제는 1년 연장이 되고 6년 단기임대주택 역시 요건을 갖춰 등록할 경우 양도세 중과배제가 가능하다.

우선 양도세 중과배제 1년 연장이 되면 2026년 5월 9일까지는 다주택자 양도세 중과 관련 큰 이슈가 없다. 즉 주택 수가 아무리 많고 조정대상지역 주택을 매각한다 하더라도 양도세 중과는 적용되지 않는다. 이는 다주택자들에게 추가적인 매각 준비 시간을 제공하는 의미가 있다고 하겠다. 다만 최소 2년 이상은 보유해야 하는데 그렇지 않을 경우 2년 미만 단기 양도세율(1년 미만 70%, 1~2년 60%)이 적용되기 때문이다.

또 2026년 5월 10일 이후 양도세 중과가 시행되고 조정대상지역이 확대된다면 그때는 개인 매매사업자 효용성이 크게 떨어진다. 비교과세가 시행되기 때문인데 이 역시 단기 양도세율 때문에 그렇다.

다음으로 단기민간임대주택 역시 양도세 중과 제외가 되는데, '양도세 중과 한시적 배제 및 단기민간임대주택, 보도자료'의 우측 하단 표에 있는 것처럼 '매입형'의 경우 임대기간은 최소 6년, 공시가격은 수도권 4억 원, 비수도권은 2억 원, 임대료증가율은 5% 이하 그리고 조정대상지역은 제외가 되며 아파트 신규등록은 불가하다고 나와 있다.

마지막 적용 시기 역시 단기민간임대주택은 '2025년 6월 4일 이후 등록분부터 적용'이라고 한다. 이에 대해서는 조금 더 기다려보고 등록하는 것을 권유한다.

■ 양도세 중과 한시적 배제 및 단기민간임대주택, 보도자료

(4) 다주택자 양도소득세 중과 한시적 배제 1년 연장 및 단기민간임대주택 양도소득세 중과 제외(소득령 §167의3·§167의4·§167의10·§167의11)

현 행	개 정 안
□ 다주택자가 조정대상지역 내 주택 양도 시 양도세 중과 제외 대상	□ 한시배제 1년 연장 및 중과배제 주택 추가
○ 지방저가주택*, 장기어린이집, 혼인·취학 등으로 인한 일시적 2주택 등 * 주택수에서도 제외	○ (좌 동)
○ 보유기간 2년 이상으로서 '22.5.10.부터 '25.5.9.까지 양도하는 주택	○ '25.5.9.까지 → '26.5.9.까지

○ 장기민간임대주택
  ('20.7.11. 이후 매입형은 아파트 제외)
  - 건설형: 임대개시일 당시 공시가격 6억원 이하
	○ 건설형 장기민간임대주택 공시가격기준 상향
	  - 6억원 → 9억원 이하

- 매입형: 임대개시일 당시 공시가격 6억원(비수도권 3억원) 이하	- (좌 동)
<추 가>	○ 단기민간임대주택* | 구 분	적용 요건	
---	---	---
	건설형	매입형
사업자등록	사업자등록 필요	
임대기간	최소 6년	
공시가격 상한	6억원	수도권: 4억원 비수도권: 2억원
면적 기준	대지 298㎡ 이하 주택 연면적 149㎡ 이하	-
최소 공급	2호	-
임대료증가율	5% 이하	
소재지	-	조정대상지역제외	 * 「민간임대주택법」에 따라 아파트 제외

<개정이유> 주택공급 활성화 지원
<적용시기> (장기민간임대주택) 영 시행일 이후 등록분부터 적용
(단기민간임대주택) '25.6.4. 이후 등록분부터 적용

아무쪼록 양도세 중과배제가 1년 연장된 것은 환영할 만한 일이지만 그 이후에도 연장이 될지는 의문이다. 따라서 다주택자, 특히 조정대상지역 혹은 그 인근 위치에 주택을 여러 채 보유하고 있다면 이에 대한 대비가 반드시 필요하다고 생각된다. 시장 상황과 정책 변화를 종합적으로 고려한 체계적인 매각 전략 수립이 그 어느 때보다 중요한 시점이라 할 수 있다.

단기민간임대주택 종합부동산세 합산배제 신설

역시 조금 전 보았던 단기민간임대주택에 대한 내용으로 양도세 중과배제에 이어 종부세 합산배제도 가능하도록 관련 내용이 신설될 예정이다.

조건은 앞에서 본 양도세 중과배제와 동일하다. 현실적으로 '매입형'이 대부분일 텐데, 임대기간은 최소 6년, 공시가격은 수도권 4억 원, 비수도권은 2억 원, 임대료증가율은 5% 이하 그리고 조정대상지역은 제외가 되며 아파트 신규등록은 불가하다.

그리고 보유세 과세기준일인 6월 1일 현재 임대를 개시하고 있다면 비록 그 이후인 9월 30일까지 임대주택을 등록하고 합산배제 신청을 할 경우 종부세 혜택이 가능하다. 이러한 신청 기한 연장은 실무적으로 상당한 편의를 제공하는 조치라 평가된다.

이렇듯, 6년짜리 단기민간임대주택은 양도세 중과배제가 가능하고 종부세 합산배제와 같은 혜택이 주어진다. 하지만 조정대상지역 제외는 상당히 아쉽다. 조정대상지역이 아니라면 어차피 양도세 중과는 해당되지 않고 현실적으로 종부세 합산배제 정도만 혜택이 가능할 것으로 보이기 때문이다.

개인적인 의견을 전제로, 이는 과거 2018년 9월 13일 대책에 나왔던 내용과 유

■ 단기민간임대주택 종부세 합산배제, 보도자료

(2) 단기민간임대주택 종부세 합산배제(종부령 §3①)

현 행	개 정 안
□ 종부세 합산배제 대상 임대주택	□ 합산배제 대상 추가
○ 공공 건설임대주택	
○ 공공 매입임대주택	
○ 민간 건설임대주택 * 149m² 이하, 2호 이상, 공시가격 9억원 이하, 10년 이상 임대, 임대료 증가율 5% 이하	○ (좌 동)
○ 민간 매입임대주택 * 공시가격 6억원(비수도권 3억원) 이하, 10년 이상 임대, 임대료 증가율 5% 이내	
<추 가>	○ 단기민간임대주택*

구 분	적용 요건	
	건설형	매입형
사업자등록	사업자등록 필요	
임대기간	최소 6년	
공시가격 상한	6억원	수도권:4억원 비수도권:2억원
면적 기준	149m² 이하	-
최소 공급	2호	-
임대료증가율	5% 이하	
소재지	-	조정대상지역 제외

* 「민간임대주택법」에 따라 아파트 제외

<개정이유> 주택 공급 확대 지원

<적용시기> 영 시행일 이후 납세의무가 성립하는 분부터 적용

※ (경과규정) 2025년 과세기준일 현재 임대를 개시한 주택으로서, 2025년 9월 30일까지 민간임대주택법에 따라 등록한 단기민간임대주택에도 적용

사하다. 즉 2018년 9월 14일 이후 조정대상지역에서 신규로 취득한 주택은 비록 요건을 갖춰 임대주택으로 등록을 하더라도 양도세 중과배제 그리고 종부세 합산배제 혜택을 받을 수 없다.

이후 종부세 합산배제의 경우 조정대상지역에서 해제가 되면 혜택이 가능했는데, 아마도 이와 비슷하게 형평을 맞춰야 하니 6년 단기임대주택 역시 이러한 조치가 나온 것이 아닌가 생각이 든다. 정책의 일관성을 유지하려는 정부의 의지가 엿보이는 대목이라 하겠다.

인구감소지역 주택 취득자에 대한 세부 요건 규정

인구감소지역 주택에 대한 세부 요건이 공식적으로 발표되었다. 기존에 논의되었던 내용과 특별히 크게 달라진 것은 없지만, 실제 적용을 위해서는 구체적인 내용을 꼼꼼히 확인하기 바란다. 작은 요건 하나를 놓쳐도 혜택을 받지 못할 수 있기 때문이다.

다만 이러한 혜택을 보기 위해서는 '1주택자'가 추가로 인구감소지역 주택을 취득해야 하며 해당 인구감소지역 주택은 공시가격 4억 원을 상한으로 한다. 이때 4억 원은 양도세의 경우 취득시점 기준으로 4억 원 이하 취득, 이후 초과 시에는 상관이 없다. 다만 종부세는 매년 6월 1일 과세시점을 기준으로 하기에 추후 4억 원을 초과하면 혜택을 못 받을 수 있다. 이러한 차이점은 장기 보유 계획 수립 시 반드시 고려해야 할 요소다. 구체적인 주택소재지 등을 추후 시행령에 위임할 예정이다.

■ **인구감소지역 주택 취득자 과세특례 규정, 보도자료**

(2) 인구감소지역 주택 취득자에 대한 과세특례 세부요건 규정
　　 (조특령 §68의2)

―――――― < 법 개정내용(조특법 §71의2) > ――――――
□ 1주택자가 '24.1.4.~'26.12.31. 인구감소지역 내 주택 취득시 1세대 1주택 특례* 적용
　　* (양도소득세) 비과세 및 장기보유특별공제 최대 80% 적용
　　 (종합부동산세) 기본공제 12억원 및 고령자·장기보유 세액공제 최대 80% 적용
○ 구체적인 주택소재지, 주택가액 요건 등은 시행령에 위임

현　행	개　정　안
<신　설>	□ 과세특례가 적용되는 주택요건(❶&❷) ❶ (주택소재지) 인구감소지역 소재 　- 수도권·광역시는 제외하되, 수도권 내 접경지역 및 광역시 내 군지역은 포함 　- 기존 1주택과 동일한 시·군·구 소재 신규 주택 취득은 제외 ❷ (주택가액 상한) 공시가격 4억원* 　* 양도소득세는 취득시점, 종합부동산세는 과세시점 기준

<개정이유> 인구감소지역 경제 활성화 지원

<적용시기> '25.1.1 이후 결정 또는 경정하는 분부터 적용

비수도권 준공 후 미분양주택 취득자 규정

인구감소지역 주택과 항상 함께 나오는 것이 바로 '비수도권 준공 후 미분양주택'이다. 역시 이번 시행령 개정안에 구체적인 세부 요건이 나왔다.

이에 대해서는 매매계약서에 주택 관할 지자체장의 확인 날인을 반드시 받아야 한다. 과거 '감면주택' 역시 그러했는데, 혹시 이에 대한 취득 계획이 있는 분들은 꼭 이 내용을 절대 놓치지 말기를 바란다. 이러한 행정절차를 공부하는 과정은 번거로울 수 있지만, 세제 혜택을 받기 위한 필수 조건이므로 반드시 준수해야 한다.

최근 이와 관련해 국토부에서는 이에 대한 요건을 더 완화해 줄 것을 요청하는 보도자료를 본 적이 있다. 해당 자료는 침체된 지방 부동산 경기를 살리기 위한 제언 정도로 봐야지, 확정된 내용은 아니기에 유의해야 한다.

그만큼 현재 부동산 시장은 양극화가 심화되고 있다. 따라서 단순히 세제혜택만을 보지는 말고, 이에 대한 실질적인 활용도, 중장기적 투자 가치, 취득 및 보유에 따른 세 부담 등을 면밀하게 따져본 후에 진행하는 것을 추천한다. 세제 혜택이 아무리 좋더라도 근본적인 투자 가치가 뒷받침되지 않는다면 오히려 손실로 이어질 수 있다는 점을 명심해야 한다. 더욱이 당장의 절세 효과에만 집중하다 보면 실제 수익률이나 자산 가치 상승 여부를 간과하기 쉽다. 특히 지방 부동산의 경우 유동성 리스크와 인구 유출에 따른 장기적 수요 감소 가능성도 함께 고려하는 신중한 접근이 필요하다. 즉, 지속해 지역별 인구 구조 변화와 경제 여건을 충분히 분석한 뒤 투자 결정을 내리는 것이 바람직하다.

■ **비수도권 준공 후 미분양주택 취득자 규정, 보도자료**

(3) 비수도권 준공 후 미분양주택 취득자에 대한 과세특례 세부요건 규정 (조특령 §98의8)

― < 법 개정내용(조특법 §98의8) > ―

□ 1주택자가 '24.1.10.~'25.12.31. 수도권 밖의 준공 후 미분양주택 취득시 **1세대 1주택*** 특례 적용

　* (양도소득세) 비과세 및 장기보유특별공제 최대 80% 적용
　　(종합부동산세) 기본공제 **12억원** 및 고령자·장기보유 세액공제 최대 80% 적용

○ 주택요건, 미분양주택 확인 절차 등은 시행령에 위임

① 과세특례가 적용되는 준공 후 미분양주택 세부요건 규정

현 행	개 정 안
<신 설>	□ 과세특례가 적용되는 준공 후 미분양주택 ○ (주택면적) 전용면적 85m² 이하 ○ (주택가액) 취득가액 6억원 이하 ○ (양도자) 「주택법」에 따른 사업주체, 「건축물의 분양에 관한 법률」에 따른 분양사업자 및 사업주체·분양사업자에게 해당 주택을 대물변제 받은 시공자 ○ (양수자) 해당 주택에 대한 최초 매매계약 체결자 ○ (미분양 요건) 「주택법」상 사용검사 확인증을 받은 날 또는 「건축법」상 사용승인서를 받은 날까지 분양계약이 체결되지 않아 선착순으로 공급하는 주택 ○ (미분양 확인) 주택 관할 시장·군수·구청장이 매매계약서에 준공 후 미분양된 사실 확인 날인

<개정이유> 주택공급 활성화 지원

<적용시기> '25.1.1. 이후 결정 또는 경정하는 분부터 적용

■ **준공 후 미분양주택 확인 절차, 보도자료**

② **준공 후 미분양주택 확인 절차**

현 행	개 정 안
<신 설>	□ 준공 후 미분양주택 확인 절차 ❶ 양도자가 주택 관할 시장·군수·구청장에게 양도 주택의 준공 후 미분양 사실 확인을 요청 ❷ 시장·군수·구청장은 매매계약서에 준공 후 미분양 확인 날인 후 양도자에게 교부하고, 양도자는 해당 내역 및 매매계약서 사본을 납세지 관할 세무서장에게 제출 ❸ 양도자는 ❷에 따라 날인받은 매매계약서를 양수자에게 교부 ❹ 양수자는 종부세 특례 신청기간(9.16.~9.30.) 또는 양도세 신고시 매매계약서 사본을 제출 ❺ 납세지 관할 세무서장은 ❷·❹에 따라 제출받은 매매계약서 사본 등을 검토하여 해당 주택이 준공 후 미분양주택인지 여부를 판정

<개정이유> 주택공급 활성화 지원

<적용시기> '25.1.1. 이후 결정 또는 경정하는 분부터 적용

주택임대소득 세금과
수익률 최적화 전략

부동산 투자는 크게 시세차익형 그리고 수익형이 있다. 그리고 앞으로 수익형 부동산에 대한 중요도는 더더욱 커질 것이다.

과거처럼 초저금리 시기가 언제 올지 불투명하고, 경제성장률도 더딜 것이기 때문이다. 이런 상황에서 과거처럼 상대적으로 단기간에 소액으로 큰 시세차익을 볼 수 있는 '갭투자'보다는 매월 일정 수준 이상의 현금흐름이 정기적으로 나오는 수익형 부동산에 대한 관심이 더더욱 커질 것으로 보인다. 특히 최근 부동산 시장의 변동성이 커지면서 안정적인 현금흐름을 확보할 수 있는 수익형 투자의 매력이 더욱 부각되고 있다.

수익형 부동산의 종류에는 크게 주거용과 비주거용으로 구분할 수 있는데, 주거용으로는 단독, 다세대, 다가구, 그리고 아파트나 오피스텔 같은 공동주택이 있고 비주거용 부동산은 상가, 사무실(오피스) 등이 대표적이다. 여기에서 본인과 맞는 상품을 고르되 어떤 명의(개인 vs 법인)로 할지에 대해서는 더 세심하게 고민해 봐야 한다.

이번에는 부동산 중 주거용에서 발생하는 임대소득에 대한 과세체계 그리고 이를 어떻게 줄일 수 있는지를 살펴보도록 한다. 네 가지의 절세법을 소개할 예정인데, 부디 잘 활용해 여러분의 소중한 자산을 지키고 수익형 부동산의 세후수익률도 함께 끌어올려 보기 바란다.

주거용 임대소득 발생, 세무서 등록을 꼭 해야 할까?

주택임대는 상가와 같은 일반임대와 다르다. 일반임대의 경우 반드시 세무서 등록을 해야 하지만 주택임대는 꼭 그럴 필요는 없다. 즉 세금을 내야 하는 '과세대상'에 해당할 때에만 등록하면 되는데 이는 주거공간이라는 특수성에서 기인한다. 이러한 차이점은 주택이 국민의 기본적인 생활 기반이라는 점을 고려한 정책적 배려라고 볼 수 있다.

알다시피 주택을 임대할 때에는 전세 그리고 월세 방식으로 진행을 한다. 그리고 이는 부부합산 주택 수에 따라서 그 기준이 달라진다(뒤에 자세히 본다).

또 하나 알아둬야 할 점은 지자체 등록은 어디까지나 '선택사항'이라는 것이다. 특히 지자체 등록을 하면 우리가 흔히 말하는 '주임사(주택임대사업자)'가 되는 것인데, 이는 내용이 꽤 복잡하고 어려우므로 반드시 필요한 경우에만 등록을 해야 한다.

따라서 주거용으로 전세나 월세를 주고 이에 따라 소득이 발생했다면, 1) 본인이 과세대상인지 파악하는 것이 가장 먼저이고, 2) 지자체 등록을 할지 말지를 결정해야 한다. 개인적으로 2) 지자체 등록은 명확한 목적이 없다면 가급적 안 하는 것을 추천한다. 등록에 따른 의무사항과 관리 부담이 상당하기 때문이다.

■ 임대사업 등록 여부 관련

구분	지자체 등록	세무서 등록
일반 임대	해당 없음	의무사항 (사업자등록 발급 必)
주택 임대	✓ 선택 사항	과세대상 해당 시 의무 (부부합산 주택 수 기준)

이상의 내용을 다시 정리해 보겠다. '임대사업 등록 여부 관련' 표에서 보는 것처럼 상가와 같은 일반 임대는 세무서 등록만 하면 되지만 필수 사항이다. 반면, 주택임대는 지자체 등록도 때로는 필요하지만 어디까지나 선택사항이며, 세무서 등록 역시 과세대상이 아니라면(즉 비과세라면) 굳이 등록할 필요가 없다. 물론 매년 초 그리고 5월쯤이 되면 세무서에서는 임대신고를 하라는 안내문이 올 것이지만, 이게 100% 모두 맞는 것은 아니니 스스로 이를 체크할 수 있어야 한다. 과세 당국에서 발송하는 안내문은 포괄적 성격이 강하므로 개별 상황에 대한 정확한 판단은 본인이 해야 한다는 점을 명심하자. 그렇다면 그 기준을 알아야겠다.

주거용 임대소득 과세대상 판단은 '부부합산 주택 수'다

주택으로 전세나 월세를 줄 때, 과연 내가 세금을 내야 할지 말지는 '부부합산 주택 수'로 판단을 한다. 미혼이라면 본인 것만 체크하면 되고, 설령 미혼이고 부모님과 함께 거주를 한다 하더라도 이때는 부모님 명의 주택 수는 제외된다.

다만 취득세율 및 양도세 비과세 판단 시에는 당연히 함께 거주하는 주택 수가 모두 포함되니 꼭 이를 구분해야 한다. (세금이 이래서 어렵다) 동일한 '주택 수'라는 개념이지만 세법 분야에 따라 계산 방식이 다르다는 점이 납세자들에게 혼란을 주는 요인 중 하나다.

먼저 부부합산 주택 수가 1주택이라면 월세, 간주임대료에 대해 모두 비과세가 된다. 다만 예외사항이 있는데 해당 1주택이 고가주택(기준시가 12억 원 초과)이고 월세를 주고 있다면 과세대상에 해당한다. 이는 고가주택의 경우 투자 목적이 강하다고 보아 일반 거주 목적과 구분해 과세하는 정책적 의도가 반영된 것이다.

여기에서 '간주임대료'라는 말이 등장하는데, '간주'라는 말은 예외사항 없이

■ **주택임대소득 과세대상 판단 기준**

부부합산 주택 수	월세	간주임대료
1주택	비과세 (단, 고가주택 과세 기준시가 12억 원 초과)	비과세
2주택	과세	비과세
3주택 이상	과세	과세 (단, 보증금 합계액 3억 원 초과분)

그렇게 보겠다라는 의미다. 즉 실제 임대소득이 발생하지 않았으나 임대소득이 있다고 보는 것인데, 일정 수준 이상의 보증금이 초과될 때 발생한다. 간주임대료 구하는 공식은 다음과 같다.

간주임대료=(보증금의 합−3억 원)의 적수 × 60% × 1/365 × 이자율−금융수익

즉 보유한 주택을 임대하고 여기에서 발생하는 보증금(전세, 월세 불문)의 합이 3억 원을 초과하면 이를 금융기관 등에 예치해서 이자수익이 발생한 것으로 보겠다는 것이다. 당연히 보증금의 합이 높아지면 높아질수록 세 부담은 비례해서 커지겠다.

만약 어떤 사람이 실제 보증금을 금융기관에 예치해서 이미 이자소득 등으로 과세가 되었다면 어떨까? 이에 대해서는 이중과세가 될 수 있으므로 금융수익을 차감해줘야 한다. 하지만 이에 해당하는 경우는 그리 많지 않다.

다음으로 '적수'라는 개념이 등장하는데, 이는 해당 보증금에 과세 일수만큼을 곱해 적용한 금액이다. 개념 이해 및 계산 과정의 편의를 위해서 본 사례에서는 1년 내내 동일한 금액으로 임대했다고 가정하고 생략하겠다. 그리고 단순 계산

하면 다음과 같다.

간주임대료=(보증금의 합−3억 원)×60%×이자율

마지막으로 간주임대료 계산 시 '소형주택'은 제외된다. 이때 소형주택이란 전용면적 40m²이면서 기준시가 2억 원 이하인 주택이어야 한다. 즉 두 가지 요건을 '모두' 충족해야 한다. 주의할 점은 이러한 소형주택은 간주임대료 계산 시에만 제외되는 것이지 월세 수입금액에는 포함되므로 유의하라. 이러한 차등 적용은 소형주택의 서민 주거 안정 기능을 최우선적으로 고려한 정책적 배려라고 볼 수 있다.

이제 부부합산 2주택을 보자면, '월세'에 대해 과세가 된다. 고가주택, 비고가주택 무관하다. 다만 간주임대료는 비과세이므로 부부합산 2주택인 경우 전세로 임대를 주고 있다면 임대소득은 비과세대상이다. 따라서 세무서 사업자등록도 할 필요가 없고, 5월 종합소득세 신고 시 주택임대소득은 무시해도 된다. 지자체 등록은 선택사항이지만 필자는 말리고 싶다. 아파트는 여전히 신규등록 불가하다.

마지막 부부합산 주택 수가 3주택 이상인 경우다. 이때는 모든 임대소득에 대해 과세가 된다. 즉 월세는 물론, 간주임대료 역시 과세대상이다(단, 소형주택은 제외). 따라서 이 경우는 본인이 과세대상에 해당함을 인지하고 실제 세 부담은 얼마나 나오는지를 잘 체크해야 한다. 그리고 이후 발생할 수 있는 사항(건보료 등)까지 유의하는 게 필요하다. 특히 3주택 이상 보유 시에는 세 부담뿐만 아니라 건강보험료 등 부대비용까지 종합적으로 고려한 수익성 분석이 반드시 필요하다.

주거용 임대소득은 '순서'가 중요하다

'숲과 나무를 동시에 확인할 것'이라는 말이 있다. 숲만 보면 나무를 놓칠 수 있고, 나무에만 집착하면 전체 숲을 보지 못할 수 있기 때문이다. 주택임대소득은 그 과정이 매우 복잡하므로 내가 어느 단계에 있는지를 잘 살펴야 한다. 즉 그 과정이 중요한데, 아래 그림으로 나타낼 수 있다.

가장 먼저 '부부합산 주택 수'를 확인한다. 앞에서 살펴본 내용이다. 두 번째는 '수입금액'을 계산한다. 부부합산 주택 수에 따라 그 기준이 모두 달라진다. 참고로 수입금액은 일종의 매출액으로 비용을 차감하기 '전' 금액이다. 이 개념을 명확히 이해하는 것이 올바른 세금 계산의 출발점이다.

세 번째는 수입금액을 기준으로 과세방식을 결정한다. 즉 2,000만 원 이하라면 분리과세 또는 종합과세 중 선택이 가능하나, 2,000만 원 초과라면 '전액' 종합과세대상이다. 여기에서 주의할 점은 2가지다. 수입금액은 비용 차감 이전의 금액이고(다시 강조), 2,000만 원 초과라면 해당 금액 전체가 종합과세대상이 된다는 점이다.

가령, 수입금액이 2,500만 원이라면 2,000만 원을 초과한 500만 원을 종합과세하는 것으로 오해하는 경우가 있는데 그렇지 않다. 물론 그렇다고 해당 금액(2,500만 원)이 전부 납부해야 할 세금이 되는 것은 아니다. 각종 공제 금액 등을 차감한 후 과표를 도출해서 세율을 곱하기 때문이다. 이러한 구조적 특성 때문에 2,000만 원 근처에서는 수입금액 관리가 매우 중요하다는 점을 기억해야 한다.

마지막 4단계는 과세방식에 따라 세율을 적용하는 것인데 분리과세는 15.4%, 종합과세는 타 소득과 합산하기 때문에 개인마다 모두 다르다. 따라서 혹여, '저는 수입금액 2,000만 원 초과인데 세금이 얼마가 나올까요?'라고 물어본다면 필자가 답을 드릴 수가 없다. 질문자의 다른 종합소득금액을 모두 알아야 하기 때문이다. 다만 고소득자일수록 세 부담은 더욱 커지겠다.

연습 1: 수입금액 구하기

주택임대소득은 순서가 중요하다. 부부합산 주택 수를 살펴보았으니 그 다음 단계인 '수입금액'을 계산해 보자.

가장 먼저 '부부합산 주택 수'를 봐야 한다. 이후 그에 따른 과세대상만 체크하면 된다. 1번은 2주택이니 월세만 보면 되겠다. 월세 250만 원이고 별다른 말이 없으니 1년 동안 받았다고 가정 시 수입금액은 250만 원×12개월=3,000만 원이다.

이 자체가 수입금액이고 여기에서 비용을 차감하면 안 된다. 당연히 3,000만 원은 2,000만 원 초과이니 '전액 종합과세' 대상이다. 비용 차감하면 안 되고, 2,000만 원 초과분만 대상으로 해서도 안 된다.

2번 사례 역시 2주택이다. 월세만 보라. B 주택에 대해 월세가 있는데 역시 250만 원이다. 따라서 1년이면 3,000만 원인데 공동명의이어서 5:5라고 가정하면 남편 1,500만 원, 아내 1,500만 원이다.

과세대상 판단 여부는 부부합산 주택 수이지만 세 부담은 각자 하는 것이니

■ 수입금액 계산 – 연습 1

1	부부합산 2주택 소유, 월세 250만 원인 경우
2	부부합산 2주택, A 주택 전세 5억 원(남편 단독), B 주택은 보증금 1억 원/월세 250만 원 (공동)
3	3주택 소유, 모두 전세이며 보증금 합계액은 25억 원

2,000만 원 이하다. 분리과세 혹은 종합과세 중 선택할 수 있다. 고소득자라면 분리과세가 유리할 수 있다(하지만 꼭 그런 것은 아니다. 다음 내용에서 설명하겠다). 공동명의를 통한 소득 분산은 세 부담을 줄일 수 있는 유용한 전략 중 하나라 할 수 있다.

3번의 경우 3주택이다. 월세 및 간주임대료를 보아야 하는데 월세가 없다. 따라서 간주임대료만 보면 된다. 간단한 식으로 계산을 해보겠다. (보증금 25억 원-3억 원)×60%×이자율 3.5%(2024년 귀속)=4,620만 원이다. 즉 2,000만 원 초과이므로 '전액' 종합과세다.

참고로 간주임대료 이자율은 2022년 귀속까지 1.2%였는데 최근 고금리 상황을 반영해 2023년 귀속은 2.9%, 2024년 귀속은 3.5%로 상승했다. 즉 같은 보증금이라도 2022년 귀속의 경우 이자율 1.2%였으므로 이때 간주임대료는 1,584만 원이다. 2,000만 원 이하이므로 분리과세가 가능했지만 이제는 그게 힘들어진 것이다. 이러한 이자율 변화는 경제 상황에 따라 세 부담이 크게 달라질 수 있음을 보여주는 대표적 사례다. 앞으로 고금리 상황이 계속된다면 당연히 이에 대한 대응책이 있어야겠다.

연습 2: 수입 금액 2,000만 원 이하의 실제 세 부담 구하기

계속해서 알아본다. 이번에는 수입금액과 실제 세 부담까지 살펴본다. 수입금액 2,000만 원 이하인 경우다.

먼저 부부합산 주택 수는 3채로 월세 및 간주임대료 모두 과세대상이다. 따라서 월세는 합이 130만 원, 12개월 모두 받았다고 하면 1,560만 원이 나온다. 간주임대료는 소형주택이란 말이 없으므로 총 보증금 5억 원에 대해 과세가 되는데

■ 수입 금액 2,000만 원 이하인 경우 – 연습 2

- 1번 주택
- 실거주 중

- 2번 주택
- 임차(월세)
- 2억 원 / 80만 원

- 3번 주택
- 임차(월세)
- 3억 원 / 50만 원

(1) 주택 수는?
 - 3주택 (자가주택 포함)
 - 따라서 월세+간주임대료 모두 계산

(2) 수입금액은?
 - 월세=(80+50)×12개월=1,560만 원
 - 간주임대료=(2억 원+3억 원−3억 원)× 60%×3.5%=420만 원
 - 합=1,560+420=1,980만 원

(3) 2,000만 원 이하 분리과세, 세 부담은?
 - 임대주택 등록 여부에 따라 다름

420만 원이 나온다.

 그 결과 수입금액 합은 1,980만 원으로 2,000만 원 이하가 되고(매우 아슬아슬하다) 분리과세와 종합과세 중 선택이 가능하다. 여기에서는 분리과세로 계산을 해보겠다.

■ 수입 금액 2,000만 원 이하인 경우 세 부담 – 연습 2

구분	임대소득 필요경비	임대소득 기본공제	산식	세부담 (분리과세, 15.4%)
지자체 등록 임대주택	60%	400만 원	(1,980만 원−1,980만 원×60%)−400만 원 =392만 원	약 60만 3,000원
미등록 임대주택	50%	200만 원	(1,980만 원−1,980만 원×50%)−200만 원 =790만 원	약 121만 6,000원

이때 주의할 점은 해당 임대주택이 지자체 등록을 했는지 여부다. 만약 등록을 했다면 필요경비 60%, 기본공제는 400만 원이 가능하며(단, 다른 종합소득금액이 2,000만 원 이하), 그렇지 않을 경우는 필요경비 50%, 기본공제는 200만 원이 적용된다. 참고로 수입금액이 2,000만 원을 초과할 때에는 이 기준이 적용되지 않는다. 이러한 차등 혜택은 주택임대사업자 등록을 통한 임대시장 투명화를 유도하려는 정책적 의도가 반영된 것이다. 그 결과 지자체 등록한 경우는 세 부담이 약 60만 3,000원, 미등록한 경우는 약 121만 6,000원 정도가 나온다는 것을 알 수 있다.

대부분이 지자체 미등록한 경우일 것이니 부담해야 하는 세금은 대략 한 달 월세 130만 원에 육박한다는 것을 알 수 있다. 즉, 1년 동안 받는 월세 12개 중 1개 정도는 세금으로 나간다고 생각하면 편하다(수입금액 2,000만 원 이하는 대개 이렇다). 이러한 기준은 수익형 부동산 투자 시 실질 수익률 계산에 반드시 반영해야 할 요소다.

그래도 이 경우는 분리과세를 선택할 수 있는 경우다. 만약 2,000만 원 초과라면 어떻게 될까?

연습 3: 수입 금액이 2,000만 원 초과 종합과세의 경우

앞서 말한 대로 종합과세인 경우는 명의자의 소득수준을 알아야 한다. 따라서 아래와 같이 가정을 하겠다.

■ 수입금액 2,000만 원 초과인 경우

직장인 A는 회사를 다니면서 수익을 늘리기 위해 단기임대 포함, 주택임대를 하였다. 이때 과세 이슈는?

근로소득 + 사업소득 (연봉 1억 원, 35% 세율 가정)

먼저 직장인으로 근로소득이 있다고 가정한다. 연봉은 1억 원, 적용되는 세율은 35%라고 가정하겠다. 이때 단기임대 및 그 외 주택임대를 통해 추가 소득을 얻었다고 가정을 하자. 비교를 위해 수입금액 2,000만 원(분리과세) 그리고 2,000만 1원(종합과세)으로 비교한다.

■ 수입금액 2,000만 원 초과인 경우 세 부담 비교

구분	분리과세 (지자체-세무서 미등록)	분리과세 (지자체+세무서 등록)	종합과세 (지자체+세무서 미등록)
수입금액	2,000만 원	2,000만 원	2,000만 1원
필요경비	1,000만 원	1,200만 원	852만 원
공제금액	–	–	–
주택임대소득금액	1,000만 원	800만 원	1,148만 1원
적용세율	14%	14%	35%
세액	140만 원	112만 원	401만 8,000원
지방소득세	14만 원	11만 2,000원	40만 1,800원
미등록가산세	4만 원	0	4만 원
총 납부세액	158만 원	123만 2,000원	445만 9,800원

먼저 2,000만 원 분리과세인 경우로 지자체와 세무서 미등록 그리고 등록으로 나눠보겠다. 그 결과 수입금액 2,000만 원, 미등록인 경우는 필요경비 50%를 제외하면 140만 원의 세액이 나오고(기본공제 200만 원은 적용되지 않는다. 다른 종합소득금액이 2,000만 원 초과이므로), 여기에 지방소득세 14만 원 그리고 미등록 가산세가 수입금액의 0.2%, 즉 4만 원이 부과된다. 따라서 총 납부세액은 158만 원이 나온다.

만약 같은 2,000만 원 이하라도 지자체와 세무서를 등록한 경우라면 필요경비가 60% 적용되고 미등록가산세가 없으므로 총 납부세액은 123만 2,000원으로 약 35만 원 정도가 절세된다. 이는 등록에 따른 혜택이 상당함을 보여주는 사례라 할 수 있다. 다만 지자체등록한 주택임대사업자라면 다른 의무사항도 많으니 유의하라(보증보험료가 더 나올 수 있다).

마지막 종합과세다. 2,000만 원에서 딱 1원이 초과되었다고 가정해 보겠다. 이 경우는 초과되는 1원이 아니라, 전체 금액에 대해 '전액' 종합과세가 된다. 세 부담이 크게 늘겠다. 그나마 다행인 점은, 수입금액이 2,400만 원 이하라면 필요경비에 있어서 단순경비율 42.6% 적용이 가능하다는 점이다.

그 결과 필요경비는 852만 원까지 가능하고 이후 총 납부세액을 적용해 보면 약 446만 원을 세금으로 납부해야 한다. 이 계산을 잘 생각해 보자. 수입금액이 2,000만 원이라는 것은 월세만 있다고 가정할 때, 한 달 월세가 약 167만 원 정도라는 점이다.

앞의 내용에서 본 것처럼 분리과세라면 대략 월세와 비슷한 123만 원에서 158만 원 정도가 나가는데, 종합과세가 되고 고소득자인 경우라면 월세의 약 2.67배에 해당하는 446만 원을 세금으로 납부해야 한다. 이는 2,000만 원이라는 기준선이 얼마나 중요한지를 보여주는 극명한 사례다.

앞서 우리는 '12개 월세 중 1개는 세금으로 생각하라'라고 말했다. 하지만 이는 분리과세일 때 대략 그렇다는 것이고, 이처럼 종합과세가 되고 고소득자라면 이

보다 더 많은 월세를 세금으로 충당해야 할 수 있다. 그렇다면 이를 줄일 수 있는 방법은 없을까?

절세법 1: 보유세, 대출이자 등 경비처리 하기

첫 번째 방법은 보유세, 대출이자 등을 경비처리하고 손실난 주택임대소득을 다른 소득과 합산(종합과세)하는 것이다.

앞 사례에서는 특히 고소득자일수록 분리과세가 유리하다고 했으나 이 경우는 그 반대로 종합과세가 유리할 수 있는 상황이다. 특히 여전히 보유세가 높거나, 고금리로 인한 대출이자가 높은 경우에 활용할 수 있다. 다만 주택임대가 아닌 일반임대소득(상가 등)은 불가하다. 이러한 손익통산 방식은 세법의 기본 원리 중 하나에 해당하며, 실질적 소득에 대한 과세를 구현하는 합리적 제도라 할 수 있다.

예를 들어 근로소득 3억 원인 고소득자가 있는데 주택임대소득이 마이너스 3,000만 원이라고 가정하겠다. 마이너스인 이유는 수입금액(월세 및 간주임대료)은 1,000만 원인데, 관련된 경비(보유세 또는 해당 부동산 대출이자 등)가 4,000만 원인 경우이기 때문이다.

이때 고소득자인 당사자는 수입금액이 2,000만 원 이하이므로 무조건 분리과세를 했을 가능성이 높다. 하지만 이를 종합과세한다면 손실난 사업소득 3,000만 원을 다른 소득과 합산할 수 있고, 그 결과 전체 세 부담은 낮아져서 환급도 가능하다. 이는 마치 양도세 합산과세에서 손실난 부동산이 있다면 해당 연도에 다른 차익난 부동산을 함께 매각하는 것과 유사하다.

따라서 이런 경우라면 회사 연말 정산이 끝난 후, 5월 종합소득세 신고 시 세

■ 보유세, 대출이자 등 경비처리 하기 – 절세법 1

- 수입금액 1천 만원 – 필요경비 4,000만 원 → 주택임대소득 (–) 3,000만 원 가정
- 수입금액이 2,000만 원 이하이므로 무조건 분리과세가 유리할까?

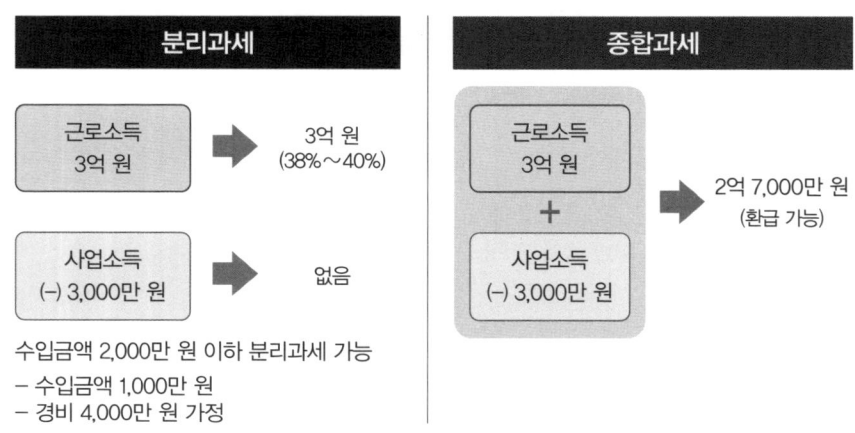

무대리인(세무사 등)의 도움을 받아 종합과세했을 때 환급이 가능한지 문의해보기 바란다. 무엇보다 경비처리할 수 있는 보유세, 대출이자 등이 있어야 한다. 특히 최근 고금리 상황에서 대출이자 부담이 큰 투자자들에게는 매우 유용한 전략이 될 수 있다.

이게 가능하다면 과거 5년치까지 모두 경정청구가 가능하니 이번 5월 종합소득세 신고 시 꼭 세무대리인과 상의해보기 바란다. 계산이 복잡하고 경비처리에 있어 증빙이 필요하기에 혼자 하는 것은 별로 추천하지 않는다. 실제 필자 주변 지인분도 이를 통해 수천만 원에 달하는 금액을 환급받기도 했다.

절세법 2: 부부합산 주택 수 역활용, 그 외 가족명의 활용

주택임대소득은 과세요건 및 계산하는 과정이 복잡해 만만치 않다. 그런데 특이한 점은 그 과세기준이 '부부합산 주택 수'라는 점이다. 우리는 이를 잘 활용할 필요가 있는데, 부부가 아닌 다른 가족 명의로 임대소득을 발생시키면 좋은 절세전략이 된다.

'부부합산 주택 수 줄이기-절세법 2' 그림 자료의 내용처럼 세대 기준 주택 수는 3채인데 이를 남편, 아내, 자녀 이렇게 세 명이서 분산해서 보유하고 있다고 가정하자. 참고로 3주택 모두 비고가주택이고 월세는 100만 원이 발생한다.

이때 수입금액 계산을 해보자. 부부합산 주택 수를 기준으로 부부는 2주택, 자녀는 1주택이다. 따라서 부부는 월세에 대해 과세, 자녀는 해당 1주택이 비고가주택이므로 '비과세'다. 따라서 수입금액을 계산해 보면 다음과 같다.

■ 부부합산 주택 수 줄이기 – 절세법 2

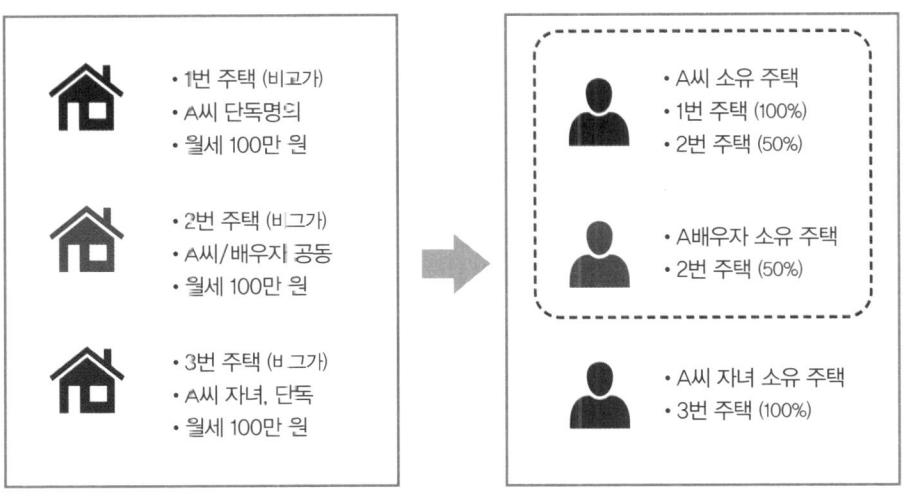

- 남편=1번 주택×100만원×12개월×100%+2번 주택×100만 원×12개월×50%= 1,800만 원
- 아내=2번 주택×100만 원×12개월×50%=600만 원
- 자녀='0'

그 결과 남편과 아내는 모두 분리과세 또는 종합과세 중 본인에게 유리하도록 선택이 가능하며 자녀는 적어도 주택임대소득에 대해서는 비과세이므로 지자체 등록은 물론 세무서 등록도 할 필요가 없으며, 종합소득세 신고 대상도 아니다(물론 세무당국에서는 신고하라고 고지서가 올 수 있겠으나 무시해도 된다).

물론 세 식구가 같은 장소에서 생계를 함께 유지하고 있다면 세대 기준 주택 수는 3주택이다. 따라서 한 채를 더 구입하면 취득세율은 12%가 나오고, 셋 중 한 채를 매각하더라도 양도세 비과세는 불가하다.

하지만 걱정할 필요는 없다. 자녀가 세대 구성 능력을 갖춘 후(혼인, 만 30세 이상, 일정소득 중 최소 1가지 이상) 주민등록표를 분리하고 생계를 달리한다면 부부세대 2주택, 자녀 세대 1주택으로 세대 기준 주택 수 역시 줄일 수 있다. 이러한 세대 분리 전략은 합법적 절세 방법 중 하나이지만, 실질적인 생계 분리가 전제되어야 한다는 점을 명심해야 한다(이 내용은 앞에서 더 자세히 설명했으니, 다시 한번 살펴보기를 권한다).

따라서 향후 임대소득을 발생시킬 주택을 취득할 때는 부부 외 다른 명의로 취득하는 것을 고려해보기 바란다. 이미 취득을 했다면 자녀에게 명의 이전을 고려해보라. 증여도 있고, 저가양수도로 매각하는 방법도 있다.

절세법 3: 수입금액을 몰아주기, 그리고 피부양자 유지하기

앞 사례에서 수입금액을 다시 확인해 보자.

- 남편=1번 주택×100만 원×12개월×100%+2번 주택×100만 원×12개월×50%= 1,800만 원
- 아내=2번 주택×100만 원×12개월×50%=600만 원
- 자녀='0'

어차피 자녀는 수입금액이 없으니 상관없고, 만약 남편은 직장인, 아내는 전업주부라면 어떻게 될까? 남편은 본인 소득과 분리과세하거나 혹은 조건이 맞는다면 '절세법 1'에서 본 것처럼 비용처리를 해서 종합과세가 가능할 것이다.

그런데 피부양자인 아내는? 수입금액이 600만 원이니 세 부담을 계산해 보면 아래와 같이 나올 것이다. (지자체 미등록 가정)

(600만 원−필요경비 50%)−200만 원=100만 원 → 분리과세 시 세 부담 15만 4,000원 (15.4% 세율 적용)

이때 중요한 건, 비록 소액의 세금이 나왔지만 이로 인해 피부양자 자격에서 박탈된다는 점이다. 이는 주택임대소득의 경우 비록 세무서 사업자등록을 하지 않더라도 소득금액이 발생해 세금을 1원이라도 내게 된다면 피부양자 자격을 유지하지 않는다는 국민건강보험법 시행규칙 때문이다.

그 결과 세금보다 건보료가 더 많이 나올 수 있는데, 이를 피하려면 수입금액을 아내가 아닌 직장인인 남편에게 '몰아주기'를 통해 해결할 수도 있다. 물론 몇

가지 조건을 충족해야 한다.

1. 사업자등록시 동업계약서 손익분배비율을 특정인(사례에서는 남편)으로 정하기
2. 사업장현황신고 등, 당사자 명의(사례에서는 남편)로 신고하기
3. 실제 수입금액, 비용지출 역시 당사자 명의(사례에서는 남편)로 관리하기

이 요건을 모두 갖춰야 한다. 비록 해당 주택의 등기부등본에는 부부 공동명의지만, 사업 관련 손익분배비율은 어느 한쪽이 관리하는 것으로 되어 있으므로 피부양자 유지는 가능할 수 있다. 가급적 세무대리인의 도움을 받아서 관련 내용을 점검 후 신고하기 바란다. 이러한 방법은 합법적이지만 실무적으로 복잡한 절차가 수반되므로 전문가의 도움을 받는 것이 안전하다.

절세법 4: 적극적인 방법을 통해 '직장가입자' 유지하기

이 방법은 세 번째 방법보다 더욱 적극적인 방법이다. 앞에서 설명한 방법은 수입금액을 다른 사람에게 몰아줌으로써 피부양자를 유지한다는 것인데, 다른 사람 소득이 올라갈 수 있고 또한 경제 활동을 위해서는 일정 수준 이상의 소득을 발생시키는 것이 더 유리할 수 있다(대출 등).

그렇다면 사례와 같은 전업주부라면 어떻게 해야 건보료 걱정을 하지 않고 임대업을 할 수 있을까? 이를 이해하려면 건강보험 가입자 유형에 대해 먼저 알아야 한다.

■ 건강보험 가입자 구분

- **직장 가입자**
  - 급여를 받거나 급여를 지급하는 경우
  - 예) 직장인 또는 직원을 고용한 고용주 등

- **피부양자**
  - 소득이 없거나 직장 가입자 의해 생계 유지하는 경우
  - 예) 전업주부 등

- **지역 가입자**
  - 직장 가입자, 피부양자 아닌 그 외 나머지
  - 자영업자, 피부양자 상태에서 근로소득 외 다른 소득 발생 시

건강보험 가입자는 직장 가입자, 피부양자 그리고 지역 가입자로 나눈다. 먼저 직장 가입자는 급여를 받거나 지급하는 경우로, 직장인이 대표적이다. 또한 급여를 지급하는 해당 사업장의 고용주도 직장 가입자에 해당하는데 이를 기억해두기 바란다.

피부양자는 소득이 없거나 직장 가입자에 의해 생계를 유지하는 경우로 전업주부 등이 대표적이다. 사례에 등장한 아내의 경우다.

마지막 지역 가입자는 직장 가입자도 피부양자도 아닌 '나머지'라고 보면 된다. 간혹 '자영업자=지역 가입자'로 알고 있는 경우가 있는데 엄밀히는 맞는 이야기가 아니다. 이러한 구분 체계를 명확히 이해하는 것이 건보료 최적화 전략의 출발점이다.

이제 사례의 '아내'가 왜 피부양자가 아닌 지역 가입자인지 살펴본다. 사례의 아내는 월급을 받거나 지급하지 않았으므로 일단 직장 가입자는 아니다. 그런데 주택임대소득이 발생했으므로(남편한테 수입금액 몰아주기를 하지 않았다고 가정), 소득이 발생하게 된다.

그런데 그 소득이 근로소득이 아니므로 직장 가입자도 아니고 피부양자도 아

니므로 '나머지'에 해당하는 지역 가입자가 된 것이다.

그 결과 본인 명의로 된 재산, 임대소득 등에 대해 점수를 매기고 이에 대해 건보료를 책정해서 본인이 해당 보험료를 모두 부담해야 한다. 피부양자일 때보다, 그리고 회사에서 절반을 지원하는 직장 가입자보다 아무래도 부담이 커질 가능성이 높다. 따라서 우리는 이를 '역이용'하는 것이다.

첫 번째는 '절세법 3'에서 말한 것처럼 수입금액을 배우자인 남편에게 몰아주기가 가능하다. 다만 한계도 존재한다. 두 번째는 이왕 이렇게 된 거 '스스로 직장 가입자'가 되는 것이다. 즉, 급여를 받거나(근로자) 혹은 급여를 지급(고용주)하면 된다.

예를 들어 임대업을 하다 보면 해당 물건이 늘어날 수 있고 이에 대한 관리인을 둬야 할 수 있다. 이에 대해 단기근로 등으로 근로계약을 맺고 적정 수준에서 급여를 지급하는 것이다. 그렇다면 직장 가입자 요건을 충족할 수 있다. 다만 인건비가 들어가고 규모가 작지 않다면 직원을 고용하는 것이 더 부담이 될 수 있겠다.

그렇다면 급여를 받는 건 어떨까? 원하는 회사에 들어가면 되는데, 말이 그렇지 형편상 취직이 어렵거나 다른 요인으로 취업 자체가 힘들 수 있다.

이 경우라면 마지막 방법인 '스스로에게 급여 지급하기' 방법 밖에 없다. 가령 주택임대업은 개인 명의로 하되, 그것과는 별개로 1인 법인을 설립하고 해당 법인에서 본인에게 급여를 지급하는 것이다. 물론 처음에는 급여를 많이 지급할 수 없을 테니 소액으로(가령 월 100만 원 등) 지급하는 것이다.

장기적으로는 이 방법이 가장 좋다. 계속해서 직장 가입자 유지를 할 수 있고, 스스로도 안정적인 현금흐름을 만들 수 있기 때문이다. 또한 법인을 통한 다양한 사업 기회도 창출할 수 있어 장기적 자산 증식에도 도움이 될 수 있다.

문제는 설립한 법인에서 뭔가 꾸준히 매출이 나오는 그런 구조를 만들어야겠다는 것이다. 따라서 법인 운영에 있어서는 이게 가장 핵심이다. 단순히 자본금이 어떻고 부동산 단타를 어떻게 할 것인지보다는, 해당 법인에서 어떻게 하면 지속적인 매출을 나오게 할 것인지가 더 중요한 것이다.

제네시스박의 부동산 세금 트렌드 2026

초판 1쇄 발행 2025년 10월 29일

지은이 박민수(제네시스박)
브랜드 경이로움
출판 총괄 안대현
책임편집 이제호
편집 김효주, 심보경, 정은솔, 이수빈, 전다은
마케팅 김윤성
표지 및 본문디자인 유어텍스트

발행인 김의현
발행처 (주)사이다경제
출판등록 제2021-000224호(2021년 7월 8일)
주소 서울특별시 강남구 테헤란로33길 13-3, 7층(역삼동)
홈페이지 cidermics.com
이메일 gyeongiloumbooks@gmail.com(출간 문의)
전화 02-2088-1804 **팩스** 02-2088-5813
종이 다올페이퍼 **인쇄** 재영피앤비
ISBN 979-11-94508-60-1 (13320)

- 책값은 뒤표지에 있습니다.
- 잘못된 책이나 파손된 책은 구입하신 서점에서 교환해드립니다.
- 이 책은 저작권법에 의하여 보호를 받는 저작물이므로 무단 전재와 복제를 금합니다.